北京奥运档案的
遗产价值建构研究

张 丹 著

人民日报出版社

北 京

图书在版编目（CIP）数据

北京奥运档案的遗产价值建构研究 / 张丹著 . —北京：
人民日报出版社 , 2024.4

ISBN 978-7-5115-8274-4

Ⅰ. ①北… Ⅱ. ①张… Ⅲ. ①奥运会－档案资料－文
化遗产－研究－北京 Ⅳ. ① G275.9

中国国家版本馆 CIP 数据核字 (2024) 第 086322 号

书　　名：北京奥运档案的遗产价值建构研究
　　　　　BEIJING AOYUN DANGAN DE YICHAN JIAZHI JIANGOU YANJIU

作　　者：张　丹

出 版 人：刘华新
责任编辑：曹　腾　季　玮
封面设计：天翼文化

出版发行：人民日报出版社
社　　址：北京金台西路 2 号
邮政编码：100733
发行热线：（010）65369527　65369509　65369512　65363531
邮购热线：（010）65369530　65363527
编辑热线：（010）65369523
网　　址：www.peopledailypress.com
经　　销：新华书店
印　　刷：三河市嵩川印刷有限公司
法律顾问：北京科宇律师事务所　010-83622312

开　　本：710mm×1000mm　1/16
字　　数：189 千字
印　　张：17.5
印　　次：2024 年 11 月第 1 版　　2024 年 11 月第 1 次印刷
书　　号：ISBN 978-7-5115-8274-4
定　　价：69.00 元

序

　　奥运会作为人类共襄盛举的超大体育赛事，见证了体育的精彩与激情，也成为连接不同地域、不同时代、不同文明的桥梁，在无形中塑造着文化脉络与民族记忆。在每届奥运盛会的辉煌背后，档案以其原始、真实、完整的特性默默记录着这一切。作为时间的信使，档案不仅承载着历史的厚重与深邃，更以一种静默而有力的方式反映和传承着奥运会留给城市与民众的宝贵财富。2022年4月8日，习近平总书记在北京冬奥会冬残奥会总结表彰大会上强调，"我们要积极谋划、接续奋斗，管理好、运用好北京冬奥遗产"。档案作为奥林匹克运动无可替代的"历史记录者"与"记忆守护者"，与奥运遗产存在怎样的关系，在奥林匹克运动中又具有怎样的价值，如何以其价值实现为基础推动奥运遗产的良好保存与广泛传承？这些疑问亟需档案学界的研究与回应。

　　张丹博士新作正是对"奥运档案价值"这一主题的研究探索。本书综合运用多学科知识方法，针对北京"双奥"，审视档案对奥林匹克运动的有用之处。以档案为视角阐述了北京"双奥"各类遗产的保存与传承情况，充分弘扬北京"双奥"精神文化，深化北京奥运档案于民众、国家、全球各个层面发展的价值。档案对于奥运遗产的保护与传承，既为北京乃至中国和世界留存并传承珍贵的"双奥"遗产，也为未来奥运会或其他重大活动遗产传承提供了"中国方案"；同时，北京"双奥"所提出的奥运精神、办奥理念等也赋予了档案新的时代内涵、扩充、延伸了档案的价值维度，是奥运遗产与档案的相互融合与价值创新，双向丰富与深化了奥运遗产理论与档案学理论研究。

　　本书的创新之处有二。第一，作者提出了北京奥运档案遗产价值是一种建构性价值。北京奥运档案遗产价值是档案客体属性与奥林匹克运动主体需要在社会实践活动中不断交互、反复联结形成的统一关系。单就遗产价值而言，它遵循档案价值论的基本原理，属于档案在奥林匹克领域产生的价值新形态，固守档案本质属性，遵循奥林匹克运动主体一方的规定性表述，其衍生形态随奥运遗产影响的广泛性而多样化，从而产生出绿色发展、人文主义、公平正义、赛事筹办知识、奥运知识、科学技术知识、"双奥"记忆、民族情感、集体认同、区域辐射、赋能企业、维护国家利益、人文交流和人类命运共同体等14个方面的衍生表现形式。第二，作者针对国民、国家和国际三个层面，分别以"时间线、空间体、互动观"为逻辑，提出了北京奥运档案遗产价值的实现路径。具体包括：时间线上，整合北京奥运档案遗产价值，构建北京"双奥"记忆之场；空间体上，在跨界融合中推动北京奥运档案遗产价值辐射，构建"＋北京奥运档案＋"融合模式；互动观上，在不同话语语境下促进北京奥运档案遗产价值传播，构建"事实—价值"的传播路径，从而助力北京奥运档案遗产价值全方位、立体化实现。

　　作为一名档案学者，我更关注张丹博士此书引发的对档案价值论的新思考。北京奥运档案的遗产价值作为一种新兴的价值形态，并非新的价值关系建立，而是突破传统的凭证、参考价值，在对奥运遗产的研究基础上对北京奥运档案价值认知的深化。这一深化包含价值的发现过程（隐性价值显性化），及其表现形式的丰富与完善（显性价值表征化），体现出了鲜明的建构性特征。关于"遗产"这一价值形态的表述，则是由"奥运遗产"赋予。奥运档案既是奥运遗产的重要构成，也是奥运遗产规划、治理、评估的全过程记录，二者息息相关。作者透过北京"双奥"遗产探析档案所属内容与范围的科学性与完整性，进而全面剖析北京奥运档案的遗产价值的复杂内涵。这表明了档案价值具有"主体客观性"特点，即档案价值的生成源自主体需求与档案固有属性的契合之中，但这一过程受制于社会实践的客观条件，且档案价值形态的表述需符合主体的话语体系。此外，北京奥运档案的遗产价值属于档案学与体育学的交叉学科研究，这便意味着档案价值研究不应单单是档案学内部的深耕细作，而是档案学与其他学科深度对话的桥梁。它通过价值主客体关系的建构，揭示了档案在不同学科背景下的独特作用与意义，为各学科领域提供了全新的"档案视角"，促进了知识体系的融合与创新，为解决复杂问题提供了更加多元化的思考路径。

奥运遗产研究是我的"副业"。张丹自2019年读博起便跟随我从事这一领域的研究，把我的"副业"做了她的"主业"。在奥运研究上，她经验丰富、硕果累累。如今，这部著作凝聚了她多年沉淀的才识和付出的心血，将多次的实地调查走访记录进行充分总结与分析，将各个机构部门的实践经验进行精心补充与完善，最终呈现了她对奥运遗产传承与档案价值的独特理解。本书难免有不足和缺漏之处，如北京奥运档案遗产价值的实现是一个动态性、常规化过程，档案如何创新开放利用举措以确保价值的持续性实现，还有待进一步跟进各机构奥运档案管理与开发情况，补充与完善这一议题。

北京奥运档案价值是一项档案与奥林匹克运动深度融合的交叉研究。在新文科建设背景下，面向国家重大战略需要，推动档案学科与其他学科的深度融合与协同发展尤为重要。期待张丹博士及其他青年才俊继续深入开展档案的跨学科研究，探索档案更多的可能性，构建以档案价值论研究为基点的"学科交叉共同体"，为档案服务社会提供一种研究范式，为国家发展贡献档案力量。

徐拥军

2024年9月1日

前言

  奥林匹克运动作为人类跨越国别、种族、宗教、性别的综合型国际体育赛事，对人类的进步与发展具有不可替代的重要作用。每一届奥林匹克运动会都会给主办国家和城市乃至世界留下丰富而宝贵的物质财富和精神财富，这些都将以档案形式记录在案，并由档案铭刻与传承。北京奥运档案作为中国与奥林匹克运动会的结缘证明，既见证了中国从实现百年奥运梦想到北京成为世界上首个"双奥之城"的奥运之路，也见证了中国从改革开放30年到两个一百年历史交汇的发展之路。奥运档案与奥运遗产相伴相生、共促共进。立足奥运遗产的宏观视野，科学化、系统化认知北京奥运档案价值是管理好、开发好北京奥运档案的前提和基础，能够为北京奥运档案管理和开发提供价值引领。

  本书综合运用哲学、档案学、体育学、文化学、遗产学等学科理论与方法，应用文献研究法、实践调查法、政策文本分析法、内容分析法、交叉研究法等多种研究方法，将档案与奥林匹克运动彼此如何互动、如何相互作用作为思考的切入点，希望通过追问何为北京奥运档案遗产价值、北京奥运档案遗产价值何为，来重新审视档案对奥林匹克运动的有用性，从而建构北京奥运档案遗产价值，丰富档案价值体系，并指出价值实现方向和路径，深化奥运档案于民众、国家、国际各个层面发展的价值。

  本书以"理论—实践"逻辑为线，共分为7章，对北京奥运档案的遗产价值进行了体系性研究。

理论研究中，针对北京奥运档案这一客体，分为何以遗产价值与何谓遗产价值两部分。前者，即北京奥运档案遗产价值建构的理论基础。运用价值论、建构论、奥运遗产理论、档案价值论以及文化生态学5种理论以"价值发现—价值认知—价值实现"为逻辑论证。价值发现方面，根据价值论与建构论，北京奥运档案遗产价值是一种社会实践中的关系范畴，是档案客体与奥林匹克运动主体是在社会实践中不断交互、反复联结之后形成的统一，由北京奥运档案客体属性事实推导出遗产价值，这一过程始终伴随着建构。价值认知方面，主体一方根据奥运遗产理论。奥运遗产覆盖到哪里，奥运档案就记载到哪里，从而形成相应的价值。客体一方根据档案价值论。北京奥运档案遗产价值就是档案融合奥林匹克领域进化而成的价值新形态，它固守档案原始属性，表述符合奥林匹克运动主体一方规定，具有多种衍生形态。价值实现方面，根据文化生态学，运用"总体性"视野考察北京奥运档案价值实现活动，从而确立以时间线、空间体、互动观为路径指引，从国民层、国家层、国际层三个层次依次对北京奥运档案遗产价值的实现进行分析。后者，即北京奥运档案的遗产价值诠释。以"价值含义—价值特点—价值表现"为逻辑进行诠释。价值含义方面，受制于主客体双方规约，北京奥运档案遗产价值是指北京奥运档案所记载的遗产资源价值，以及通过对其保护与开发促使奥运遗产惠及奥林匹克运动及其他涉奥领域可持续发展的媒介价值。价值特点方面，揭示了北京奥运档案遗产价值的主体性和客体性构成。主体性由北京"双奥"决定，具有多维性与全面性、跨地域与跨周期等特点。客体性由档案决定，于内容层面，北京奥运档案是北京"双奥"的"档案式"记忆；于载体层面，将奥运无形遗产有形化、奥运有形遗产书面化，且档案载体本身同样"生产意义"。价值表现方面，从北京奥运档案遗产价值所定义的资源性和媒介性出发，结合价值本性，归结为以国民、国家和国际为主体视角的多层次衍生，梳理出绿色发展、人文主义、公平正义、赛事筹办知识、奥运知识、科学技术知识、"双奥"记忆、民族情感、集体认同、区域辐射、赋能企业、维护国家利益、人文交流和人类命运共同体等14个方面的衍生形态。所有价值表现形式的集合都与北京"双奥"愿景有一个共同的目标指向，即"通过体育构建一个更好的中国"。

实践研究中，依据上述分析的国民、国家和国际为主体视角，分为三个层次的北京奥运档案价值实现实践。第一，北京奥运档案遗产价值整合与记忆构建。本部分基于时间线（社会时间），立足于国民层，将民众视为一个个离散的点，探讨北京奥运档案遗产价值中形成主体、时间构成、载体组成等层级的北京"双奥""记忆之场"历经"实体维—象征维—功能维"的三重叠加与逐渐深化、从物质到精神的二次进化与意义生产、从单点到多点的弥漫化与扩散化，构筑了"奥运场馆/奥林匹克博物馆—北京奥运档案资源—记忆与情感"层层充盈的记忆体。三维的构筑实现了最终的北京奥运档案遗产价值——构建"双奥"记忆、引发民族情感、深化集体认同。第二，北京奥运档案遗产价值辐射与跨界融合。本部分基于国家层，依据北京奥运档案遗产价值的多维性，将各领域、行业视为线，构建"+北京奥运档案+"的融合模式，既要确保北京"双奥"这一重大活动的组织经验、遗产、智慧、成果通过档案向其他重大活动、非奥运领域与行业推广与传播；又要以"中国办奥特色"为指引，促进各类奥运遗产在规划、治理与评估中通过档案共促共进、彼此渗透、联动拓新、交融发展，形成遗产价值辐射现象，深化北京奥运档案在社会各个领域的纽带与支撑作用。第三，北京奥运档案遗产价值传播与话语转换。本部分立足国际层，将国内外不同地域视为传播"面"，基于话语分析，本书构建"事实—价值"的传播方式，以档案事实为"本"，运用事实的描述性、再现性话语呈现价值传播的中立性、客观性；以遗产价值为"用"，运用事实的引导性、修辞性话语呈现显在或隐性主体的价值判断与价值导向，形成"事实认知—事实判断—价值判断—价值共识"的进化链条，以获取国内和国际社会的广泛确认。

北京奥运档案的遗产价值建构是一个多学科、多视角、多维度的综合性的研究议题，与北京"双奥"遗产的保护与传承息息相关，需要研究的问题很多。囿于笔者的眼界、学识与能力，本书中的疏漏和不足之处，恳请各位读者和专家斧正。

目　录

第 1 章　绪论

第2章　北京奥运档案遗产价值建构的理论基础

第3章　北京奥运档案遗产价值诠释

第4章　北京奥运档案遗产价值整合与记忆构建

第5章　北京奥运档案遗产价值辐射与跨界融合

第1章 绪论

　　2024年，是第33届夏季奥林匹克运动会的开幕之年，奥林匹克运动迎来了新的高潮；也是第24届冬季奥林匹克运动会（以下简称2022年冬奥会）周期的结束之年，各项冬奥遗产工作皆以尘埃落定。2022年冬奥会，连同第29届夏季奥林匹克运动会（以下简称2008年夏奥会）留下的宝贵财富，正在不断蔓延并影响着中国各项事业建设与发展，全方位向世界展现了"中国智慧""中国方案"和"中国实践"。北京"双奥"所蕴含的奥运精神、文化等精神财富，跨越时空、历久弥新；所留下的运动场馆、科技成果等物质财富，薪火相传、生生不息。这些"双奥"遗产成果的记载、铭刻与传承，均离不开各项申办、筹办、举办活动所形成的文字、图片、声音、视频、实物等原始记录，即北京奥运档案（指2008年夏奥会档案与2022年冬奥会档案的集合）。

　　北京奥运档案既是"双奥"遗产的重要组成部分，也是"双奥"遗产规划、积累、传承的全过程记录。它不同于其他奥运遗产，其所展现的内容并非档案本身，而是以自身为载体，展现了体育、经济、文化、科技、环境等其他奥运遗产的工作成果与发展情况。因此，对北京奥运档案价值的科学化、系统化、时代化认知，是做好北京奥运档案管理与开发的前提和基础，能够为北京奥运档案管理和开发提供价值指引；也是为北京"双奥"遗产效益发挥提供媒介，藉由北京奥运档案价值的实现，最大程度可持续传承"双奥"遗产成果、广范围辐射"双奥"遗产红利。由此得出档案与奥林匹克运动的价值关系研究论题——北京奥运档案遗产价值建构。简言之，本书以"理论—实践"为逻辑线条，主要研究：为什么要提出北京奥运档案遗产价值？什么是北京奥运档案遗产价值，遗产价值体现在哪里？如何实现其遗产价值以实现"双奥"遗产利用效益最大化？

1.1 研究背景与意义

以问题为导向，是一切科学研究的出发点。然而，就北京奥运档案遗产价值而言，这个"问题"是时代性、学术性、实践性的综合体。随着2022年冬奥会的结束，北京成为世界上唯一的"双奥之城"。2021年7月6日，习近平总书记对档案工作作出重要批示："档案工作存史资政育人，是一项利国利民、惠及千秋万代的崇高事业……希望你们把新时代党领导人民推进实现中华民族伟大复兴的奋斗历史记录好、留存好，更好地服务党和国家工作大局、服务人民群众！"[①]北京奥运档案不仅是"双奥"盛况的历史记录，更是中华民族伟大复兴的历史见证。北京"双奥"的闭幕并非结束，两届长达10年的准备与最后的完美呈现，究竟给国家、北京、社会民众留下什么遗产？这些遗产有何作用？如何发挥这些作用？档案又在这其中起到什么作用？这些问题备受世人关注，也亟须系统化的理论指引与方向性的实践建议。北京奥运档案遗产价值建构研究，正是基于上述这样的时代背景和特征而提出的。

1.1.1 研究背景

早在1999年，国际奥林匹克委员会（以下简称国际奥委会，IOC）

---

① 本刊讯. 国家档案局印发《通知》要求认真学习贯彻习近平总书记对档案工作重要批示[J]. 中国档案，2021（8）:2+1.

为了防止办奥知识流失，最大限度推动本届办奥知识对下一届乃至未来两届奥组委的参考与借鉴，与澳大利亚蒙纳什大学（Monash University）合作，实施"奥运知识转让"（The Olympic Games Transfer of Knowledge，TOK）项目。[①]该项目规定，"国际奥委会对奥运会文件档案的积累、整理和移交工作提出要求，明确要求各主办城市必须将奥运会申办、筹备和举办期间形成的全部文件档案收集齐全，并向国际奥委会移交。随后，国际奥委会将组委会上交的奥运档案通过奥运会知识管理项目的形式传递给下一届奥运会组委会。"[②]2002年，国际奥委会奥林匹克博物馆和研究中心在洛桑举办了一次规模庞大的国际研讨会"奥林匹克运动遗产：1984-2000"（The legacy of the Olympic Games: 1984-2000）。此次会议，将奥运遗产分为6大类别，"档案遗产"就列属其中（表1-1）。可见，奥运档案于奥运知识、奥运遗产、奥林匹克运动的重要性。

表1-1　"奥林匹克运动遗产：1984-2000"研讨会对奥运遗产的分类及其内容

序号	遗产分类	举例
1	城市与环境	城市空间环境、城市规划、基础设施等
2	运动	体育发展、大众体育、体育设施等
3	经济与旅游	赞助商、文化旅游、财政支出、电视转播、经济发展等
4	政治	休战、国际和平与发展、国际安全、恐怖主义等
5	文化、社会与交流	文化交流与宣传、文化演出、开闭幕式、文化传统、电影制作等
6	教育与档案	档案与文献、奥林匹克博物馆、奥林匹克教育、奥林匹克青年营等

---

① 阳煜华, 仇军. 知识管理在奥运会管理实践中的阐发：以"奥运会知识转让"为例[J]. 首都体育学院学报, 2013, 25（5）:396-406.

② 王润斌, 肖丽斌. 奥运档案的届际传承问题探析[J]. 兰台世界, 2015（10）:55-56.

2008年夏奥会期间，TOK项目首次列入《主办城市合同：2008年第29届奥运会》（*HOST CITY CONTRACT: XXIX OLYMPIC SUMMER GAMES IN 2008*），成为一项法律义务。该合同第25条指出：

"国际奥委会将与奥运会组委会分享多年来积累的经验和专业知识，协助奥运会组委会策划、组织和举办奥运会。同样，奥运会组委会承诺，按国际奥委会的要求与国际奥委会和此后的奥运会组委会分享其在策划、组织和举办奥运会方面的经验和专业知识。尤其是，国际奥委会应向奥运会组委会提供其从以往奥运会组委会得到的有关奥运会策划、组织和举办的各种事宜的指南的复本。奥运会组委会应与国际奥委会密切合作并在得到其批准后，根据在策划、组织和举办奥运会方面获得的经验和专业知识，更新此类指南。奥运会组委会应随时应国际奥委会的合理要求，向国际奥委会免费提供所有这类的最新指南以及与策划、组织、举办奥运会有关的其他文件和资料（例如数据库、软件系统、顾客数据和简介等）。除上述普遍性要求外，奥运会组委会还应免费向国际奥委会提供顾客信息数据库，包括完整的与奥运会相关产品和服务有关的所有顾客人口统计的（Demographic）概括数据。在没有得到国际奥委会执行委员会明确的书面批准之前，奥运会组委会不得向第三方提供这些指南、文件或材料。

……

奥运会组委会应从其成立之日起就建立并维持一个信息管理和档案系统，以协调所有内部的与公共的重要信息。奥运会组委会应在奥运会结束后3个月内向国际奥委会提交一份起码是英文的全面的总结报告，报告应按国际奥委会所要求的格式，包含所有与奥运会组织方案有关的信息及一份工作运行分析报告。奥运会组委会应保证，在奥运会之前、期间和之后，有关奥运会的档案得到妥善保管和管理，同时保证国际奥委会可以随时使用所有这些档案。"①

2022年冬奥会期间，《主办城市合同：2022年第24届冬奥会》（*HOST CITY CONTRACT: XXIV OLYMPIC WINTER GAMES IN 2022*）第28条"奥运会信息和知识管理"中也规定：

"奥组委应向国际奥委会提供所有数据、文件、材料、物品、照片、视频、系统、网站，为奥运遗产和奥林匹克运动的可持续发展作出贡献；奥组委应设立专门的知识管理部门，确保所有奥运会信息知识和专业知识在任何时候都按照最先进的流程和技术进行安全保存和管理，并确保国际奥委会可以自由使用这些专业知识。"②

除此之外，2022年冬奥会还是首届以《遗产战略方针》（*Legacy Strategic Approach*）为框架记录、分析和汇报奥运遗产的冬奥会。③2019年2月19日，北京2022年冬奥会和冬残奥会组织委员会（以下简称北京冬奥组委）颁布《北京2022年冬奥会和冬残奥会遗产战略计划》，同时将"筹办知识转移"和"档案管理"列为2022年冬奥会中的35项遗产重点任务提出（图1-1）。这表明，2022年冬奥会根据国际奥委会的相关文件要求，将奥运档案列为奥运遗产筹办工作之一，进一步加强奥运档案与奥

---

① 第29届奥林匹克运动会组织委员会.北京奥运会残奥会重要文献汇编——北京奥组委基础文献汇编[M].北京：北京出版社，2010:90.

② IOC. Host city contract: XXIV Olympic Winter Games in 2022[R/OL]. [2022-04-07]. Mhttps://stillmed. olympics. com/media/Document%20Library/OlympicOrg/Documents/Host-City-Elections/XXIV-OWG-2022/Host-City-Contract-for-the-XXIV-Olympic-Winter-Games-in-2022. pdf?_ga=2. 232923166. 1601256250. 1649339978-1885919078. 1641198064.

③ 胡孝乾，陈姝姝，KENYON J，等.国际奥委会《遗产战略方针》框架下的奥运遗产愿景与治理[J].上海体育学院学报，2019，43（1）:36-42.

运遗产的紧密联系，呈现了"档案—奥林匹克运动"相联系的逻辑关系。这亦是本书研究的逻辑之源。

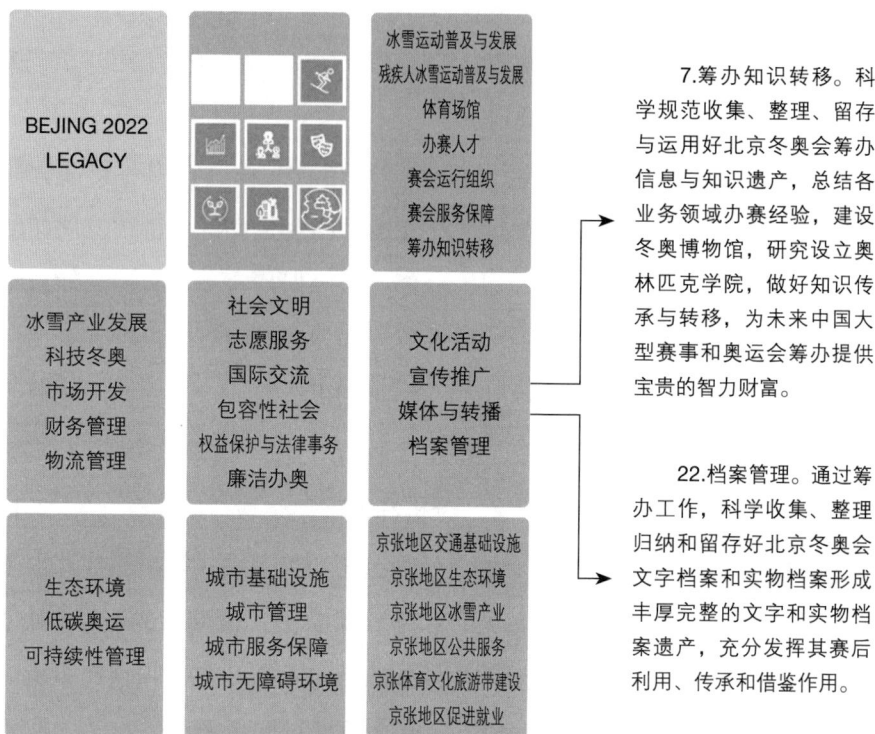

图1-1 《北京2022年冬奥会和冬残奥会遗产战略计划》中涉及的"筹办知识转移"和"档案管理"任务图示

从2008年夏奥会"绿色奥运、科技奥运、人文奥运"到2022年冬奥会"绿色办奥、共享办奥、开放办奥、廉洁办奥"理念的嬗变，中国对奥林匹克运动、奥运遗产的认知更为深刻。习近平总书记指出："办好北京冬奥会、冬残奥会是党和国家的一件大事，是我们对国际社会的庄严承诺，做好北京冬奥会、冬残奥会筹办工作使命光荣、意义重大……全力做好各项筹办工作。"①鉴此，北京奥运档案作为这一重大标志性活动发展演变的记录、见证，其价值研究理应值得理论研究和实践工作的重视。同时，这也源于中国档案学的学科研究特色和专业要求。2020年，国家档案局颁布令《重大活动和突发事件档案管理办法》，明确"重大活动"是指"在中华人民共和国境内外组织举办的，对党和国家、行业、地方具有重大意义或者重要国际影响的会议、会展、赛事、纪念、庆典等大型活动"。2021年，中共中央办公厅和国务院办公厅联合发布的《"十四五"全国档案事业发展规划》又指出，"统筹重大历史事件、重大活动、突发事件应对活动等专题数据库建设"。2008年夏奥会，是我国改革开放30周年里程碑的重大事件；2022年冬奥会，是我国站在"两个一百年"奋斗目标历史交汇点的重大事件，二者均是在我国重要历史节点举办的重大活动。加强北京奥运档案的价值问题研究，是丰富国家发展记忆、展现国家新时代新成就的题中之义与必然要求，具有重大而深远的社会价值和现实意义。这亦是本书研究的必要之源。

1.1.2 研究意义

北京奥运档案遗产价值建构，是档案价值向其他领域的延伸与扩展研究，是档案与奥林匹克领域互为支撑、互为有用的积极性结果，促使档案学、奥林匹克运动在今后的研究中互为完善与一体推进。

1.1.2.1 理论意义

第一，丰富奥运遗产理论研究。奥运遗产已成为国际奥委会的重要

---

① 习近平在北京河北考察并主持召开北京2022年冬奥会和冬残奥会筹办工作汇报会时强调 坚定信心奋发有为精益求精战胜困难 全力做好北京冬奥会冬残奥会筹办工作 韩正出席汇报会[EB/OL].（2021-01-20）[2022-11-26]. http://www.xinhuanet.com/politics/leaders/2021-01/20/c_1127005787.htm.

课题之一，是奥林匹克运动会的另一"化身"。2018年国际奥委会发布的全新的奥运遗产框架——《遗产战略方针》，对奥运遗产进行了最新界定："奥运遗产是一个愿景的结果。"自此，奥运遗产日益受到学者们的关注。但目前大多数有关奥运遗产的研究仅集中在对奥运遗产的本体论层面，即含义、特点、内容体系划分、治理方案、评估方法等，且研究视角多从文化遗产学、体育学等开展，对奥运遗产中一类特殊、重要的类别——奥运档案关注较少。本书将在现有奥运遗产研究成果的基础上，遵循奥运遗产"可持续发展理念"，为奥运遗产理论研究提供档案学视角，强调奥运档案对奥运遗产的记录、积累、保存的资源作用，以及支撑奥运遗产能够在时空跨越中促进奥林匹克运动以及其他涉奥领域可持续发展的媒介作用，并依托档案中蕴含的记忆、情感、知识、文化等理念拓展奥运遗产的认知维度。这将极大丰富与发展既有奥运遗产的理论研究内容。

第二，深化档案价值论研究。本书围绕北京奥运档案遗产价值这一新形态，研究它的"前世"、"今生"与"未来"。在这一研究过程中，首先，本书明确档案价值具有主体客观性特点。通过深入分析主体一方的理论、实践现状，明确档案对奥林匹克运动的有用性，探索更符合奥林匹克运动的研究表达。因此，引入"奥运遗产"这一宏观视野，对北京奥运档案价值予以方向指导，突破了仅从传统的凭证价值和参考价值等档案固有价值维度的认知，深化档案价值研究。其次，本书明确档案事实与档案价值在社会实践中互动统一。从档案事实到档案价值，是伴随着社会实践活动，档案隐性价值显性化、显性价值表征化的建构过程。二者经社会实践活动彼此相连，形成统一关系。因此，北京奥运档案记录何种事实，便相应产生何种价值。再次，明确档案价值是随着实践活动发展而"动态性"进化。即呈现出以传统价值形态（凭证价值和参考价值）为圆心不断向外并行发散延续的态势，强调北京奥运档案遗产价值是档案融合奥林匹克运动进化而来的价值新形态，丰富与完善既有的档案价值体系。最后，明确档案价值研究是档案与其他学科深度对话的切入点。拓展档案价值研究维度，即突破本体层面的探讨，更应关注档案如何凭借自身的属性、功能与特点，推动各学科、领域、行业发展，指导档案价值论向实践层面展开，提升档案服务效能。

1.1.2.2 实践意义

第一，为重大活动档案价值建构和实现提供科学的"理论指南"。首先，本书以"北京奥运档案遗产价值建构"为选题，以"价值发现—价值认知—价值实现"为逻辑链条深入剖析档案客体属性、奥林匹克运动主体需要，进而建构出"遗产价值"这一新形态。同时，依据主体性、客体性特征指出北京奥运档案遗产价值的新特点，并依据北京"双奥"的内在规定性与结构性特点，提出北京奥运档案遗产价值的多个衍生表现形式，进一步丰富档案对北京"双奥"的价值意义，为重大活动档案价值认知提供理论指导。其次，由于奥林匹克运动举办的多因性、涉及的广泛性，本书在价值实现层面融合文化学、艺术学、经济学、传播学、数字人文等多个学科方法，结合奥林匹克运动的特点与中国办奥特色，从国民层、国家层、国际层分别构建3个具象化模式，为重大活动档案价值实现提供理论借鉴。因此，这种从实践到理论再到实践、环环相扣、层层递进的北京奥运档案遗产价值建构路径，能够从特殊到一般，为其他重大活动档案价值建构提供科学的"理论指南"。

第二，为未来奥运会档案价值实现提供中国特色的"北京方案"。北京奥运档案是2008年夏奥会和2022年冬奥会的知识宝库，实现好北京奥运档案知识价值亦可为未来奥运会、重大体育赛事筹办提供宝贵的组织经验和筹办知识，更好地实现对国际奥林匹克知识体系的反哺。本书基于时间线、空间体、互动观三个视角，坚持以人为本、开放共享、多样立体、和谐包容、可持续发展等理念，构建北京奥运档案遗产"价值整合—价值辐射—价值传播"的递进实现路径，涉及北京奥运档案与记忆构建、北京奥运档案与跨界辐射、北京奥运档案与话语传播等三个方面，由点及线、由线及面，有助于串联"中国—世界"的独一无二的"奥运记忆"，为中国乃至国际奥林匹克运动历史留存珍贵的"双奥遗产"。这既符合奥林匹克运动的发展宗旨，也是北京"双奥"体现出的"中国特色"，可为未来的奥运档案价值实现提供理念与方案指导。

1.2 概念界定与文献综述

界定清楚研究选题中的关键概念，厘清现有国内外研究现状、发现研究空白或问题是开展一切研究的基础。本部分就"北京奥运档案遗产价值建构"这个选题，进行相关概念界定和文献述评。

1.2.1 概念界定

研究对象（范围）及其界定是逻辑思维和认知的基础，也是本书研究的重要基础和逻辑起点。本部分围绕"北京奥运档案遗产价值"这一核心研究对象进行梳理，通过界定北京奥运档案、价值及其相关概念等，为后文诠释北京奥运档案遗产价值奠定基础。

1.2.1.1 奥运档案和北京奥运档案

任何一项人类社会活动都有进行记录、留存档案的需求，奥运会作为一项大型综合性活动，更需要予以记录、存档，这直接孕育了奥运档案的产生。

经分析，现有奥运档案的定义，学者们众说纷纭，但总体皆是档案定义与奥运活动结合后转化而来的。《主办城市合同》中将奥运档案的范围界定为"数据、文件、材料、物品、照片、视频、系统、网站"①。可见，奥运档案类别之广泛。本书认为，奥运档案不仅要符合档案的定义，从档案的定义转化而来，更要符合奥林匹克运动这一实践活动的特点、范围等。国际奥委会规定，奥林匹克运动每4年一届，奥运周期自选举地产生前2年，至残奥会结束后2年，总共历时12年。基于奥林匹克运动的可持续发展理念，本书更强调"后奥运时代"奥运档案对奥林匹克运动的基础性支撑作用。此外，奥林匹克运动筹办的复杂性、多因性，产生了众多的奥运利益相关方，即涉奥团体、组织或个人，如国际单项体育组织、国家奥委会、市场合作伙伴、场馆及场馆业主、媒体、运动员等。这些利益相关方都会因为参与奥运而产生与奥运相关的业务活动记录，因此他们产生的文件、实物、照片、音频、视频、数据库等也都属于奥运档案。

鉴此，本书经总结认为：奥运档案是指在申奥、筹奥、办奥乃至"后奥运"阶段，奥组委各部门、竞赛场馆、市场合作伙伴等各类奥运利益相关方，以及相关组织和个人直接产生的各种门类和载体的历史记录。而本书的主要研究对象——北京奥运档案，则是指2008年夏奥会和

① IOC. Host city contract: XXIV Olympic Winter Games in 2022[R/OL]. [2022-04-07]. https://stillmed. olympics. com/media/Document%20Library/OlympicOrg/Documents/Host-City-Elections/XXIV-OWG-2022/Host-City-Contract-for-the-XXIV-Olympic-Winter-Games-in-2022. pdf?_ga=2. 232923166. 1601256250. 1649339978-1885919078. 1641198064.

2022年冬奥会所产生的档案集合，是珍贵的奥运遗产和档案资源。鉴于奥运档案与奥运遗产的密切关系，也会有"奥运档案遗产"这一表述，本书是将奥运档案视为奥运遗产的组成部分，是奥运遗产的类别之一。本质上，奥运档案与奥运档案遗产所指相同，在含义和范围上并无区别，后者更强调奥运档案属于奥运遗产。

1.2.1.2 价值建构及其相关概念

（1）价值

价值是表示主体（人）与客体（人/物）之间的关系范畴，目前更倾向于"实践说"。马俊峰认为，"价值是一种主体性现象，存在于主客体相互作用的过程之中，是以主体的需要为尺度而形成、并随着主体需要的变化而变化的一种现象，是客体的存在、结构、功能和变化趋向与主体生存发展需要的一致性和统一，是客体对主体的意义"[①]。李德顺认为，"'价值'是对主客体相互关系的一种主体性描述，它代表着客体主体化过程的性质和程度，即客体的存在、属性和合乎规律的变化与主体尺度相一致、相符合或接近的性质和程度"[②]。本书结合马克思主义哲学的相关理论，认为价值是"客体属性和主体需要在人的社会实践中的统一"。从另一意义上也可以说，价值就是人的活动和事物存在的社会意义，是客体对于主体的意义。

（2）建构

建构最初来自建筑学用语，原意指通过结构、材料、技术和表现形式而建筑起某种实体构造。现在已被广泛应用于社会科学领域，它是指在原有文本的基础上建造起一个分析、阅读系统，从而运用解析的脉络

[①] 马俊峰. 马克思主义价值理论研究[M]. 北京：北京师范大学出版社，2012:102.

[②] 李德顺. 价值论——一种主体性的研究[M]. 北京：中国人民大学出版社，2013:53.

去揭示文本中蕴含的意识形态内涵。①本书提出的建构，则来自"建构论"，强调的是系统的建立、关系的互动，是从相交、相识到统一的过程。建构一词，在本书主要指人们通过组织、制度、规范等在社会实践过程中实现彼此联结与交互，形成了思维上的、意识上的、事实上的认知过程。由于它受制于互动双方的所处环境、文化背景等，因此并非唯一定论。需明确的是，本书的"建构"是价值认识论中的认知、知识层面的建构，这种建构源于社会实践中主客体之间的交互而产生，是通过交互逐渐深化"自我"和"他我"认知的过程。

（3）价值建构

价值建构是通过建构北京"双奥"遗产关键内容而映射到北京奥运档案上产生的意义。价值建构是一个较为隐形的过程，导致以往研究多数将"奥运档案具有价值"作为一个先验性的自明概念，很少挖掘奥运档案为何具有价值、为何是这一价值形态的背后原因。价值建构是在社会实践过程中，从"主体自我需求"过渡到"客体属性是什么""客体属性能否满足主体需求"的事实认知，进而从这些事实中推导出价值的过程。价值建构的过程就是主体需要与客体属性相统一、不断交互、反复联结、发生作用的过程，也是隐性价值显性化、显性价值表征化的双层逻辑过程。北京奥运档案遗产价值是在奥林匹克运动与中国国家发展战略、中华优秀传统文化等相交相融的作用下基于某种社会价值取向与档案客体属性共同建构出来的价值形态。价值建构是价值客体潜在作用得以激发、实现的起点，规定了价值实现的方向和路径。价值实现是价值建构的应有之义，价值实现方式、方向与路径均是价值建构的"底范畴

---

① 丛桂芹. 价值建构与阐释——基于传播理念的文化遗产保护[D]. 北京：清华大学，2013:80.

所与"①。价值实现也是价值建构的最终目的，若价值无从实现，建构则毫无意义。

（4）档案价值

档案价值暗藏于档案定义之中，是理解档案价值建构的逻辑起点。本书将其定义为对国家、组织或个人的有用性。关于档案价值概念，国内主要有三种观点，即"客体价值说""主体价值说""关系价值说"等三种说法。张斌认为，档案价值是档案这一客体对从事社会实践活动的主体所具有的凭证和参考意义。具有以下内涵：第一，档案价值明确了档案价值的主体、客体以及档案价值的根本来源，连接档案价值客体与主体的中介物——人类的社会实践活动；第二，档案价值是档案客体和主体之间的特定关系，是档案属性与主体需要的统一；第三，档案价值是档案客体对从事社会实践活动的主体所具有的凭证和参考意义或作用。②刘东斌从档案本质出发，探讨了档案具有的凭证价值、参考价值、史料价值、文化价值等多种价值，并认为凭证价值是档案的本质价值。③覃兆刿等认为，无论是作为资源的记录实体，还是作为记录形成、选择、组织与保存的"档案劳动"，以及作为保存记录的档案作用过程，都是档案价值考察必须观照的范围，并将档案价值理解为档案方式、档案资源性状、档案劳动以及档案作用社会效应之和。④上述学者无论从何种角度探讨档案价值，都在档案价值的内涵框架之内。档案价值是主体需求与客体属性的统一体。当二者相符时，档案价值可以得到最大限

---

① 金岳霖. 论道[M]. 北京：中国人民大学出版社，2010:7.

② 张斌. 档案价值论[M]. 北京：中央文献出版社，2000:8-12.

③ 刘东斌. 对档案本质价值的思考[J]. 档案管理，2004（3）:12-14.

④ 覃兆刿，范磊，付正刚，等. 椭圆现象：关于档案价值实现的一个发现[J]. 档案学研究，2009（5）:3-6.

度的实现；反之则阻碍了档案价值的实现。因此，要明确档案究竟有何种价值，应立足主体需求与客体属性双方，理解主体有何需求，客体属性是否能够满足、如何满足等问题。

（5）北京奥运档案遗产价值

北京奥运档案遗产价值是档案客体属性与北京"双奥"主体需求相统一产生的新型价值关系。本书将其定义为：北京奥运档案所记载的遗产资源价值，以及通过对档案的保护和开发促使奥运遗产惠及奥林匹克运动及其他涉奥领域可持续发展的媒介价值。首先，北京奥运档案遗产价值中的"遗产"来自"奥运遗产"。原因在于，第一，奥运遗产在奥林匹克运动领域愈发重要，是国际奥委会存在的理由，符合价值主体表述规定；第二，奥运遗产与奥运档案关系密切，奥运档案既是奥运遗产的重要组成部分，也是奥运遗产规划、治理、评估的全过程记录，能够为北京奥运档案遗产价值含义界定提供指引。因而采用"遗产"一词。其次，北京奥运档案遗产价值由档案事实推导而来。"档案事实"包括档案具有记录信息的功能性事实和承载信息的内容性事实。第一，通过建构确认档案记录信息的功能性对奥林匹克运动有价值。经过社会实践活动的不断互动、反复联结，档案的功能性事实可确保奥运遗产在时空跨越中得以存续、开发与传承，能够满足奥林匹克运动及其他涉奥领域的可持续发展需要，价值主客体达成统一关系。第二，通过建构确认档案承载信息的内容性事实具有遗产价值。北京奥运档案记录内容是奥运遗产规划、治理、评估整项工作的"全貌"，进而体现出国际奥委会、主办城市以及国家的办奥"话语"。因此，奥运会规划与治理了哪些奥运遗产，即相应地形成了哪些奥运档案，便赋予了奥运档案相应的价值。这些价值就是奥运遗产映射到北京奥运档案的全部意义，即遗产价值。

1.2.2 国内奥运档案价值的研究现状

基于北京奥运档案价值研究文献的调查与分析，探析我国关于奥运档案的研究进展。流程主要包括四个步骤：第一步，文献收集。由于国内有关奥运档案价值研究的文献较少，因此本书扩大检索范围。截至2024年8月31日，本书分别以"奥运/冬奥/奥林匹克+档案"为检索词在"中国知网"的"期刊全文数据库""博硕士论文数据库"以及中国人民大学硕博毕业论文数据库中做主题检索，检得与本书主题相关的文献有315篇。其中，学术论文219篇，学位论文2篇，报纸43篇，年鉴48篇，会议论文1篇，书籍2本。由于年鉴涉及当时北京奥运档案接收、整理及其工作培训、监督等概况，文章短小精悍、仅为事实论述，并不具有研究意义。经筛选，本书以183篇文献为样本。第二步，文献的三重分布分析。基于文献的发表时间、来源、作者机构等三个层面可视化展示分布情况，发现现有奥运档案的研究结构。第三步，主题分析。通过主题划分，发掘奥运档案研究的主要内容。第四步，基于文献的定量、定性分析，针对已有现有成果，进行述评。

1.2.2.1 三重分布

（1）时间分布：周期性显著

从图1-2中可看出，我国有关"奥运档案"的研究主要开始于2008年夏奥会，并在2008年达到顶峰，相关数量成果为62篇，2022年冬奥会期间又有突起之势。最早一篇为1987年发表在《湖北档案》上的《法国为奥运选手建立生理档案》一文，在此后17年间出现研究空白。可见，我国对于奥运档案研究起点较晚、关注较少、数量不多，其成果数量主要围绕"双奥"举办呈周期性分布。

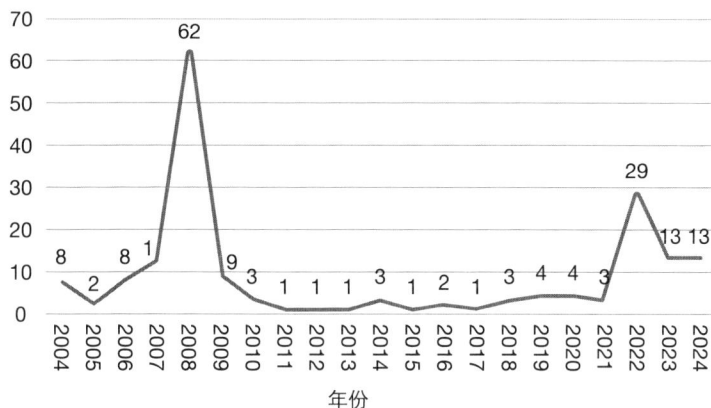

图1-2　国内奥运与档案研究文献时间分布

（2）文献来源分布：以档案学领域为主

从图1-3中可看出，奥运档案相关研究主要发表在档案学期刊中，但多数为北大核心或普通期刊，可见研究深度较浅、理论性薄弱、质量一般。除档案学期刊外，剩余文献散见于《体育科学》《高等教育》《首都公共卫生》等其他领域期刊，以及《北京日报》《法制日报》等报刊中。可见，奥运档案研究成果虽集中于档案学领域，但也较为分散。这与奥运档案内容覆盖面广有较高的契合性。

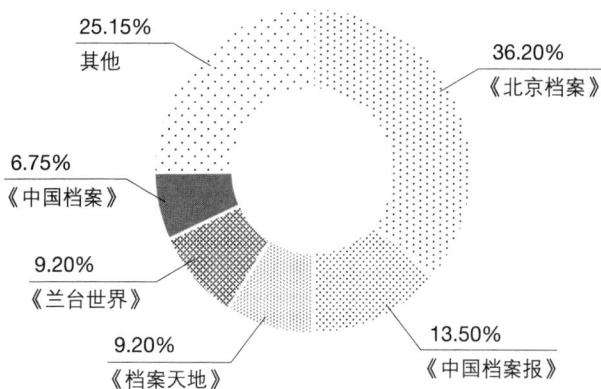

图1-3　国内奥运与档案研究来源分布

（3）作者机构分布：实践部门较多

与文献来源相对应，作者也以从事档案工作、档案教学为主，所涉体育学领域较少。可见，体育学界对奥运档案问题关注较少。此外，在所涉机构中，有32篇文献作者来自高校，34篇来自市、区、高校档案馆等实践工作部门，另外则较多见于报纸记者中。由此，关于奥运档案的理论研究较少，实践工作经验介绍较多，存在奥运档案理论研究不深入的问题，与文献期刊质量的分布有较高的契合性。

1.2.2.2 研究主题分析

奥运档案价值问题是对档案内容层面的分析。然而，从检索到的文献结果来看，国内对奥运档案关注较晚，更多注重管理与开发层面。奥运档案价值同样贯穿于"收、管、存、用"各个流程，因此，本书依照检索文献覆盖的主题依次分析，主要分为奥运档案内涵与价值理论性研究、奥运档案管理与开发策略性研究两大层面。

（1）奥运档案内涵与价值理论性研究

奥运档案研究需要科学、系统的理论指导，当前理论研究多停留在奥运档案概念辨析、内涵探讨、价值初识层面，尚未构建出一套与奥运档案相关的呈体系、完整的理论研究成果。

第一，奥运档案的概念探析。奥运档案的概念阐述是相关研究的逻辑起点。综合多个学者观点可知，奥运档案形成周期较长、主体众多、来源广泛、数量庞大、内容丰富、类型多样、价值珍贵。首先，奥运档案形成贯穿于奥运周期，分布在申办、筹办、举办奥运会过程中以及赛后[①]各个阶段；其次，奥运档案形成主体众多，包括奥组委各部门、比

---

① 徐拥军，陈洁.北京奥运档案管理的对策建议[J].北京档案，2020（7）:27-29.

赛场馆和训练场馆、各类运营中心筹办机构与承办单位[1][2]以及个人[3]等；再次，奥运档案形成地域分散，除奥运主办城市外还有"协办城市、圣火传递城市"[4]等；最后，奥运档案涵盖内容、涉及载体众多，结构复杂，包括各种文字、图片、音视频等形式[5]。上述关于奥运档案的概念认知与本书关于奥运档案的定义有较高的相似性，均揭示了奥运档案的形成特点、内容特点和形式特点。

　　第二，奥运档案的价值探究。国内学者在2008年夏奥会时就已认识到奥运档案具有重要价值，但并不深刻、不全面、不系统。档案学界普遍认为，奥运档案具有参考、凭证[6]、保存[7]价值，可为未来申办大型国际体育赛事提供借鉴，为传承奥运遗产提供行动路径。但参考、凭证、保存价值是档案的固有价值，仅立足档案价值本身先入为主地探讨档案对奥林匹克运动可能存在的有用性，而缺乏交叉学科研究应有的理论深度。体育学领域的学者，从国际奥委会的办奥规定和结构性特点出发，认为奥运档案具有"届际传承价值"[8]，能为不同届次的奥运会提供、传递档案资料和分享、交流档案工作经验等；档案作为奥运实践活动的原

① 李娜，余翔. 奥运档案的相关问题初探[J]. 兰台世界，2008（11）:53-54.

② 刘雨亭. 奥运档案工作应注意的问题——从2012年伦敦奥运档案的工作实践得到的启示[J]. 科教文汇（下旬刊），2016（6）:188-189.

③ 李文超. 奥运档案分类研究及意义[J]. 兰台世界，2016（14）:29-30.

④ 刘雨亭. 奥运档案工作应注意的问题——从2012年伦敦奥运档案的工作实践得到的启示[J]. 科教文汇（下旬刊），2016（6）:188-189.

⑤ 李文超. 奥运档案分类研究及意义[J]. 兰台世界，2016（14）:29-30.

⑥ 王改艳. 奥运档案遗产探析[J]. 四川体育科学，2011（1）:5-7.

⑦ 林玲，郑宇萌. 奥运会遗产的数字化收集整理与利用——以伦敦奥运会数字化档案为例[J]. 湖北体育科技，2019，38（8）:664-669+678.

⑧ 王润斌，肖丽斌. 奥运档案的届际传承问题探析[J]. 兰台世界，2015（10）:55-56.

始记录，在展示、研究、宣传人文奥运精神和中国传统文化时被赋予了文化价值①，体现了民族文化与奥运精神②，对历史叙事和身份建构③具有一定影响，应深度挖掘奥运档案信息，"实现对重大事件的再现、对重要人物的还原"④，进一步拓展奥运档案利用的广度与深度。这些研究超越了档案学科范畴，运用了奥林匹克领域的术语表达，却忽视了档案在奥运记忆传承、集体认同等其他方面的有用性，说明档案与奥林匹克领域的研究结合还不够深入。徐拥军等⑤从奥运遗产的宏观视野分析奥运档案价值，并从要素维（内容—载体）、地区域（中国—世界）、领域层（体育—超体育）和时间线（夏奥—冬奥）视角分析北京奥运档案遗产价值的多重衍生表现，构建北京奥运档案遗产价值的双维双域双层双线延展性框架。此文相比其他奥运档案价值研究成果更为理论化与深入性，但此篇文章并未回答北京奥运档案遗产价值的衍生形态究竟从何而来，缺少一定的合理性。

（2）奥运档案管理与开发策略性研究

当前，对奥运档案管理策略与方法的研究具体性有余，而宏观性不足。多是就某一届奥运档案工作的具体实践工作进行经验总结、感想体会介绍、规划建议等，没有对实际操作或具体的框架模型进行更深入的探究，总体而言深度不够。

---

① 刘玉江，刘飞舟. 挖掘档案在人文奥运中的价值[J]. 兰台世界，2008（1）:53-54.

② 李文超. 奥运档案分类研究及意义[J]. 兰台世界，2016（14）:29-30.

③ 杨茜，郭晴. 历史叙事与身份建构：奥运转播史线上档案研究[J]. 体育科学，2021，41（9）:90-97.

④ 陈洁，徐拥军，郭若涵，等. 国外奥运档案管理的特点及启示[J]. 兰台世界，2020（1）:28-31.

⑤ 徐拥军，张丹. 论北京奥运档案的遗产价值[J]. 档案学通讯，2022（1）:4-14.

第一，管理理论、策略与经验梳理。闫静等①汲取了奥运遗产理论、文化遗产理论、后现代档案学理论、数字人文理论等相关学科知识，为奥运文献遗产保护与传承指明了可行性方向，如奥运记忆、国家认同与情感建构，数字技术与人文理念的双向引导与衔接等。具体管理策略与经验梳理方面，则以2008年夏奥会和2022年冬奥会为主。

2008年夏奥会方面，我国首次接触奥运档案管理，结合奥运档案形成特点，档案部门创新性将监管职责前移，派驻人员主动收集档案；档案监督指导与接收一体化运作；文件归档与档案进馆验收一体化②，各部门通力合作，促使档案收集全面、整理规范、归档及时、移交到位③。多数实践工作者如马晓真④、张彦清⑤还融入个人奥运记忆记述奥运档案管理工作情况，具体开展奥运档案收集整理、清点移交、登记上架、利用服务、撰写《全宗指南》等各项档案业务活动等。针对2008年夏奥会档案工作信息化不足的事实，高校研究者主要从信息化建设视角出发，基于有关数字档案管理相关的国际和国家标准、吸收国外先进的数字档案管理经验和技术⑥探讨奥运档案管理工作，通过构建"北京奥运会专题

---

① 闫静，曾静怡. 奥运会文献遗产保护与传承的基本理论研究[J]. 北京档案，2021（1）:13-17.

② 阿昆. 档案与奥运（之九）[J]. 北京档案，2008（11）:53.

③ 吴颖娜. 神圣的使命 共同的梦想——北京奥组委秘书行政部档案工作掠影[J]. 北京档案，2008（6）:6-9.

④ 马晓真. 为奥运留下记忆——记北京奥运会、残奥会非竞赛场馆档案工作团队[J]. 北京档案，2008（8）:18-19.

⑤ 张彦清. 我参与的奥运档案工作[J]. 北京档案，2009（11）:42-43.

⑥ 王改艳. 奥运档案遗产探析[J]. 四川体育科学，2011（1）:5-7.

档案全文数据库"①"北京奥运文献信息数据库"②，实现奥运档案管理信息化。

2022年冬奥会方面，冬奥档案管理继承2008年夏奥会档案管理经验，特色更为突出、管理经验更为成熟，逐渐形成了北京奥运档案管理的"中国模式"③。2022年冬奥会档案工作依照"绿色、共享、开放、廉洁"④理念，建立"查档绿色通道"，实现对2008年夏奥会遗产的传承；实行奥运档案统一保管、统筹分配，以确保资源共享；以数字化促进"廉洁"理念在档案管理过程中落地，也由此形成了"简约、安全、精彩"的北京冬奥组委档案工作模式⑤。

此外，还有学者专门针对奥林匹克运动组织、筹办过程中，运动员、奥运工程⑥、卫生保障⑦等档案管理现状提出反思和建议，进一步凸显奥运档案内容覆盖之广泛，以及管理与开发工作的复杂性。

第二，开发策略与方法研究。现有关于奥运档案开发相关研究主要集中在奥运档案开发策略和方法层面，大多从具体的开发利用措施入手，而缺乏理论性探讨与系统性总结。一方面，奥运档案的开发利用

① 徐拥军. 建立"北京奥运会专题档案全文数据库"的构想[J]. 北京档案，2008（7）:13-14+42.

② 刘立河. 论北京奥运文献信息中心建设[J]. 图书馆建设，2002（6）:39-40.

③ 徐拥军，张丹. 北京奥运档案管理的"中国模式"[J]. 图书情报知识，2022（3）:32-40.

④ 李京婷，田雷. 坚持四个办奥理念 研究探索北京冬奥会档案工作新形态[J]. 北京档案，2017（10）:29-31.

⑤ 田雷. 探索"简约、安全、精彩"的北京冬奥组委档案工作新模式[J]. 中国档案，2022（1）:22-24.

⑥ 赵丽萍. 奥运工程档案业务指导工作之实践与思考[J]. 北京档案，2008（9）:16-17.

⑦ 张丽珠. 试论北京奥运卫生保障档案管理[J]. 首都公共卫生，2009，3（2）:92-94.

要以人民群众喜闻乐见的方式展开，凸显奥运档案的多维价值；另一方面，"参与奥运、得益奥运"的理念在奥运档案开发利用中也得到贯彻，奥运档案开发利用主体已不仅限于档案部门，而同时分布在高校、研究中心、博物馆等。例如，北京理工大学充分利用奥运场馆声像档案资源，举办"奥运专题摄影展"[①]。通过15个专题、50块展板、近400幅照片较为全面地展示了该校为筹办2008年夏奥会所作出的贡献，并出版专题画册；由中国人民大学博物馆、人文奥运研究中心、体育部主办，信息资源管理学院、校团委协办的"北京记忆·双奥之城"数字展厅[②]，以数字记忆为指导，线上、线下相结合普及奥运知识、弘扬奥运精神，并推动数字时代全球奥运遗产战略的实施落地。再如，澳大利亚奥运电视档案署（Olympic Television and Archive Bureau-OTAB）、奥运博物馆和国家电影资料馆等机构加强合作，对40多年前的数百卷胶片进行重新拼接、剪辑、制作出一部时长104分钟的新版《1956墨尔本奥运官方电影》（*Melbourne 1956 Olympic Games*）[③]，为国际奥林匹克运动迈向新世纪献上一份贺礼。

1.2.3 国外奥运档案价值的研究现状

基于北京奥运档案价值研究文献的调查与分析，探析国外关于奥运档案的研究进展与发展态势。总体而言，相比国内研究，国外相关研究

[①] 胡亚利，张月春. 奥运场馆声像档案价值分析与利用模式探索[J]. 兰台世界，2009（19）:10.

[②] 冯惠玲，任瑾，陈怡. 北京"双奥"遗产的数字化保存与传播[J]. 图书情报知识，2022，39（3）:22-31.

[③] 陈恬恬. 奥运官方电影的资料档案管理——从英国筹拍伦敦奥运官方电影说起[J]. 当代电影，2010（8）:108-111.

开始于1963年，起点较早，主题也更为分散，从比赛项目到赛事举办再到配套公共卫生保障设施，更多产生于人文学科与自然学科间的交叉研究成果，促使奥运档案更具普遍性价值意义。

1.2.3.1 文献数据分析

截至2024年8月31日，以"Olympic+archive/record/document/file"为检索词在"Web of Science"数据库中做主题检索，共检得相关文献1806篇，数量较多。为明确梳理国外"奥运档案价值"相关的研究成果，本书进一步精确检索范围，以"Olympic+archive/record/document/file+value"为检索词在"Web of Science"数据库中做主题检索，共检得2001年以来与之相关的文献192篇，并无相关书籍出版。如图1-4所示，国外与奥运档案价值相关文献数量总体上自2005年开始呈上升趋势，并在2018年、2021年达到顶峰，目前仍保持较高的研究热度。与国内相比，国外研究并无明显的周期性分布特点。

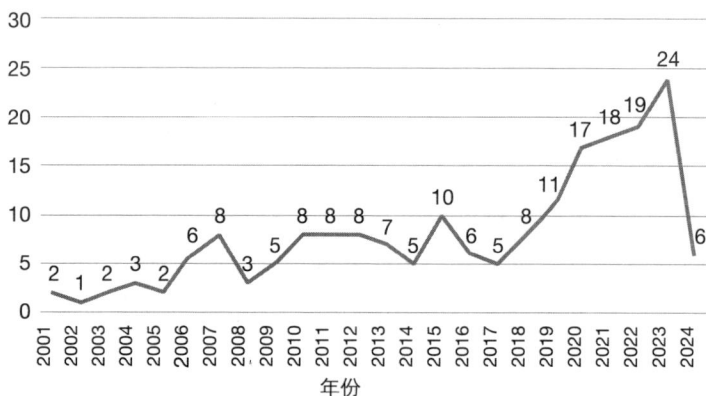

图1-4 国外奥运档案价值研究文献时间分布

1.2.3.2 研究主题分析

如同国内，国外有关奥运档案价值的研究也经历了认识逐渐深化、视角逐渐多样化的过程。国外研究更具有西方文化特色，研究主题也更为分散，包括价值认知、记忆构建、集体认同、竞技比赛、经济商业、医疗保健、环境保护等多个方面（表1-2），并就表中主要主题分别阐述。

表1-2　国外奥运档案价值研究主题分布

序号	研究主题	篇数（篇）
1	奥运档案价值的整体认知和实现	47
2	发掘运动员的个人竞技潜力	55
3	揭示奥林匹克运动文化	17
4	提升公共卫生与医疗保健水平	19
5	加强环境监测与保护	18
6	其他	36

（1）奥运档案价值的整体认知和实现

特里·库克（Terry Cook）[1]经研究发现，奥运档案与一般的办公记录不同，如关于加拿大奥林匹克运动员的传记系列是具有国家层面意义的独特记录体，在其他地方是无法获取的，应用宏观评价方法来予以研究。鉴此，部分学者通过某一届奥运会具体分析奥运档案价值。例如，钱浩俊（서울학연구）等学者对1988年汉城奥运会形成的官方文件进行研究，提出奥运档案是奥运中具有永恒价值的历史记录，内容广泛、载体多样，具有体育历史、教育、商业、证据、知识[2]和艺术审美[3]等多

---

[1] COOK T. Macroappraisal in theory and practice: origins, characteristics, and implementation in Canada, 1950–2000 [J]. Archival Science, 2005（5）: 101-161.

[2] 서울학연구. 서울올림픽 기록물의 존재형태에 관한 연구[J]. 서울학연구, 2007（8）: 279-302.

[3] 정유경. 동계올림픽 엠블럼에 나타난 시각적 특징 연구[J]. 브랜드디자인학연구, 2013, 11（2）: 127-138.

种价值，将其作为奥林匹克精神传承的纽带，能够推动社区参与奥运①，促进大众体育事业发展②，构建全民奥运记忆③；通过道德教育促进公民意识④；奥运会的成功举办也可以增强政府和企业的凝聚力⑤，增强集体认同，克服外在敌对势力的不良影响。但同时也发现现有文件存储具有片面性、奥运档案管理与开发制度不健全等问题，导致在当前和将来难以把握奥运档案的效用价值。⑥部分学者将视角扩大至整个奥林匹克运动会，基于国际奥委会所掌握的历届奥运会官方文件的史料价值，或分析非西方国家如巴基斯坦等参与奥运的历史背景及其面临的体育问题⑦；或对比分析不同奥运会的开幕式创意传播和视听策略。⑧

---

① HARRIS S, HOULIHAN B.Implementing the community sport legacy: the limits of partnerships, contracts and performance management[J]. European Sport Management Quarterly, 2016, 16（4）: 433-458.

② CHEN S S, PREUSS H, LIANG X, et al. Sport policy development in China: legacies of Beijing's 2008 Summer Olympic Games and 2022 Winter Olympic Games[J]. Journal of Global Sport Management, 2021, 6（3）: 234-263.

③ NAKAJI T. Olympic films and public memory[J]. International Journal of Japanese Sociology, 2019, 28（1）:11-25.

④ KNIJNIK J, TAVARES O. Educating Copacabana: a critical analysis of the "Second Half", an Olympic education program of Rio 2016[J]. Educational Review. 2012, 64（3）: 352-367.

⑤ 박경호, 박장규. 한국 스포츠외교의 태동 -서울올림픽 유치의 유산[J]. 한국체육사학회지, 2011, 16（2）: 47-57.

⑥ 서울학연구. 서울올림픽대회 조직위원회 공문서의 성격에 관한 연구[J]. 서울학연구, 2010（24）: 113-172.

⑦ LAAR R A, SHI S S, AZEEM M A, et al. Pakistan's participation at the summer Olympic games, 1948 to 2016: a social development theory approach[J]. International Journal of the History of Sport, 2021, 38（5）: 511-526.

⑧ BOCCIA L V. Aesthetic convergences: comparing spectacular key audibles and visuals of Athens and Beijing Olympic opening ceremonies[J]. International Journal of the History of Sport, 2012, 29（16）: 2264-2275.

另外，学者们也多提议成立专门的遗产委员会，搭建在线网络平台，收集涉奥组织、一般民众等相关的奥运记录[1]；建立体育口述历史记录数据库，通过运动健儿的口述记录填补体育历史叙事的空白，并呈现体育口述艺术的历史价值和未来实现方向[2]；建立奥运会、残奥会纪录片遗产计划[3]，传承奥林匹克精神；推动数字遗产领域更广泛的合作[4]，促进奥运遗产在各个行业、领域的效益挥发，引领各项事业建设发展。

（2）发掘运动员的个人竞技潜力

运动员的个人竞赛成绩、训练数据、身体数据等也属于奥运档案的重要组成部分。国外相关研究对此类档案颇为重视。如通过利用电子靶系统SCATT-USB[5]提供的运动员训练数据，满足运动员提供特定的需求和训练计划，辅助运动员提升竞赛成绩；在新冠疫情期间，通过记录运动员竞赛成绩，以获取运动员个人的体能测试数据、竞赛数据，对调适运动员的竞赛状态、制定运动员训练方案、提升个人竞赛能力具有较为

① SUK C T, CHEON H J. The study on creating PyeongChang Winter Olympic Games records legacy through overseas cases[J]. Korean Society of Sport Policy, 2018, 16（3）: 61-80.

② 전상완. 국내 체육계 구술채록 운영 현황 및 고찰[J]. 한국스포츠학회, 2021, 19（2）: 609-619.

③ WILLIAMS C. On The Record: Towards a Documentation Strategy[J]. Journal of the Society of Archivists, 2012, 33（1）: 23-40.

④ RACHEL T. West Yorkshire's sporting heroes[J]. Journal of the Society of Archivists, 2012, 33（1）: 75-87.

⑤ SERBAN C, TIFREA C. The importance of using electronic system for preparetion shooters scatt the usb version, used by athletes who practice sport shooting, sample air rifle 10 m[C]// ROCEANU I, HOLOTESCU C, et al. eLearning and Software for Education, 2016:389-395.

重要的作用。①同时，国外学者以多名运动员或多项赛事运动成绩为样本，探索人类体育运动中的极限。贝特洛·杰弗罗伊（Berthelot Geoffroy）等②以各项赛事世界纪录（World Record，WR）为样本，分析和预测人类在运动中的生理边界以及外部（历史或环境）条件对WR诞生的影响。拉迪奇·菲利波（Radicchi Filippo）③则采用正态分布统计方式量化运动员在跑步、跳跃、投掷和游戏等项目中出现突破性挑战的年份。与运动员个人形成的档案相同，某一赛事训练、比赛记录也是奥运档案的重要组成部分。赛事专业团队通过训练、比赛视频分析皮划艇、摔跤、帆船、挺举、网球等运动项目的运动技术④，发现最佳运动策略，以提升运动员成绩。

（3）揭示奥林匹克运动文化

国际奥林匹克运动在某一国家的举办，本就是奥林匹克运动文化、精神、价值观的"本土化"结果，奥运档案能够体现奥林匹克运动在该国政治、社会、文化等各个领域引起的国家话语。⑤郭金镇（Gsk kim-

① UMAY B，ATAR O，KOC H. The effect of resistance exercises performed at home on swimming performance of adolescent swimmers during the covid-19 pandemic period[J]. Viref-Revista De Educacion Fisica, 2022, 11（3）: 66-79.

② BERTHELOT G, RHIBAULT V, TOUSSAINT J F, et al. The Citius End: World Records Progression Announces the Completion of a Brief Ultra-Physiological Quest[J]. Plos One, 2008, 3（2）: e1552.

③ RADICCHI F. Universality, Limits and Predictability of Gold-Medal Performances at the Olympic Games[J]. Plos One, 2012, 7（7）: e40335.

④ ALACID F, LOPEZ-MINARRO P A, LSORNA M. Pacing strategy and cycle frequency in canoeing at Beijing Olympic Games[J]. Revista Internacional de Medicina y Ciencias de La Actividad Fisica y del Deporte, 2010, 10（38）: 203-217.

⑤ SONG C M, JIN K. 2018 평창동계올림픽남북단일팀 구성에 대한 기호-서사학적 연구:다큐멘터리 를 중심으로[J]. 통일인문학, 2019（78）:31-59.

jin）等①运用内容分析法，将奥运档案视为奥运遗产的真实记录，分析2018年平昌冬奥会对韩国社会资本、传统文化、自然环境和主办城市形象的影响。也有学者反其道而行之，突破本土话语，探寻奥运圣火传递意识的广泛价值和象征意义②；强调奥林匹克运动电影纪录片、纪实文学的史实价值，透过《奥林匹亚》（*Olympia*）③、《东京奥林匹克》（*Tokyo Olympics*）、《奥林匹克的赎金》（*Olympic no Minoshirokin*）④等多部艺术文学影视作品感悟奥林匹克精神与价值意义。

（4）提升公共卫生与医疗保健水平

近几年，重大公共卫生事件已成为影响奥运会顺利举办的重要因素。多个研究揭示了如寨卡病毒、诺如病毒、新冠疫情等重大突发卫生事件对奥运会举办的不利影响，要求做好奥运期间的病历记录，建立传染病症状网络监测系统，以提高对抗重大突发卫生事件的综合能力⑤。2012年伦敦奥运会创立的"未确诊严重感染病（USII）检测模型"⑥被用

---

① KIM J D, GSK k J. 내용분석을 통한 2018 평창문화올림픽의 의미와 시사점 고찰[J]. 관광연구저널, 2019, 33（9）：127-144.

② MAGUIRE J, BLACK J, DARLINGTON B. "The Day the Flame Came to Town"：The Olympic Flame, Symbol, Community and Commodification[J]. Sociology of Sport Journal, 2015, 32（2）：117-139.

③ 허진석. 손기정 연구의 사료로서 영화『올림피아（Olympia）』에 대한 고찰[J]. 한국체육사학회지, 2014, 19（1）：53-68.

④ 김옥희. 일본의 문학자들이 기록한 1964년 도쿄올림픽[J]. 인문과학연구논총, 2017, 38（1）：151-178.

⑤ DEOSTHENES P, VASSILIKI C, EVANGELOS P. The perspective of syndromic surveillance systems on public health threats: a paradigm of the athens 2004 olympic games[J]. Royal Society for the Promotion of Health, 2007, 3（127）：111.

⑥ DABRERA G, SAID B, KIRKBRIDE H. Evaluation of the surveillance system for undiagnosed serious infectious illness（USII）in intensive care units, England, 2011 to 2013[J]. Eurosurveillance, 2014, 19（46）：8-14.

于其他国家和大规模集会活动期间识别潜在新发感染集群的公共卫生工具。国外多数学者也注意到卫生质量对于运动员健康的影响，如通过对奥运会举办期间的水上项目进行伤害和疾病监测，收集相关数据、制定预防措施，以提高水上运动员的健康和表现水平。①同时，国外文献对奥运期间产生的医学病历档案研究颇为重视。例如，运动员档案尤其是女性运动员的产前、产中、产后的训练记录可以为其医疗保健提供参考②。

（5）加强环境监测与保护

环境关乎着体育运动的发展，如空气质量、水质、雪况等都是影响奥林匹克运动的关键因素。因而，环境遗产也是奥运遗产的主要类型之一。国外学者大多对某一届奥运会如2004年雅典奥运会③、2008年北京奥运会④期间的大气质量进行监测与数据收集，通过建模分析空气污染情况及其对运动员的影响；探讨土地、气候等环境变化⑤对奥运遗产赛后可持续利用的影响。

---

① MOUNTJOY M, JUNGE A, KHAN K M, et al. Consensus statement on the methodology of injury and illness surveillance in FINA（aquatic sports）[J]. British Journal of Sports Medicine, 2016, 50（10）: 590-596.

② L'HEVEDER A，CHAN M，MITRA A, et al. Sports Obstetrics: Implications of Pregnancy in Elite Sportswomen, a Narrative Review[J]. Clinical Medicine, 2022, 11（17）: 1-16.

③ FLOURIS A D. Modelling atmospheric pollution during the games of the XXVIII Olympiad: Effects on elite competitors[J]. International Journal of Sports Medicine, 2006, 27（2）: 137-142.

④ WITTE J C, DUNCAN B N, RETSCHER C. The unique OMI HCHO/NO2 feature during the 2008 Beijing Olympics: Implications for ozone production sensitivity[J]. Atmospheric Environment, 2011, 45（18）: 3103-3111.

⑤ JOHN R, MARGARET M. Land remediation, event spaces and the pursuit of Olympic legacy[J]. Geography Compass, 2020, 14（8）: 2-26.

1.2.4 研究评价与展望

1.2.4.1 现有研究不足

第一，奥运档案研究数量渐趋增长，但深度与可持续性不足。目前关于奥运档案的研究数量呈不断攀升趋势，且对奥运档案管理业务环节的梳理也渐趋全面。但存在以下两方面问题：第一，相关研究多是立足于档案及档案管理，很少将档案纳入奥运遗产宏观愿景这一战略高度进行阐释。例如，现有成果对奥运档案的价值仅停留在知识传承、保存、参考等传统档案功能的研究上，缺少从奥运遗产的高度进行奥运档案价值的顶层设计。第二，奥运档案相关研究周期性明显，在特定时期呈现井喷之势，但过了重大时间节点，后续研究稍显乏力，缺少可持续性、常规性。文献检索结果显示，国内方面，由于2008年夏奥会召开，与"奥运档案"相关的文献在2008年激增，但随后相关研究数量又迅速下跌；由于2022年冬奥会召开，2018年至2021年相关研究又有成果数量较大幅度的增长。相关研究随奥运会召开呈周期性分布，未形成持续性、连贯性特征。究其原因，现有研究较少从奥运档案的遗产可持续性角度进行相关探索，对奥林匹克运动和奥运遗产的可持续性把握不够充分，故而随着奥运周期的结束，先前那种"为奥运档案管理而进行奥运档案研究"的思路自然后劲不足，奥运档案的后续开发被忽视。国外方面，研究热度虽总体呈上升趋势，但主题十分分散，体育、社会、医疗、商业、城市、历史、文化、艺术、建筑、化学等领域均有涉及，学科交叉研究性较强，尚未形成聚力。

第二，奥运档案研究实践性强，但理论性与体系化不足。现有研究仅关注奥运会对举办地区和民众的单一影响或研究奥运档案的单一价值，这些价值也均是由实践层总结而来，如届际传承价值，体现于国际奥委会的"筹办知识转移"任务，但相关研究并未上升至理论层面，实践性较强。国外有关奥运档案价值的研究则散见于医学、环境学、城市学、经济学、运动学、统计学等多个学科，并擅长运用建模分析、正态分布、系统分析等自然学科的方法探究奥运档案对运动员、环境、城市等方面的发展价值，但缺少宏观框架的引领与定位，致使相关研究不具有关联性、参考性。现有研究均是以"奥运档案具有价值"为基础展开研究的，但这并不是不言自明的天然现象，需要科学、合理的理论阐释和学理支撑。此外，奥运会带给举办国家和地区的影响是多元复杂的，档案作为其真实、客观的记录，具有形成地域分散、涉及领域广泛、时间跨度较长的特点，这并非某单一价值或单一实践所能概括的。可见，目前大部分研究成果只关注局部与当下，缺少全局与长远的考察，忽略了后奥运时代档案之于奥林匹克运动可持续发展的整体性信息支撑、跨界融合、媒介传播与整合创新等多重价值实现，致使奥运档案价值认知肤浅化、片面化、碎片化，在指导后期开发利用工作时缺乏应有的实践广度和深度，奥运档案价值的实现规律更是无从探索。

第三，档案学界与体育学界关注较多，但开放性与综合性不足。与国外研究不同的是，国内奥运档案价值研究已经引起档案学界、体育学界的较多关注，但是此领域研究所呈现的学科视角与思维视角的开放性与综合性仍不足。一是学科视角的固化。现有研究多是档案学者、体育学者从本学科出发展开研究，忽视文化学、历史学、社会学、管理学、法学、信息科学等其他多学科视角的融入。举办奥运会远不止是举行简单的体育赛事，还涉及举办城市和举办国政治愿景、经济愿景、环境愿景、文化愿景等诸多愿景的实现，作为奥运会客观、真实记录的档案则是这些愿景的最佳呈现载体。故对奥运档案的研究亦需以开放性态度，综合多学科知识方法进行全面系统的审视。而现有研究成果在学科综合性方面却较为欠缺。二是思维视角的窄化。其一，现有成果对奥运档案的研究往往聚焦于某一届奥运会，国内多集中于2008年夏奥会或2022年冬奥会，而忽略了二者之间的关联；这种聚焦个体、忽略整体的思维往往导致研究成果"只见树木、不见森林"，缺乏规律性探索。其二，现有成果对奥运档案的研究往往多聚焦于收集与管理问题，而对开发与利用问题着墨较少，这种只注重前端而忽略后端的思维惯性，导致对奥运档案的价值认知出现偏差，奥运档案社会效益未能充分发挥出来。这为本书提供了可突破的研究空间。

1.2.4.2　未来研究方向

第一，需要进一步深入挖掘北京奥运档案价值。深入挖掘北京奥运档案价值在于两点。一方面，明确北京奥运档案价值的存在状态与形成过程。以往的相关成果基本上都是在"奥运档案有价值"的基础上研究分析而成。然而，奥运档案具有价值并非一个天然形成的、不言而喻的事实，并非奥运档案的固有属性，也并非一个先验性的自明概念，它需要结合价值论、建构论等相关理论明晰奥运档案价值背后的形成原理。即奥运档案为何有价值，价值主体、价值客体是谁，价值主体有何需求，档案所记载的奥运事实对奥林匹克运动有何价值。另一方面，由于奥林匹克运动举办的多因性、影响的广泛性，档案对北京"双奥"产生的价值并非凭证、参考或文化等单一形态所能概括，应全面深入了解奥林匹克运动申办、筹办、举办乃至后奥运时代各个阶段的活动特点、影响范围，才能达到对北京奥林匹克运动价值的全面、科学认知。古人言："事莫明於有效，论莫定於有证。"只有通过相关理论和事实诠释好上述原理性问题，所得出的奥运档案价值才会更加科学与完整，奥运档案价值实现路径才更具有针对性、系统性，更有利于促进奥运档案价值的充分实现。

第二，需要进一步深化对奥运档案价值的认知。对北京奥运档案价值的科学化、系统化认知是做好北京奥运档案管理与开发的前提和基础。分析奥运档案的形成背景、含义、范围、属性特点等，是开展后续奥运档案管理与开发理论与实践活动问题意识的来源。国内现有研究对奥运档案的价值认知仍固守传统的凭证价值和原始记录维度，缺乏认识的高度和广度，尤其是尚未将奥运档案置于奥运遗产可持续性发展框架之中。这种认识的局限有两方面原因：一是当前档案学领域由于对体育学或奥林匹克运动认知不深，仅立足档案的传统价值（参考、凭证）就先入为主地探讨档案对奥林匹克运动可能存在的有用性，而缺乏交叉学科研究应有的理论深度；二是体育学领域对档案了解不够，虽运用了奥林匹克领域的术语表达，却忽视了档案在奥运记忆传承、集体认同等其他方面的有用性，说明档案与奥林匹克领域的结合还不够深入。这就导致现有大部分研究成果只关注局部与当下，缺少全局与长远的眼光，忽略了后奥运时代档案的利用与再利用对奥运遗产的传承作用。

第三，需要构建全面、立体、系统的北京奥运档案价值实现路径。在北京奥运档案价值充分挖掘、充分认知的基础上，构建全面、立体、系统的北京奥运档案价值实现路径。这既是提升奥运档案管理和开发水平的重要手段，也是为北京乃至整个国家传承"双奥"遗产的重要途径。目前，北京奥运档案遗产价值实现一是囿于价值本身认知，二是受阻于奥运档案管理。前者，现有关于北京奥运档案价值的研究多聚焦于某一价值，所立足的角度始终未能覆盖整个奥林匹克运动，导致价值实现路径也呈现出碎片化、薄弱化特征，不足以全面展现北京奥运档案价值，也无法满足奥运遗产支撑奥林匹克运动的可持续发展需要。后者，北京奥运档案呈分散化、跨周期分布，不利于北京奥运档案价值的实现与发挥。只有充分整合2008年夏奥会与2022年冬奥会档案资源，才可充分实现北京奥运档案价值。鉴此，本书从奥运遗产的宏观框架入手，立足"总体性"视角，构建全面、立体、系统的北京奥运档案价值的实现路径，满足奥林匹克运动各维度、各阶段主体需要。

1.3 研究内容与思路

1.3.1 研究内容

本书以"北京奥运档案遗产价值建构"为研究对象，主要论述如下内容：

1.3.1.1 北京奥运档案遗产价值建构的理论研究

首先，是北京奥运档案遗产价值建构的理论基础。此部分基于文献综述得到的奥运档案价值研究的碎片化、浅层化认知，引入相关理论对北京奥运档案遗产价值提供理论阐释和学理支撑。第一，价值发现阶段，引入价值论、建构论回答价值的存在状态与形成过程，并将其运用于北京奥运档案遗产价值建构中，分析北京奥运档案遗产价值的存在基础。第二，价值认知阶段，主体一方引入奥运遗产理论，了解档案在奥林匹克运动领域的方位以及奥林匹克运动主体需求对遗产价值的影响；客体一方引入档案价值论，挖掘档案客体属性，并通过"档案价值进化"探明"遗产价值"表述的合理性。第三，价值实现阶段，引入文化生态学，运用"总体性"视野，探讨北京奥运档案遗产价值的实现路径需要遵循的原则和路径。从价值发现—价值认知—价值实现，5个理论完整解释了北京奥运档案遗产价值的内涵及其实现路径，为北京奥运档案遗产价值建构提供了全面的学理基础。

其次，是北京奥运档案遗产价值的诠释。北京奥运档案遗产价值诠释是对北京奥运档案认知的深化，也是其遗产价值实现的基础。第一，价值含义。即北京奥运档案遗产价值的含义，从价值客体属性与价值主体需要出发，探讨北京奥运档案对奥林匹克运动的有用性，并分析有用性之间的关系。第二，价值特点。即北京奥运档案遗产价值的主体性与客体性，分别指向北京"双奥"和档案客体两个层面特点。第三，价值表现。即北京奥运档案遗产价值的衍生表现形态，进一步明晰北京奥运档案记载的奥运事实所展现的价值意义，并立足国民、国家、国际与奥林匹克运动息息相关的三个不同主体，划分价值意义，以针对性构建北京奥运档案遗产价值实现路径。

1.3.1.2 北京奥运档案遗产价值建构的实践路径

北京奥运档案遗产价值的存在和产生是价值主体需要与价值客体属性相互作用后产生的统一关系，是一种建构性价值。而价值实现是价值建构的应有之义，经社会实践活动建构出来的价值形态规定了实现方向和路径。如若不将价值转化为实践应用，或北京奥运档案的遗产价值无从实现和发挥，那么遗产价值建构就是空谈。因此，此部分立足时间线、空间体、互动观，基于国民、国家、国际三个层面，分别探究北京奥运档案遗产价值的三种实现路径，由点及线、由线及面，回答北京奥运档案的遗产价值如何实现和发挥。

实践路径之一，立足时间线（社会时间），将国民视为一个个天然的"点"，研究北京奥运档案的遗产价值整合路径。将2008年夏奥会与

2022年冬奥会档案在形成主体、时间、载体方面予以整合，通过搭建"联动共享型"北京奥运档案资源体系形成北京"双奥"记忆库，并基于实体维、象征维、功能维三维一体模式构建北京"双奥""记忆之场"，通过社会民众共有的、共通的、共享的"双奥"记忆生产民族情感，强化集体认同。

实践路径之二，立足空间体，将国家涉奥的各行各业视为"线"，研究北京奥运档案的遗产价值辐射路径。北京奥运档案形成主体横跨各个领域，促使北京奥运档案产生遗产价值辐射。通过奥林匹克运动的结构性特点和国际奥委会的办奥要求，分析遗产价值的辐射领域、辐射行为与辐射方式，以明确北京奥运遗产价值的空间辐射效应。进而，构建"+北京奥运档案+"融合模式，确保以北京奥运档案为系，将北京"双奥"的组织经验、遗产、智慧、成果向其他重大活动、非奥运领域与行业中推广与传播；并以"中国办奥特色"为指引，深化北京奥运档案在社会各个领域的纽带与支撑作用。

实践路径之三，立足互动观，将国际社会和国内社会视为传播"面"，研究北京奥运档案的遗产价值传播路径。北京奥运档案遗产价值传播，最终目的在于塑造中国大国形象，讲好中国奥运故事。因此，借助北京奥运档案遗产价值的客体性，构建"事实—价值"的传播路径。以档案事实为"本"、遗产价值为"用"，将北京"双奥"中所蕴含的文化理性、物质现实以及"中国智慧"、"中国方案"和"中国实践"分别面向国内外传播，实现"事实认知—事实判断—价值判断—价值共识"的逻辑演化，争取更为广泛的国内社会和国际社会认同。

1.3.2 研究思路

本书以"理论—实践"为线（图1-5），通过解读研究背景、意义、对象和现有不足等，分析北京奥运档案价值建构的理论基础，诠释北京奥运档案遗产价值，明晰档案为什么对北京"双奥"有用，产生了哪些价值、有何特点、如何体现等问题。进而，立足北京奥运档案遗产价值，结合北京"双奥"特点，提出构建基于国民层的"北京'双奥''记忆之场'"、基于国家层的"'+北京奥运档案+'融合模式"以及基于国际层的"'事实—价值'传播途径"等三大遗产价值实现方向，为北京奥运档案遗产价值的充分实现给予路径指导。

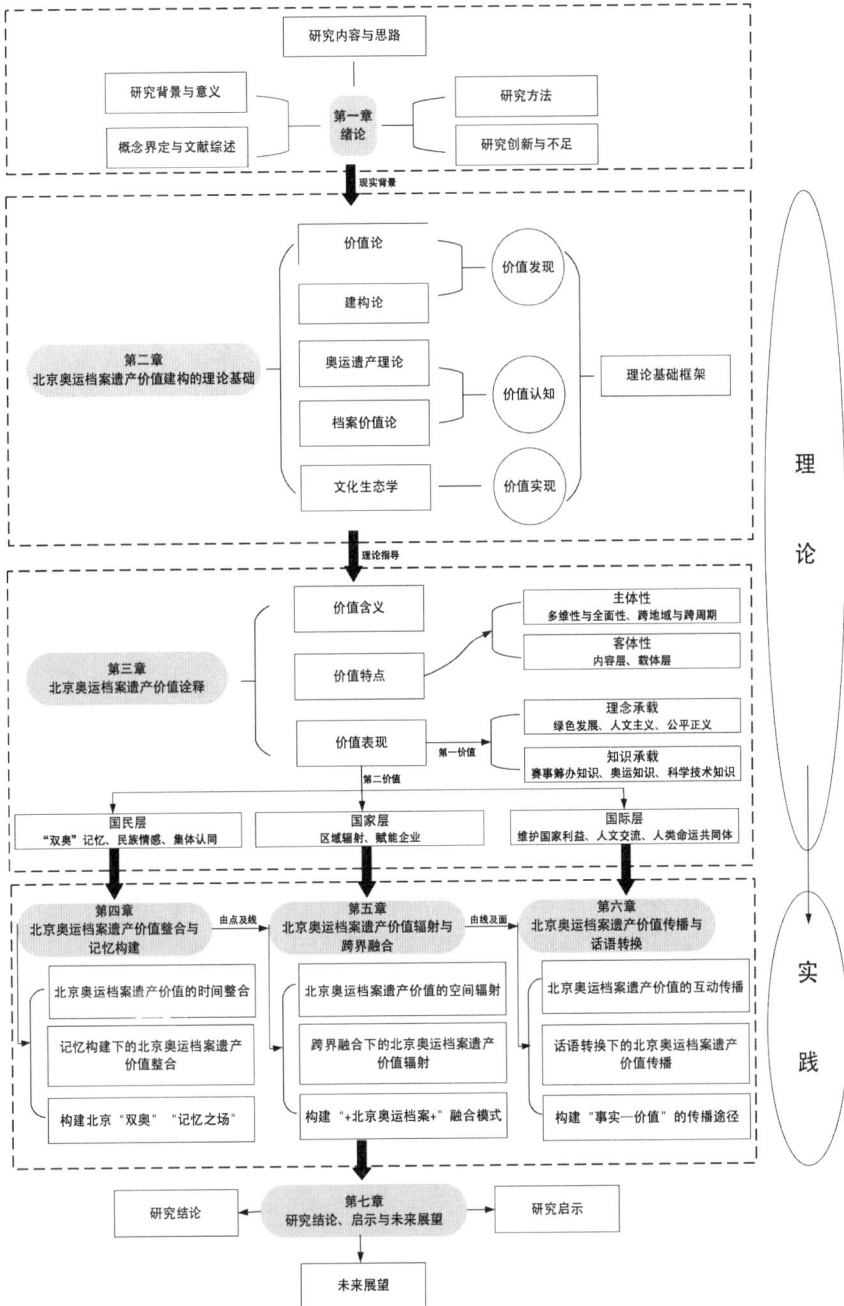

图1-5　论文研究思路框架图

1.4 研究方法

1.4.1 文献研究法

针对国内外奥运遗产、奥运档案价值等方面的研究，收集包括图书、学术论文、媒体报道、科学报告、年鉴、纪录片等在内的各类文献并加以鉴别和整理，从而全面掌握既有研究成果。在资料获取途径上，除了"中国知网"固有渠道外，本书注重获取北京冬奥组委（https://www.beijing2022.cn/，该网站现已关闭）、国际奥委会（https://olympics.com/ioc）、国际奥委会图书馆（https://library.olympics.com）等官方网站平台发布的政策文件、官方报告、新闻报道等，以及《人民日报》等各大纸媒数据库与北京"双奥"相关的跟踪报道。基于此，本书获取了大量的文本书献、数据案例，为本书的相关论点提供支持。

1.4.2 实践调查法

对国内开展北京奥运档案管理与开发的代表性机构如国家体育总局、北京冬奥组委、北京市档案馆、河北省档案馆、张家口市档案馆、北京市城建档案馆、首都体育学院、中国石油公司等进行实地考察，选取关键的利益相关者（如政府官员、赞助商、档案工作者、研究学者等）作为访谈对象，进行电话、网络调研等，考察北京奥运档案的收集、整理以及开发利用情况，对于各个利益相关者的有用性，以及价值实现难度等。

1.4.3 政策文本分析法

运用政策文本分析法，梳理和解析国际奥委会、北京冬奥组委及其他各届奥运会举办方有关奥运遗产、奥运档案政策的文本，如《奥林匹克2020议程》（*Olympic Agenda 2020*）、《奥林匹克遗产手册》（*Olympic Legacy*）、《奥运遗产指南》（*Olympic Games Guide on Olympic Legacy*）、《遗产战略方针》、《北京2022年冬奥会和冬残奥会遗产战略计划》以及奥运会的《主办城市合同》等；以及档案管理方面的政策文本，如《中华人民共和国档案法》（以下简称《档案法》）、《重大活动和突发事件档案管理办法》（国家档案局令第16号）等，梳理奥运遗产、奥运档案价值研究的时代背景、内容、意义，以及现实方面的挑战。

1.4.4 内容分析法

内容分析法，是大众传播研究的主要方法之一，通过对词频的量化统计可认识、判断某一阶段的传播重点，及某些重大事件的立场、态度、倾向等。本书运用内容分析法，旨在针对第6章，考察2022年北京冬奥会对内、对外话语传播方式的不同，以《人民日报》、*China Daily*（《中国日报》）为样本来源，选取2022年冬奥会相关的新闻报道进行词频分析，通过词频使用差异分析内外传播话语的差异和特点，为指明遗产价值传播途径提供事实基础。

1.4.5 交叉研究法

交叉研究法，主要面向档案学与体育学两大学科知识内容，对北京奥运档案遗产价值建构进行档案学与体育学的综合研究。北京奥运档案遗产价值是奥林匹克运动主体需求与档案客体属性的统一，关涉档案学与体育学两大学科知识内容。深入分析奥林匹克运动的背景、特点、理念以及结构性改革催生出的"奥运遗产"，并与奥运档案相关联，探讨奥运遗产与奥运档案的紧密联系。此外，社会学、传播学、文化学等学科的相关知识理论也为本书提供了理论依据与学理支持。

1.5 研究创新与不足之处

1.5.1 研究创新

第一，提出北京奥运档案遗产价值是一种建构性价值。建构性是价值论的原则之一，建构是在价值论基础上，贯穿于价值关系形成、形态表现的整个过程。北京奥运档案遗产价值是档案客体属性与奥林匹克运动主体需要在社会实践活动中形成的统一关系。而这一统一过程，则是在经过确认奥林匹克运动主体需求、明确档案客体属性的基础上，二者在不断交互、反复联结过程中形成的。遗产价值这一表述由价值主客体共同作用决定，但又受制于主客体，不会产生极端形态。第二，提出北京奥运档案遗产价值是档案在奥林匹克领域的价值进化。随着社会实践活动的产生和发展，档案价值关系总是因价值主体、时空场域等变换在不同领域、层次、时态上形成、改变或演进，构成极其纷繁复杂的多样化形态。这种"多样化形态"就是档案在各项领域产生的"价值进化"。北京奥运档案遗产价值，就是档案在奥林匹克领域产生的价值新形态，它是价值形态的进化，固守档案本质属性，遵循奥林匹克运动主体一方的规定性表述，其衍生形态多样化。第三，提出构建北京"双奥""记忆之场"。以"记忆之场"理论为指引，实体维指向奥运场馆/奥林匹克博物馆，象征维指向北京奥运档案及其开发利用作品，功能维指向能够强化民族情感与集体认同的社会记忆，最终构筑了"奥运场馆/奥林匹克博物馆—北京奥运资源—记忆与情感"层层充盈的记忆体。第四，提出

构建 "+北京奥运档案+" 融合模式。以北京奥运档案为系，内向实现办奥知识的可持续传承，外向以 "中国办奥特色" 为指引，实现各类奥运遗产共促共进、彼此渗透、联动拓新、交融发展。第五，提出构建 "事实—价值" 的传播路径。以 "北京奥运档案" 为 "本"，以 "遗产价值" 为 "用"，通过奥运档案复刻本来面貌，通过话语导向传播遗产价值。

1.5.2 不足之处

论文存在的不足之处主要包括：

一是本书调研阶段，北京奥运档案在内容上均尚处于封闭期，笔者仅能通过北京 "双奥" "申办—筹办—举办—'后奥运'时代" 各阶段活动以及国际奥委会、北京冬奥组委、各个赞助商等官网以及奥运相关的展览、纪录片获取公开可见的文件、数据、实物等了解北京奥运档案，多数奥运档案内容仍无法接触。因此，档案机构在后期开放北京奥运档案时，还需对北京奥运档案遗产价值内涵的科学性、内容的全面性进行进一步分析验证。

二是本书撰写阶段，北京奥运档案尤其是2022年冬奥会档案正处于收集、整理阶段，较少触及档案开发利用。因此，论文后半部分提出的价值实现途径更偏重于理论维度展开的探索，较少涉及已经落地、实现的案例措施等。鉴于此，档案机构后期在开发与利用北京奥运档案过程中如何落实这些实现途径，还需要结合具体的实践情况进行相应的调整和优化。

第 2 章
北京奥运档案遗产价值建构的理论基础

理论基础为本书研究提供了观察的角度、解释的依据以及思考的方法。北京奥运档案遗产价值建构涉及多个学科论题，也迫切需要引入多个学科理论，以达成对北京奥运档案遗产价值的全面认知、科学实践。本书依次引入价值论、建构论、奥运遗产理论、档案价值论、文化生态学等5个理论，明确北京奥运档案遗产价值的存在状态与形成过程，价值主体需求与价值客体属性及其二者之间的关系，以及遗产价值实现路径，为北京奥运档案遗产价值诠释和实现路径提供理论框架。

2.1 价值论：主客体在社会实践中的统一

价值问题是人类实践活动中的基本问题。明确价值的基本含义，是北京奥运档案遗产价值建构研究的逻辑起点。本书引入价值论，旨在分析北京奥运档案遗产价值的存在状态，即北京奥运档案遗产价值是如何存在的，依托何种条件，其存在具有哪些特点。

2.1.1 价值论的理论内涵

"价值"一词主要源于古代梵文和拉丁文的"堤坝"，其本来含义为"具有掩护和保护的作用"，具有珍贵、重视之意。[1]在哲学这一范畴内，

---

[1]　马克思恩格斯全集：第1版[M]. 北京：人民出版社，1974:327.

价值论（Axiology）兴起于20世纪，在伦理学和美学的基础上直接产生，成为哲学研究的专门分支。价值论认为，价值是人类社会生活实践的理论抽象，即"客观上正是以人类生活实践和科学研究中各个具体领域的特殊概括为基础而形成的"①。价值主要表达人类社会生活实践中的一种普遍关系，即客体的存在、属性、运动方式、表现形态及其变化对于主体的有用性，能否满足主体需要。目前，价值主要有主体说、客体说、关系说、实践说等众多说法，但前三者均有所偏颇。价值并非谁决定谁的问题，也不是第一性、第二性的问题，而是因主体需要产生的优先性选择问题。在引入马克思主义相关理论思想②后，形成"实践说"，即坚持社会实践活动是价值形成的先决条件，没有社会实践活动的依托，价值也就不复存在。因此，本书将价值定义为"客体属性与主体需要在社会实践活动中所达成的统一关系"。至于价值的存在方式、认知、特点等，则要从存在论、认识论两个维度予以思考。

首先，价值存在论包含"本体"（存在者）和"本态"（存在方式）两个方面。20世纪中期以来，科学的思维方式更多倾向于"关系型"思维，即不再把"存在者"（任何客观事物）当作没有自身结构、孤立的、抽象的实体（实物个体、粒子、孤立的质点、不变的刚体等），而是从内外部结构、联系、系统、相互作用等来动态把握它的存在，以进一步理解丰富、深刻、发展的"存在"③。"价值的基础是一个人对于他所使用

---

① 李德顺. 价值论——一种主体性的研究：第3版[M]. 北京：中国人民大学出版社，2020:4.

② 马俊峰. 价值论的视野[M]. 武汉：武汉大学出版社，2010:10.

③ 李德顺. 价值论——一种主体性的研究：第3版[M]. 北京：中国人民大学出版社，2020:25.

的东西的体会。"①这里包含着"理性判断"，是在社会实践中经过"内外部结构、联系、系统、相互作用"过程中获得而来的，是主观感受与客观环境的结合，如一双鞋是否合脚只有穿鞋的人才知道。因此，当从存在论理解价值时，并不是将自己置于自己的"生活世界"中，而是在相互关联的社会整体中去把握，这种社会上的关联是先天的、必然的，不以人的意志为转移的，因而价值是客观的。但这种客观也影响着价值关系的生成与表现，即客观环境的变化，也会产生不同的价值关系和价值表现，因此，价值具有社会历史性。

其次，价值认识论，"是存在论上的价值在日常生活中的凸显②。"它除了包括精神对现实世界的反映，更包括主体情况的自我意识，即人的精神心理现象，统一表现为"知、情、意"等人类的情感、体验在价值中的作用③。这里偏向上文所述论的"体会"，它包含了人类在社会实践中的情感变换、心理活动与肉体体验等。这是价值存在论向认识论的转换，转换一种可以显性化、可视化、实体化的价值形态，能够被认知、理解、计算和评估。至于是何种表现形态，则是以人类的主体性感受、体会为主。因此，价值是一种主体性现象。

综上，价值论从哲学视角高度分析总结了价值的存在状态。价值是围绕人类的需要而产生的优先性选择问题，是一种存在于主客体之间的满足与被满足的社会实践关系，主体、客体、社会实践三者缺一不可，

---

① 王晓升. 价值思考的两个维度——存在论与认识论思考的差别与联系[J]. 学习与探索，2021（5）:1-9+192.

② 王晓升. 价值思考的两个维度——存在论与认识论思考的差别与联系[J]. 学习与探索，2021（5）:1-9+192.

③ 李德顺. 价值论——一种主体性的研究：第3版[M]. 北京：中国人民大学出版社，2020:118.

因而价值具有主体性、客观性、实践性；同时，随着时间、地域、环境等的变换，主体会有不同的体会、感受，产生不同的价值认知，所以价值又具有社会历史性。

2.1.2 价值论对北京奥运档案遗产价值建构的指导意义

根据价值论，北京奥运档案遗产价值是价值主客体双方在社会实践活动中形成的关系产物，兼有"价值主体""价值客体""社会实践活动"三个关键点。首先，北京奥运档案遗产价值主体是一种复合型主体。由于奥林匹克运动通常在某一国家举办，导致价值主体既包括奥林匹克运动本身特性，也包括主办国家的意识形态、生产力、科学技术、传统文化、地域场所等特性。因此，北京奥运档案遗产价值主体，是既包括国际奥林匹克运动又包括主办城市和国家中的复合型主体。其次，北京奥运档案遗产价值客体即档案，遗产价值是档案属性同主体相互作用的结果，包括档案记录实体、档案劳动与档案作用社会效益等多个方面。最后，北京奥运档案遗产价值产生所依赖的社会实践活动是奥运会。任何价值都不会凭空出现，如果没有实践活动作为价值主客体的中间桥梁，二者之间便不会有交集。针对北京奥运档案而言，奥运会是北京奥运档案遗产价值赖以存在的现实基础。北京奥运档案记录了北京"双奥""申办—筹办—举办—后奥运时代"工作的全过程，这一事实活动为价值研究提供基础。

如其他价值一样，北京奥运档案遗产价值也具有主体性、客观性、实践性和社会历史性。第一，北京奥运档案遗产价值是一种主体性的现象。它产生于奥林匹克运动和主办国家的双重需要，是围绕价值主体的选择、创造产生的价值。第二，北京奥运档案遗产价值是客观存在的事实。它是档案客体属性与奥林匹克运动主体需要的满足与被满足的关系。这里，无论是档案客体属性、奥林匹克运动主体需要，抑或是奥运会这一事件活动都是客观的。因此，三者构成的价值关系也具有客观性。第三，北京奥运档案遗产价值是在社会实践活动中产生的。离开奥运会这一人类社会实践活动，档案与奥林匹克运动失去了联结、交互的社会环境，奥林匹克运动就将不复存在，档案没有可记录的赛事、文化、业务活动等，遗产价值也就失去了存在的基础条件。第四，北京奥运档案遗产价值具有社会历史性。它是被奥林匹克运动与中国国情（包括政治意识形态、经济产业发展、中华优秀传统文化、档案学科体系、"双奥之城"等）的相互作用下所认定和筛选出来的，不同国家举办的奥运会所产生的奥运档案价值会由于国情的不同而产生其他价值形态。但任何价值形态在任何时候都不会超脱于现实存在的社会关系之外，同时也反向映射当今社会发展水平。因此，这是本书以"北京"这一地域作为研究范围的主要原因。

2.2 建构论：北京奥运档案事实推出遗产价值的互动过程

价值建构是一个隐形过程。北京奥运档案具有遗产价值，并非一个天然形成的、不言而喻的事实，并非档案的固有属性，也并非一个先验性的自明概念，它是一个价值主客体双方在社会实践活动中经过不断交互、反复联结发生关系最终达到统一的建构过程。本书引入建构论，旨在分析北京奥运档案遗产价值的形成过程，即基于北京奥运档案记录的事实何以推导出价值？这些价值又有何表现？

2.2.1 建构论的理论内涵

建构论是20世纪80年代逐渐兴起的社会科学研究的一种方法论，主要有两派。其一，批判建构论。该派系认为主体是积极的行动者，加强社会行动对社会结构的建构能力，以强化社会科学与社会经验的相互关联。批判建构论立足于社会学、修辞学、女性主义和后结构主义文学等多个学科理论，代表性人物有皮埃尔·布尔迪厄（Pierre Bourdieu）、罗伯托·曼加贝拉·昂格尔（Roberto Managabeira Unger）、阿兰·图海纳（Alain Touraine）、安东尼·吉登斯（Anthony Giddens）等。其二，自在建构论。该理论依托独立于社会行动的一套子系统中构成的，强调人类意识、思维活动的建构，是自我系统的内部调节、适应及其与外在社会的交互、反馈。自在建构论在心理学、教育学等学科中应用广泛，主要代表人物有让·皮亚杰（Jean Piaget）、尼古拉斯·卢曼（Niklas Luhmann）等。无论是批判建构论的社会认知或社会经验累积行为，还是自在建构论的头脑意识、思维活动，都是人类通过不断与外界社会接触、交互、联结而产生的，都属于一种建构。

2.2.1.1 建构的含义

尽管建构论学说各有出入，甚至相互矛盾，但多数主张知识不是中立的或者客观的，它源于对社会的建构，并认可社会是一个客观存在，科学的认知内容无法脱离其社会背景，是身处特定历史时期、特定社会文化中的人们交互与协商的结果。[1]就如同卡尔·曼海姆（Karl Mann-

---

[1] 吉尔德·德兰逊. 社会科学——超越建构论和实在论[M]. 张茂元，译. 长春:吉林人民出版社，2005:123-140.

heim）在《意识形态与乌托邦》（*Ideology and Utopla*）一书中指出"科学知识的内容只是社会进程的副产品"①。鉴此，建构是人们通过组织、制度、规范等在社会实践过程中实现彼此联结与交互，形成的思维上的、意识上的、事实上的认知、经验或知识的过程。这种认知、经验或知识虽形成于主体，具有较强的主体性，但也受制于与其交往、联系的人或事物，以及他们当下所处的社会实践环境，并且随着社会实践环境的发展（包括时间的流逝、空间的变换、文化的变迁、制度的更迭等）而逐渐丰富、完善或修正、更新。因此，本书并不认同昂格尔的"建构就是重构"②这一说法。重构是相对于"解构"而言的，具有"重新建立""从头开始"之意，是"破"与"立"的关系；建构则是在原有社会实践基础上的完善或修正，是将原有的隐性关系与隐性作用显性化、显性关系与显性作用完善化的过程，是从"不识"到"识"的深化了解过程。因而，人类所掌握的知识、经验都是建构起来的。因此，北京奥运档案遗产价值建构研究，并非新的价值关系建立，而是在现有研究基础上对北京奥运档案价值认知的深化，这一深化包含价值的发现过程（隐性价值显性化），及其表现形式的丰富与完善（显性价值表征化）。

2.2.1.2 从事实到价值的建构过程

知识是建构起来的，表明了"建构"在社会现象中存在的普遍性，人与人（物）之间的联结、交往，人类头脑中思维意识的活动，如若都属于一种建构，那么从事实到价值整个过程的推导，也始终伴随着建

---

① 肯尼思·格根. 社会构建的邀请[M]. 许婧，译. 北京：北京大学出版社，2011:29.

② 吉尔德·德兰逊. 社会科学——超越建构论和实在论[M]. 张茂元，译. 长春:吉林人民出版社，2005:128.

构。建构性是价值论的原则之一。[①]价值的本质在于它的建构作用过程是否发生，这是一种生产论意义上的哲学。任何价值客体在符合其规范性体系下，能够对价值主体产生影响，它就是具有价值的。而这个建构作用过程，则是贯穿于价值存在论到价值认识论的整个过程。

首先，人们是为了满足需要而从事社会实践活动的，形成主体对自我需求的认知；其次，在社会实践中，主体在与客体的交互、联结中逐渐形成对客体属性的认知，来确认客体是否真的对自己有价值，是否真的满足自我需求。这样就形成了从"自我需求是什么"到"客体事物是什么"的行动逻辑，二者能否统一则是在创造价值和确认价值的社会实践活动中同步进行的。只有主体自我需求与客体属性在社会实践活动中不断交互、反复联结，人们才意识到，这一客体存在总能满足自己的需求，因而这一客体对自己而言是有价值的。"将这种（价值）关系通过意识能力概括起来，形成从事实判断到价值判断的过渡——因为事物具有事实特征A，所以具有价值特征B。"[②]鉴此，某事物具有某种价值，是主体通过社会实践活动，在与客体之间不断的交互与联结、影响与作用过程中产生的。价值从主体需要中萌生，在社会实践活动中获取，在主客体形成统一关系的同时，价值也就随之产生。在社会实践中多次认知客体并确认有价值，以及价值表现的这一过程就是价值建构的过程。

2.2.2 建构论对北京奥运档案遗产价值建构的指导意义

依据事实到价值的建构过程，北京"双奥"先要产生并认识自我需

---

① 晏辉. 中国形态的现代性：事实与价值的双重逻辑——价值哲学的视野[J]. 社会科学辑刊，2020（6）:12-22.

② 杨松. 马克思主义实践观的视角："事实"何以推出"价值"[J]. 中国人民大学学报，2018（3）:71-78.

求，从而在社会实践活动中认识档案，并确认档案客体属性具有某些事实特征，对自我需求总是满足的，从而产生相应的价值特征。因此，北京奥运档案遗产价值的建构过程是北京"双奥"与档案在社会实践活动中不断交互、反复联结形成的价值关系。

就主体一方而言，其需求主要源自奥林匹克运动、主办城市和国家。一方面，现代奥林匹克运动已持续发展了近130年，每4年一届的奥运会为国际奥委会积累了众多的物质财富和精神财富，为了财富的持续积累、留存与传承，扩大体育运动对于国际社会的可持续发展意义，国际奥委会需要完整、清晰、明确、真实的奥运会记录，确保每届奥运会筹办知识得到传承，以惠及未来的奥组委；另一方面，北京（冬）奥组委除需要利用相关的原始记录留存这一顶级国际赛事的筹办经验，以供未来举办重大活动筹办借鉴和参考外，还需要留存奥运记忆见证国家成就与发展。客体一方，专业特性上，档案具有原始记录的功能性事实，并具备周全、良好的长期保存条件；法律要求上，根据《档案法》的相关规定，重大活动的官方资料需要在第一时间由档案机构收集、整理、保管，具有相比其他记录更为正规、正统与真实的内容性事实。鉴此，档案功能性事实、内容性事实与奥林匹克运动在社会实践中不断交互与联结，奥林匹克运动的可持续发展宗旨在档案这一客体属性中得到支持与满足。因此，北京奥运档案的遗产价值建构形成两层逻辑路径（图2-1）。

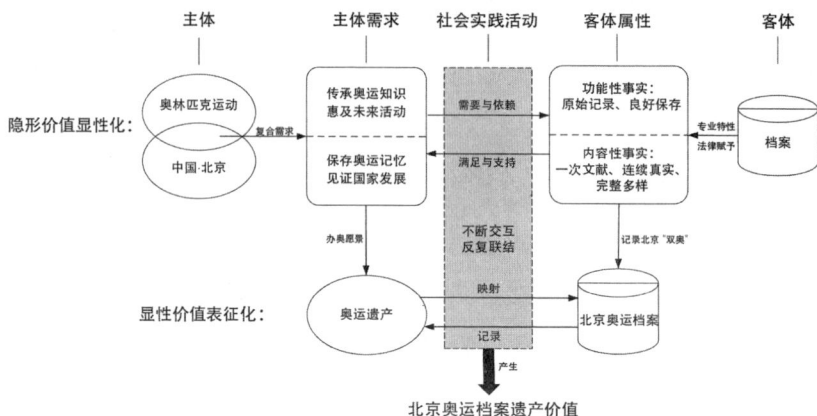

图2-1　北京奥运档案的遗产价值建构过程

注：由于社会实践活动行为较为隐蔽，采用虚线框标识。

第一层逻辑，隐性价值显性化，档案对北京"双奥"具有价值。北京"双奥"依据奥林匹克运动与主办国家和城市中国北京的主体特点，形成传承奥运知识、惠及未来活动与保存奥运记忆、见证国家发展的双重需求，在社会实践活动中与档案不断交互、反复联结后，认识到档案具有原始记录、良好保存的功能性事实以及一次文献、连续真实、完整多样的内容性事实，总是可以满足自我需求，双方形成需要与依赖、满足与支持的双向统一关系，因而产生价值。

第二层逻辑，显性价值表征化，档案对北京"双奥"具有遗产价值。价值主体需求也是一种办奥愿景，囊括在"奥运遗产"中；客体一方的记录属性，产生"北京奥运档案"。价值主客体双方因主客体特性，转变成为奥运遗产与北京奥运档案在社会实践活动中的交互与联结。奥运遗产规划、治理、评估全阶段工作均映射在北京奥运档案中，北京奥运档案则记录了奥运遗产全部内容。二者关系紧密，也正是这样一种紧密关系，遗产价值中"遗产"二字由"奥运遗产"赋予。然而，奥运遗产到底包含哪些内容，相应地，北京奥运档案到底记录哪些事实，产生何种价值，会有哪些衍生表现形态？这些问题均指向了北京奥运档案所记录的事实，还需从奥运遗产理论、档案价值论等价值主客体层面进一步剖析北京奥运档案遗产价值建构。

2.3 奥运遗产理论：赋予北京奥运档案遗产价值

价值主体层面，北京奥运档案遗产价值研究需要了解奥林匹克运动及其"档案化"事实。然而，奥林匹克运动影响广泛、工程繁杂，如何界定奥运档案内容范围，进而分析奥运档案价值是一大难点。本书引入奥运遗产理论，以期在如此复杂、多样的现象中，联结档案与奥林匹克运动，为二者的价值关系研究提供外在方位与内在机理，为北京奥运档案遗产价值内涵诠释指明路径。

2.3.1 奥运遗产的理论内涵

经过近130年的发展，奥林匹克运动已经发展成为规模宏大的、具有全球影响的社会运动。任何一届奥运会都会对全球特别是举办城市或国家的政治、体育、经济、文化、环境、社会等产生广泛而深刻的影响。它在城市中发展，就必须与该城市和国家之间建立良好的互动关系，扩大其正面效益，抑制其负面影响，"奥运遗产"便应运而生。

2.3.1.1 奥运遗产是一种愿景

奥运遗产，既是每一届奥运会实践的创新结晶，也是奥运会历经危机之后国际奥委会主动开展的改革成果，蕴含着国际奥委会与各主办国家的双重愿景。

对于国际奥委会而言，奥运遗产蕴含奥林匹克运动可持续发展愿景。可持续发展是当今世界的时代潮流。联合国于2015年发布的《变革我们的世界：2030年可持续发展议程》（*Transforming our World:The 2030 Agenda for Sustainable Development*）勾画出了全球共同的发展目标。体育作为可持续发展的重要推动力，正在积极致力于建设"更美好的世界"。但自20世纪80年代以来，成本高企、规模攀升、政治干预、过度商业化、伦理失范等问题愈演愈烈，为奥林匹克运动的可持续发展前景蒙上阴影。1993年一位外国作家颇具嘲讽意味地说道："如果说这里仍然有奥运会的印记的话，那就是持续的贫困和大型的住宅群。这首先就是奥运会的失败。即使是那些坚定地支持这些场馆建设的人，也不得不承认这个原本为胜利者而建的设施，现在已经成了失败者的垃圾场。"①

这些问题引发了奥林匹克运动的所有者——国际奥委会的一系列改革。2002年11月，国际奥委会邀请来自奥运会申办委员会、奥运会组委会、国际体育联合会、不同国家奥委会以及相关专家学者等共计150余人共同探讨奥运遗产问题。奥运遗产的定义虽然悬而未决，但专家经过探讨、梳理与总结，将奥运遗产分为城市与环境、运动、经济与旅游、政治与文化、社会与交流、教育与档案等6大类别，进一步扩大并明确奥运遗产范围。在奥运会委员会研究结果的推动下，国际奥委会于2003年正

---

① International Olympic Committee, 2003:39. CASHMAN R. What is "Olympic Legacy"？ [C]//MORAGAS M D. THE LEGACY OF THE OLYMPIC GAMES:1984-2000:INTERNATIONAL SYMPOSIUM, LAUSANNE, 14TH, 15TH AND 16TH NOVEMBER 2002. Lausanne:

式接受了"奥运遗产"的概念，①并列入《奥林匹克宪章》(*Olympic Char-ter*)，以法律形式确定了国际奥委会的新使命与新职能以及奥运遗产在奥林匹克运动发展的重要位置，也明确了各奥组委在申奥、筹奥、办奥时的主办责任。为进一步明确、规范奥运遗产的内容范围、评估框架等，国际奥委会先后与之有关的政策文件（表2-1），对奥运遗产含义阐释愈发明确与清晰。《遗产战略方针》更是明确指出奥运遗产的所属范围包含体育、经济、社会、环境、城市等7大类别（图2-2）②，进一步扩大奥运遗产的影响范围。国际奥委会前任主席雅克·罗格（Jacques Rogge）也强调，国际奥委会的存在价值已经超越了对为期两周体育赛事的领导与管理，而是要主动承担社会责任——确保奥运会能够为主办城市留下积极遗产，如运动场馆、城市基础设施、大型体育赛事筹办的专业知识和经验等。在罗格的领导下，奥运遗产已经成为国际奥委会的存在理由。③

表 2-1　国际奥委会有关"奥运遗产"的文件表述

年份	文件名称	关于"奥运遗产"的表述
2013	《奥运遗产手册》	可为社区建设与基础设施带来可观改变的持续性效益。
2014	《奥林匹克2020议程》	提及奥运遗产的重要性，并与可持续发展相关联。

① ABEBE N, BOLTON M T, PAVELKA M, et al. Bidding for development-how the Olympic bid process can accelerate transportation development[M]. New York: Springer New York, 2014: 17.

② Olympic World Library. Legacy Strategy Full Version[R/OL]. [2022-05-10]. https://library. olympic. org/doc/syracuse/173146.

③ ABEBE N, BOLTON M T, PAVELKA M, et al. Bidding for development-how the Olympic bid process can accelerate transportation development[M]. New York: Springer New York, 2014:17.

年份	文件名称	关于"奥运遗产"的表述
2015	《奥运遗产指南》	奥运会能否带给举办城市和地区的、有形和无形的、具有长期效益而非短期影响的后奥运效应。
2015	《奥林匹克宪章》	国际奥委会的主要作用就是通过奥运会为举办城市和国家带来正面积极的遗产。
2017	《遗产战略方针》	奥运遗产是一种愿景的产物，它涵盖了通过举办奥运会所产生的那些对人、城市和奥林匹克运动具有长期效益的有形遗产和无形遗产。

图2-2 《遗产战略方针》对奥运遗产的内容范围界定

对于主办城市和国家而言，奥运遗产蕴含着奥林匹克运动能够推动各项事业长期发展的积极愿景。以2022年冬奥会为例。2022年冬奥会是《奥林匹克2020议程》颁布之后第一届从筹办之初就全面规划管理奥运遗产的奥运会；也是首届以《遗产战略方针》为框架记录、分析和总结奥运遗产的冬奥会。[①]2019年，北京冬奥组委推出《北京2022年冬奥会和冬残奥会遗产战略计划》，列出体育、经济、社会、文化、环境、城市

---

① 胡孝乾，陈姝妹，KENYON J，等. 国际奥委会《遗产战略方针》框架下的奥运遗产愿景与治理[J]. 上海体育学院学报，2019，43（1）:36-42.

发展和区域发展7方面35个领域的丰厚遗产，并成立工作协调委员会确保遗产工作顺利进行，争取为我国和京津冀区域的长远协调发展留下宝贵的物质财富和精神财富，实现奥林匹克运动、城市和区域、市民等协同发展的多赢。随后，北京冬奥组委依据该计划，将北京冬奥会遗产和可持续性框架紧密联系在一起，接连发布系列遗产报告①与宣传片（共15集），全面、立体、系统演绎奥运遗产项目的"中国实践"，展现2022年冬奥会"绿色、共享、开放、廉洁"的遗产成果。

奥运遗产工作最终目标是"通过体育构建一个更美好的世界"，与奥林匹克主义目标高度契合，即"让体育为人类的和谐发展服务，以期发展成为一个关注维护人类尊严的和平社会②。"这种宏大愿景赋予了每一届奥运会超越自身的广泛价值与积极意义。它不仅是应对奥林匹克危机的一剂良方，更是回归了奥林匹克运动的本真，即表达人类观念中的美好希冀，促使某些优良传统得以守护和光大，对现实世界和未来世界的经济、政治、文化、社会、环境产生积极的影响，使"广大民众—奥运主办城市和国家—全世界"的广泛受益，从而使世界更美好。③这也是奥运愿景之所以称之为"奥运遗产"的意义所在。

2.3.1.2 奥运遗产是一种话语

劳拉·简·史密斯（Laurajane Smith）认为，遗产是一种话语④。话

---

① 主要包括《北京2022年冬奥会和冬残奥会遗产报告（2020）》（2021年6月23日）、《北京2022年冬奥会和冬残奥会可持续性与遗产赛时宣传手册》（2022年1月14日）、《北京2022年冬奥会和冬残奥会遗产报告集（2022）》（2022年1月19日）、《北京2022年冬奥会和冬残奥会遗产案例报告集（2022）》（2022年2月11日）、《北京2022年冬奥会和冬残奥会遗产报告（赛后）》（2023年2月1日）。

② IOC. Olympic Charter[M]. Lausanne: International Olympic Committee, 2021:8.

③ 徐拥军，等.北京奥运遗产传承研究[M].北京：中国人民大学出版社，2021:序.

④ 劳拉·简·史密斯.遗产利用[M].劳小燕，张朝枝，译.北京：科学出版社，2020:1.

语（discourse）是人们通过口述或写作等方式表达出来的语言，也可以理解为是一种手段、媒介，一种描述世界的符号系统，而且通过这种符号系统赋予物质现实和社会现实一定价值和意义。[①]奥运遗产同样，无论是体育场馆、奥运村的建造，还是奖牌、火炬、开幕式表演的设计，背后均有该届主办国和地区的文化话语暗示。这不仅是构建国家认同的有效方式，也是在文明冲突、霸凌欺压的全球治理危机中树立国家形象、提升体育国际影响力的关键途径。[②]

奥运遗产的积累、治理与传承往往具有明确的目的性意义。[③]例如，亚特兰大奥组委在2010年奥运会的申奥报告中指出，奥运会举办将带动公园修整工作，可惠及佐治亚州市民休闲娱乐或体育健身。再如，2022年冬奥会开幕式上由各国标识牌组成的主火炬台，与崇尚和谐的中华优秀传统文化有共通的价值诉求，有力倡导了"以和为贵、与人为善、信守和平"的"和文化"。各国从理解、思考到规划、治理再到呈现、保存、传承奥运遗产的方式建构了奥运遗产展演这一过程。奥运遗产已不再是单一、静态的成果集合，而是一种在创造实践中赋予其话语表征功能的社会过程，这个过程不仅关注遗产的规划与建设，更强调其背后的动态构建与意义赋予。

2.3.1.3 奥运遗产是一种结果

与传统意义上"旧的""不朽的"遗产不同，奥运遗产本质是"奥运

---

① HAJER M A. Discourse Coalitions and the Institutionalization of Practice: The Case of Acid Rain in Britain[M]//FISHER F, FORESTER J. The Argumentative Turn in Policy Analysis and Planning. Durham: Duke University Press, 1993: 44.

② 徐拥军，张丹. 论北京奥运档案的遗产价值[J]. 档案学通讯，2022（1）:4-14.

③ CASHMAN R. What is "Olympic Legacy"?[C]// MORAGAS M D. The legacy of the Olympic Games: 1984-2000 International symposium, Lausanne, 14th, 15th and 16th November 2002. Lausanne: International Olympic Committee, 2003 :34.

会引发的结构性改变作用于人和空间后产生的结果"①。这一结果无关新旧、无关是否符合"突出普遍价值标准"（Outstanding Universal Values，OUV），均是奥运遗产。因此，如果说传统意义上的"遗产"是指"基于'现在的'需要而创造性地挑选、命名、重组'过去的'文化资源的创造性活动"②，即以当下为中心选择过去；那奥运遗产则是基于"未来的"规划需要而创造性地建设、设计、组织、积累、评估"当下的"各类资源的创造性活动，即以未来为中心建设当下，如运动场馆、吉祥物、火炬、特许商品、奥林匹克教育等。奥运遗产是因规划行为而形成的一种文化遗产，是物质性规划遗产与创造性规划智慧的统一体，共时性与历时性兼具。

综上，奥运遗产是国际奥委会、奥运城市与民众的美好愿景，是凸显本土特色的话语表征，也是面向未来规划当下的既定结果。从"愿景"到"话语"再到"结果"的语境交错中，凸显出奥运遗产工作是奥运会申办、筹办、举办过程中进行的前期规划—中期建设—后期评估的过程性与周期性、创造性与意义性、目的性与实践性活动。奥运遗产的提出与运用，是各申办国在奥林匹克运动治理体系之下与国家奥委会积极沟通与交流、提升体育治理话语权的主要体现，同时也推动了双向、互动、多样化的"全球本地化"进程，有助于协调不同利益集团的权力与利益关系，促使各申办方从"全球秩序服从者"转变为"全球体育治理

---

① 胡孝乾，吴楚楚，邓雪. 新冠疫情对2022年北京冬奥会体育遗产影响的内容、路径和方式[J]. 上海体育学院学报，2021，45（3）:27-38.

② 张朝枝，屈册，金钰涵. 遗产认同：概念、内涵与研究路径[J]. 人文地理，2018，33（4）:20-25.

规则的书写者"①，推动奥林匹克运动走向善治。

2.3.2 奥运遗产理论对北京奥运档案遗产价值建构的指导意义

奥运遗产是国际奥林匹克运动遭遇危机后自主改革应运而生的产物，它是国际奥委会自我改革、自我完善的成果。正如上述分析，奥运遗产是一种肩负国际奥委会与主办国家和城市的双重愿景，同时也是一种话语，既受到国际奥委会的结构性要求和规定性限制，也会受制于主办国家、城市和民众的奥林匹克愿景。简而言之，奥运遗产虽诞生于奥林匹克运动，但其具体内容、表现形式、呈现样态却是国际奥林匹克运动与主办城市相交相融的"本土化"结果。奥运遗产是奥林匹克运动的"化身"。一个国家对奥运遗产的完整规划与治理，即是其对本届奥运会主题、理念、愿景的完整表达。因此，北京奥运档案遗产价值中的"遗产"二字源于奥运遗产，表明奥运档案与奥运遗产关系密切，也强调了奥运遗产在北京奥运档案价值建构研究中的重要性。奥运遗产是奥运档案的外在方位，也是影响奥运档案价值建构的内在机理。

首先，外在方位是指档案在奥林匹克运动中的定位，奥运档案是奥运遗产的重要组成部分。在2002年国际奥委会召开的遗产大会上，"档案"就列居奥运遗产之中。《奥运遗产方针》②列出奥运遗产的4个目标，其目标之二"记录、分析和传承奥运遗产"（document, analyse and communicate the legacy of the Olympic Games）指出，为了促进奥运遗产可持

---

① GHADAMI M, HENRY I. Developing culturally specific tools for the evaluation of good governance in diverse national contexts: A case study of the national Olympic committee of the Islamic Republic of Iran. [J] International Journal of the History of Sport, 2015, 32（8）:986-1000.

② Olympic World Library. Legacy Strategy Full Version[R/OL]. [2022-05-10]. https:// library. olympic. org/doc/syracuse/173146.

续发展，奥林匹克多媒体图书馆收藏了40万张照片、33000小时视频、8500小时录音、2000份文件和20000件实物等各类载体档案供未来奥组委学习、参考；其目标之三"鼓励奥运遗产庆典"（encourage Olympic legacy celebration）指出，可利用档案进行文化创意产品开发，并结合特定的奥运会纪念日（如5年、10年、25年、50年和100年周年纪念①）举办文化庆祝活动。可见，国际奥委会不仅将奥运档案视为奥运遗产的重要组成部分，还积极提倡奥运档案的开发利用以促进奥运遗产传承。北京冬奥组委充分贯彻该方针要旨，在《北京2022年冬奥会和冬残奥会遗产战略计划》②中将"档案管理"列为"创造文化遗产"的重点任务之一，指出"通过筹办工作，科学收集、整理、归纳和留存好北京冬奥会文字档案和实物档案，形成丰厚完整的文字和实物档案遗产，充分发挥其赛后利用、传承和借鉴作用"。作为奥运遗产的重要组成部分，奥运档案也是奥运遗产研究的核心议题，通过奥运遗产的内容指引形成完整的奥运记忆，并随奥运遗产的多维度扩展演变，向多视角、多层次、多领域进行纵深化和动态性延伸。

其次，内在机理是指奥运遗产对北京奥运档案价值建构的影响。奥运档案是奥运遗产规划、治理、评估的全过程记录。本书引入奥运遗产作为联结档案与奥林匹克运动之间的桥梁，将北京奥运档案遗产价值建构纳入奥运遗产的可持续发展框架中。北京奥运档案价值是奥林匹克运动主体需求与档案客体属性的统一，奥运遗产承载着国际奥委会与主办国家的双重愿景与话语，也同样会转嫁给奥运档案内容层面，进而影响

---

① 参考国际奥委会官方建议。

② 北京冬奥组委总体策划部. 北京2022年冬奥会和冬残奥会遗产战略计划[R/OL].（2019-02-19）[2022-05-18]. https://www. beijing2022. cn/a/20190219/009160. htm.

奥运档案价值建构。通过奥运遗产探析奥运档案所属内容与范围的科学性与完整性，进而全面剖析奥运档案价值的全面性与体系性。如此便形成了这样一个逻辑线条：奥运会规划与治理了哪些奥运遗产，即相应地形成了哪些奥运档案，便赋予了奥运档案相应的价值。

2.4 档案价值论：档案价值形态可演变的学理基础

本书引入档案价值论，一是源于价值客体层面，档案客体属性如档案内容、档案管理工作、档案作用过程等均暗含在档案价值之中，通过档案价值分析可明确价值客体属性；二是档案价值形态目前多以凭证、参考、记忆等出现，很少出现"遗产价值"一说。从档案价值论中的价值含义、价值认知、价值实现三个层次明确北京奥运档案具有遗产价值这一论述的合理性，为这一档案价值新形态提供档案学理基础。

2.4.1 档案价值论的理论内涵

2.4.1.1 档案价值含义

由于档案的社会性、实践性，档案价值是一种特定的实践关系现象，也更倾向于"实践说"。档案价值是人类生命活动（即社会实践）所特有的对象性关系，是档案客体属性与主体尺度之间的统一。[①]但除此之外，静态的档案资源实体、动态的档案工作或作用过程均存在于依照主客体的尺度认识世界、记录世界、改造世界的社会实践活动中。因此，档案客体属性不应仅指真实、完整的记录实体，还应当包括"作为

---

① 张斌. 档案价值论[M]. 北京：中央文献出版社，2000:10.

记录形成、选择、组织与保存的'档案劳动'""作为保存记录的档案作用过程"①等多个方面。当档案记录实体即档案内容、"档案劳动"、档案作用过程均发生改变时，便意味着新的档案价值关系的产生。这些档案客体属性与本书上述提出的功能性事实与内容性事实相对应。

2.4.1.2 档案价值认知

档案价值认知是从档案价值"感性认知—理性认知"由表及里、由浅及深的发展变换过程，也是基于客观现实、主体自身知识结构的建构过程。

首先，档案价值感性认知是档案理性认知的基础。感性认知包括视觉、听觉、嗅觉、味觉、触觉等知觉及其反射在大脑中存留的简单的、浅显的印象、经验、理解、描述、特点和含义等。档案价值感性认知受主体心理因素、生理因素或社会因素影响，能够反映出主体所特有的精神活动，如欲望、兴趣、情感、信念等多种情绪，具有鲜明的主观性特征。例如，2021年12月18日，北京市档案馆推出"我们的奥运"展览。诸多市民前往观看并发出了"夫欲图国家之坚强，必先求国民体力之发达""我骄傲、我自豪""期待住了""回忆自己服务奥运会的一段经历"②等多种强烈的民族情感表达。这些情绪或来自档案内容，又或来自档案载体。载体于档案的意义，不仅是档案的生命支柱，其本身也"生产意义"。

其次，档案价值理性认知是档案感性认知的深化。"人的大脑要反映档案价值客体，首先必须通过感觉器官同档案价值发生联系，接受客体的刺激，获取关于档案价值客体的信息。"③而这种"关于档案价值客

---

① 覃兆剡，范磊，付正刚，等.椭圆现象：关于档案价值实现的一个发现[J].档案学研究，2009（5）:3-6.

② 民众评论由笔者在相关网页、微博、新闻广播等多种媒体平台收集整理而得。

③ 张斌.档案价值论[M].北京：中央文献出版社，2000:73.

体信息"的认知具有建构性，从档案价值感性认知到理性认知的进阶过程中，主体认知会"受制于整个社会体系，包括各种技术、生产力、机构、文字、地域场所等"①。认知的不断加深，与主体对客体生存环境的理解、客体信息的选择以及自身意识表达的交互过程相伴而生。因此，档案价值的认知程度虽以主体为主，但并不是随意、毫无限度的，否则将忽略档案价值受制于现实世界事实活动的这一客观性。

2.4.1.3 档案价值实现

档案价值实现，是指"主体利用档案客体、档案客体作用于主体的运动过程"②，是档案潜在价值得以向现实价值转化的过程，即"档案客体主体化"。虽不等于档案开发利用，但档案价值实现很大程度上依赖于档案开发利用活动。只有档案尽可能地以多种形式、渠道被开发利用，才有机会接触到更多的利用主体，档案价值也才有可能被激发、被唤醒，二者是相互促进的正向关系。因此，本书在后续北京奥运档案遗产价值实现的论述中，依旧以北京奥运档案开发利用活动为主要方向进行探讨，旨在促进北京奥运档案遗产价值可发现、可挖掘、可传递。

价值论认为，"客体主体化"主要体现于主体与客体的相互作用之中，但这种作用并非会因为一时一刻的价值实现而结束，还要在新的方面和新的水平上进行。"主体对客体的作用总是存在着扩大和深化的可能性。"③档案也是同样如此。实践发现，档案价值的实现与时间关系密切。"由于它的原始记录性、孤本的稀有性、内容的典型性、唯一性等特

---

① 丛桂芹. 价值建构与阐释——基于传播理念的文化遗产保护[D]. 北京：清华大学，2013:82.

② 张斌. 档案价值论[M]. 北京：中央文献出版社，2000:137.

③ 李德顺. 价值论——一种主体性的研究：第3版[M]. 北京：中国人民大学出版社，2020:45.

点，档案的价值是可以扩展和递增的，它呈现出一定的规律性。"[1]有学者或称之为"扩展律"[2]，或称之为"花蕾规律"[3]。这种档案价值的扩展或递增性是由档案第一价值（价值主体主要是档案形成主体）向第二价值（价值主体主要面向社会各领域、社会民众）的转化和过渡，即档案价值对不同主体的作用力扩展。[4]随着社会实践活动的产生和发展，档案价值关系总是因价值主体、时空场域等的不确定而在不同维度、不同需求、不同尺度上具体地生成和演变着，建构了极其庞杂的多样化形态。这种"多样化形态"就是档案作用于各项领域不同的人或事物而形成的价值形态在社会实践空间扩散的结果。本书称之为"档案价值进化"。"它源于档案的专业'基因'——原始记录性，在面对不同主体时衍生出来的符合该主体需求的具体价值形式，是档案潜在价值由隐蔽性向现实性、由内在性向外在性、由模糊性向确定性的转化，也是档案价值在其他社会领域的'进化'。"[5]

2.4.2 档案价值论对北京奥运档案遗产价值建构的指导意义

上述对档案价值含义、价值认知、价值实现的论述与分析，均对北京奥运档案遗产价值建构具有指导意义。

2.4.2.1 北京奥运档案遗产价值是一种新型价值关系

就档案价值含义而言，北京奥运档案遗产价值是一种新型价值关

---

① 张斌. 档案价值论[M]. 北京：中央文献出版社，2000:146.

② 吴宝康. 档案学概论[M]. 北京：中国人民大学出版社，1988:62.

③ 陈兆祦，和宝荣. 档案管理学基础[M]. 北京：中国人民大学出版社，1996:34-35.

④ 本书的"第一价值"与"第二价值"主要用于档案价值关系的不同主体表述，虽借鉴谢伦伯格的"档案双重价值论"学说思想，但与其有别。

⑤ 徐拥军，张丹. 论北京奥运档案的遗产价值[J]. 档案学通讯，2022（1）:4-14.

系。首先，档案内容和种类扩充。北京奥运档案是我国首个涵盖夏、冬两季国际顶级赛事的记录和文献体系，涉及奥运赛事规则、赛事组织与筹办、场馆建造，以及国内外组织、个人（尤其是媒体、运动员）对"双奥"的报道、评价、口述等社会舆论等。其次，奥运档案管理工作方式改变。2008年夏奥会期间，奥运档案管理工作主动打破常规，采取"三个改变"策略，即将监管职责前移，派驻人员主动收集档案；档案监督指导与接收一体化运作；文件归档与档案进馆验收一体化，①保存了较为全面、系统、立体的奥运档案。2022年冬奥会档案管理工作同样如此。最后，2012年伦敦奥运会通过2008年夏奥会档案借鉴中国办奥智慧，充分体现了北京奥运档案以知识传承的方式推动了奥林匹克运动可持续发展。北京奥运档案也为国际奥委会增添了新一份的奥运记忆，以档案记载的方式实现了奥运记忆的留存与累积。鉴此，档案记录实体（内容）、"档案劳动"（档案管理工作）和档案作用社会效益（于国际奥林匹克运动的影响）在社会实践工作中（与奥林匹克运动的关系互动中）均有所变化，就档案价值含义而言，北京奥运档案遗产价值，就是档案与北京"双奥"申办、筹办、举办等多个阶段运动发展（兼顾国际奥委会与我国对奥林匹克运动的双重要求和特点）交互中产生的新的档案事实，生成的新的价值关系，并系统建构出来的新的价值形态。

2.4.2.2 北京奥运档案遗产价值认知取决于主客体

北京奥运档案遗产价值的认知，并非随意的、无限度的，而总是受制于客观环境、实践活动。认识到这一点，就能够避免可能会出现的"极端建构主义"倾向，不仅包含对档案客体属性及其运动规律的理解，还包含奥林匹克运动的结构性特点与办赛要求等，受制于主客体的内在

---

① 阿昆. 档案与奥运（之九）[J]. 北京档案，2008（11）:53.

规定性。因此，北京奥运档案遗产价值认知并非随意主观的。主体一方，结合奥林匹克运动（价值观、精神、文化、格言等）与中国国情（意识形态、物质基础、传统文化、社会主义核心价值观等）的内在尺度作为客观的价值标准，影响或规束北京奥运档案价值取向或价值理念，避免过于极端或主观的价值形态产生，从而促使人们科学、客观地认识和理解北京奥运档案的遗产价值及其衍生形态。客体一方，档案本身规定性是有质的限度，它既不会脱离物质条件永久保存，也不会对所有奥运活动予以全面记录，更不会对奥林匹克运动产生商品价值、宗教价值、品牌价值、预测价值等其他价值形态。档案客体属性"在任何相互作用的关系中，都只能在这个限度内表现自己，超出这个限度，它就未必能够达到与主体的目的的统一"[①]。即使出现其他形态，也需要先从专业角度界定这一事物是否为档案，而后再谈论档案价值。

2.4.2.3 遗产价值是档案在奥林匹克运动领域的价值形态进化

就档案价值实现而言，遗产价值是档案在奥林匹克运动领域的价值形态进化，北京奥运档案遗产价值具有档案价值进化的相关特性。

第一，北京奥运档案遗产价值是认识论层面的进化。北京奥运档案遗产价值作为一种主客体相统一的社会实践关系，是档案与奥林匹克运动之间作用与反作用的双向互动过程，伴随着社会实践活动向多个层次、视角、领域延伸发展，以及档案自身实体及活动演变，应动态把握档案价值，遵从"相对性"[②]原理，避免机械主义和教条主义。这也与建构论具有较高的契合性，即强调关系、关联，互动、系统、动态的认

---

① 李德顺. 价值论——一种主体性的研究：第3版[M]. 北京：中国人民大学出版社，2020:70.

② 王英玮，史习人. 档案价值相对论[J]. 档案学研究，2013（2）:4-8.

识、发现过程本身，不断构造新的认知，并非旧唯物主义式的机械的、片面的主体反映。因此，北京奥运档案遗产价值是指档案在奥林匹克运动领域产生的价值形态进化，是档案价值认识论层面的深化与丰富。

第二，北京奥运档案遗产价值固守档案"基因"的客观性。无论档案伴随着奥林匹克运动发展进化出何种价值形态，皆由档案的本质属性——原始记录性演化而成。这是档案对奥林匹克运动的需求、目的、利益的实现或保障，也对奥林匹克运动发展起着制约、他律作用，是档案以自身的客观作用直接作用于奥林匹克运动带来的实际结果。承认且肯定档案的原始记录性是北京奥运档案遗产价值关系产生的客体基础，是遗产价值具有客观性、避免主观随意认知的先决条件。

第三，北京奥运档案遗产价值表述依据价值主体规定。任何档案价值形态的特点，都依据档案价值主体的特点形成，"并主要表现出来自主体一方的规定性"①，即档案价值形态的表述更符合主体活动领域的专业学术表达，针对主体一方更便于理解。例如，档案与艺术学相融合产生的艺术价值、与社会学相融合产生的记忆价值、与法学相融合产生的证据价值等。档案与奥林匹克运动的融合所产生的价值形态，应更符合奥林匹克运动领域的特性。因此，依据奥运遗产理论，"遗产"一词的表述，相比以往研究，更能体现出档案对奥林匹克运动领域发展的作用，是档案"入乡随俗"的具体表现。

第四，北京奥运档案遗产价值衍生形态的多样化。奥运会举办工程繁杂、社会分工愈加细化、职能活动多样，促使北京奥运档案遗产价值表现形态也呈多维度、多层次、多样化、动态化发展。一般来讲，有多

---

① 李德顺. 价值论——一种主体性的研究：第3版[M]. 北京：中国人民大学出版社，2020:57.

少主体就会产生多少档案事实，就会依此形成多种价值关系，随之产生多种价值形态。北京奥运档案遗产价值衍生形态的多样化，实质上是奥林匹克运动赛事举办的繁杂性及其对档案客观存在的全面能动性反映，也是档案现象普遍性的客体回应。一方面，北京奥运档案遗产价值衍生形态的多样化是不可逆转的趋势，任何一种客观形态的抹消都不是全面认知。另一方面，北京奥运档案遗产价值衍生形态的多样化并不意味着这些形态是杂乱无章的累积，而是基于社会分工系统通过一定实践活动相互关联、相互补充，从而构建出的一种结构化、系统化的价值体系。

2.5 文化生态学：北京奥运档案遗产价值实现的路径指引

奥林匹克运动是人类特有的社会实践活动，具有突出的文化特性。奥运遗产中蕴含的多样的文化基因、文化元素、文化符号和各类文化现象所造就的各个国家乃至全世界奥林匹克运动的文化场域，并非静止的、单向性的，而是与周围社会和人类生活存在着密切关联，这与倡导重视整体环境、动态发展的文化生态学理念高度契合，也更有利于从宏观把握北京奥运档案遗产价值的实现路径和实践走向。因此，本书引入文化生态学理论，旨在借助文化生态学的良性动态发展理念与"整体观视角"（holistic view）勾勒北京奥运档案遗产价值的实现路径。

2.5.1 文化生态学的理论内涵

文化生态学主要由20世纪中叶美国学者朱利安·斯图尔德（Julian

Steward）创立。斯图尔德在《文化变迁论》（*Theory of Culture Change: The Methodology Multilinear Evolution*）中完整论述了文化生态学的理论内涵。自此，文化生态学在人类学、社会学、哲学、地理学、工程学、传播学等多个交叉学科领域都得到广泛运用与深入发展，[①]彼此相互补充，促进文化生态学整个理论体系愈加丰富与完善。

2.5.1.1 文化生态学的含义

斯图尔德将生态学中"适应环境"的理念运用于解释文化的变迁中，"在特定的环境或场所内探讨自然、生物以及文化之间的互动"[②]，并主张"文化的生态环境的适应构成了一系列这些创造性的过程（指文化变迁）"[③]。在他看来，"'文化生态'并不等于'文化+生态'，或者是'文化的生态'，而是指特定民族文化与所处自然与生态系统之间，经过长期的互动与磨合而形成的'实体'，这样的'文化生态实体'才是探讨文化变迁的关键所在"[④]。文化生态学借助生态视角看待文化与文明的传承问题，运用整体观视角从人类生活环境相互交织的角度去审视文化，考察人类生存的整个自然环境、社会环境和文化环境及其各种因素之间的相互作用，强调文化对环境的塑造，并分析在不同的"文化适应"中产生的不同外观、理念与价值观等[⑤]。文化生态学经过地理学、人类学、

---

① 江金波. 论文化生态学的理论发展与新构架[J]. 人文地理，2005（4）:129-124.

② 朱利安·斯图尔德. 文化变迁论[M]. 谭卫华，罗康隆，译. 贵阳:贵州人民出版社，2013:21.

③ 朱利安·斯图尔德. 文化变迁论[M]. 谭卫华，罗康隆，译. 贵阳:贵州人民出版社，2013:24.

④ 罗康隆，陈茜. 西方人类学生态与文化关系研究述评[J]. 世界民族，2022（4）:1-14.

⑤ NASSAUER J I. Culture and changing landscape structure[J]. Landscape Ecology，1995，10（4）:229-237.

民俗学等众多学科的丰富与发展，借用生态学中"适应环境"的思维方式和研究途径来分析和阐释各类文化问题，了解人类生存的整个自然环境、社会环境与文化环境（包括媒介环境）的相互作用与影响，从而科学地、生态地阐释文化生产、发展、演进和变迁等问题。

2.5.1.2 文化生态学的方法论

斯图尔德认为，"虽然环境适应的概念影响着整个文化生态学，但在研究过程中必须考虑文化的复杂性和它的层次结构"[①]。总共归类为三个基本程序：第一，分析生产与生活的技术与环境之间的相互关系；第二，分析因特定的技术开发特定地区所导致的行为模式；第三，运用全局观弄清开发环境所需要的行为模式在何种程度上影响了文化其他方面。[②]随着后期众多学科的加入，文化生态学在以马克思辩证唯物主义为根本遵循下，其研究视角不断丰富、研究范围不断拓宽，促使其研究方法不断多样和创新。周洁将文化生态学的"整体性"理念运用于文化遗产保护，提出地理边界的空间关系、时间轴线的历史关系、异质文明的文化关系和个体群体的社会关系等文化生态内生性逻辑的4组关系，以及地理决定论略占上风的自然生态，不着痕迹、自然而然的生活生态，文化认同、全民共识的社会生态以及文化赋能、良性发展的产业生态等文化生态亚生态圈层的4个层次。[③]

笔者结合其他学者研究成果，进一步将文化生态学的研究方法圈

---

① 朱利安·斯图尔德. 文化变迁论[M]. 谭卫华，罗康隆，译. 贵阳:贵州人民出版社，2013:29.

② 朱利安·斯图尔德. 文化变迁论[M]. 谭卫华，罗康隆，译. 贵阳:贵州人民出版社，2013:29-31.

③ 周洁. 走向产城人文融合的文化生态保护：理论演进、实践探索与机制建设[J]. 深圳大学学报（人文社会科学版），2021，38（3）：48-56.

定于时间线、空间体与互动观之中。时间线，文化生态学与时间联系紧密，不仅是文化生成过程需要与环境互动的长时间积累，文化的演进、发展、传承也是种时代性更新，文化空间存在及延展的根本便是通过把握文化"历史书写"及"延续"的特质，实现了对历史的建构。空间体，文化生态学聚焦于小规模的特定环境空间而非以国家、国际地区等大规模区域为界，具有鲜明的空间特点，能够从特定的环境空间中感知地方文化，文化也成为该地理环境的空间叙事。互动观，首先，异质文明的互动，任何文化表现形式都不是孤立存在的，与外部环境的互动、外部文化的交流也属于文化生态的重要部分。随着传播媒介的高速发展，地方性文化借助表达特定意向的话语进行传播，提升该文化的影响力；同时也与外部文化相互交流互动，进行融合式创新。由于融合程度的不同，文化也随之发生演进。其次，文化与人之间的互动，文化由人创造，人是文化的载体，文化会随着人的不断变化而变化。

2.5.2 文化生态学对北京奥运档案遗产价值实现的指导意义

档案作为奥运遗产的一个重要类别，其凸显出来的遗产价值，亦在奥林匹克文化环境中具有多样化的衍生形态，促使遗产价值实现成为一个复杂的变量。运用文化生态学，将遗产价值的所有衍生形态和影响因素充分考虑进来，才能有效认识北京奥运档案遗产价值。一方面，奥林匹克运动与文化生态具有相类似的发生逻辑，即均是以"适应环境"为因而引起的变革或演进。从古代奥林匹克运动到现代奥林匹克运动的产生、转变与发展，再到现代奥林匹克运动的两次改革，其诞生、复现与变革都是"环境适应"的具体表征。"可持续发展"作为《奥林匹克2020议程》的三大支柱之一，证明奥林匹克运动会随着社会环境、文化环境的变迁而动态性调整或变革，生态可持续发展理念与奥运遗产的可持续发展目标相吻合。另一方面，奥林匹克运动与文化生态又具有相类似的研究逻辑，即从整体观入手，系统研究。北京奥运档案遗产价值衍生形态具有多样化特点，无疑这需要运用文化生态学的系统性视野、整合式思维予以考察和审视，将复杂多样的北京奥运档案遗产价值维持在动态平衡的状态之中，必须使其内部不同"圈层"能够产生合力，为北京奥运档案营造社会各方积极参与、各项领域多维联动的开发利用空间，以实现遗产价值的自我增值和可持续发展的可能。

2.5.2.1 文化生态学对北京奥运档案遗产价值实现的理念指导

理念是行动的先导。文化生态学理论中强调的平等、适应、多元与动态等特征，为北京奥运档案遗产价值实现提供了理念起点，这与奥林匹克运动价值观具有较高的契合性。理念具体包括：以人为本、开放共享、多样立体、和谐包容、可持续发展（图2-3）。其中，以人为本是根本价值取向，开放共享是基础准则，多样立体是内容要求，和谐包容是现实要义，可持续发展是终极目标。

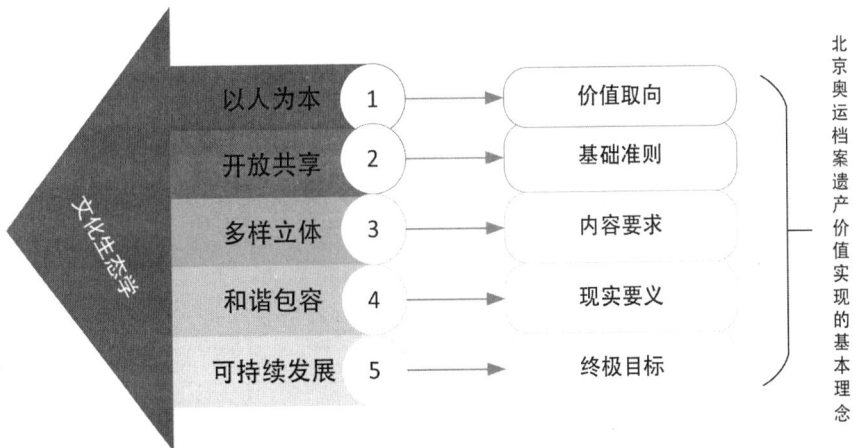

图2-3　北京奥运档案遗产价值实现的基本理念

一是以人为本。"以人为本"是北京奥运档案遗产价值实现的根本价值取向，是"以人民为中心"的发展思想应用于北京奥运档案遗产价值实现的深刻体现，要面向人民群众构建好难忘、珍贵的"双奥"记忆。一方面，要充分发挥人民群众在北京奥运档案遗产价值实现中的重要作用，提高人民群众的参与度和获得感；另一方面，要拓宽为人民群众所喜闻乐见和易于理解接受的遗产价值实现途径，满足人民群众的多元利用需求。

二是开放共享。习近平总书记针对2022年冬奥会提出"共享办奥""开放办奥"理念。作为奥运遗产的重要组成部分，北京奥运档案不能仅限于为官方机构利用，理应为广大人民群众共享。一方面，要实施北京奥运档案数字管护，加快"共享联动型"北京奥运档案资源体系建设，促进北京奥运档案资源整合共享。另一方面，"共享办奥"意味着北京奥运档案应为广大民众所用，做到北京奥运档案遗产价值共享。因此，北京奥运档案遗产价值实现，应尽快与国际奥委会明确北京奥运档案的权责关系，定期通过网站或其他方式公布开放北京奥运档案目录，有序扩大北京奥运档案开放，以北京奥运档案事实"还原"本来面貌，这也符合《"十四五"全国档案事业发展规划》提出的"加快推进档案开放"的导向精神。

三是多样立体。多样立体是北京奥运档案遗产价值实现在内容方面的理念体现。北京奥运档案来源广泛、内容丰富、价值多态、需求多样，既包括赛事组织机构形成的官方档案，也涉及社会组织、个人形成的非官方档案；既涉及纸质、视频、音频等载体，也涉及实物、数字等特色、新型载体；既包含国际层面的利用需求，也涉及国内层面的利用需求。因此，要根据来源、内容、载体、需求的现实状况，尽可能地多渠道、多角度、多层面创新和拓展北京奥运档案遗产价值实现途径。

四是和谐包容。尊重差异、和谐包容不仅是奥林匹克文明观的集中体现，也是北京奥运档案遗产价值深层次的情感表达，还是对奥林匹克新格言"更团结"（Together）的呼应与回答，体现人与自然、社会环境的多重关怀。北京奥运档案作为奥运遗产的重要组成部分，凝聚着深厚的人文精神与奥林匹克精神，蕴含诸如体育知识、"双奥"记忆、奥运人文、集体认同、公平正义、民族情感等多维度、多层面、多形态的遗产价值。北京奥运档案遗产价值实现应以和谐包容作为基本价值观与现实要义，明确自身在北京"双奥""场域"的中心位置。通过话语导向作用讲述好中国奥运故事，对外传播"中国智慧"、"中国方案"和"中国实践"，扩展北京奥运档案于国际社会各领域的价值作用潜力。

五是可持续发展。实现北京奥运档案遗产价值，应摒弃短期效益，秉承奥运遗产的可持续发展理念。一方面，树立北京奥运档案"超越周期"的遗产价值实现理念，引入档案管理的"前端控制"与"全程管理"思想，延长北京奥运档案生命周期，提升北京奥运档案支撑奥运遗产跨越时空下可存续、可发展、可传承的基础能力，实现北京"双奥"遗产的可持续发展；另一方面，树立北京奥运档案遗产价值实现的"战略性合作共治"理念，遵循《遗产战略方针》中提及的"搭建战略性伙伴关系"（build strategic partnerships）①奥运遗产治理要求，注重多主体治理、多区域联动以及多部门联合协作的多元协同共治，以充分实现北京奥运档案遗产价值。

---

① Olympic World Library. Legacy Strategy Full Version[R/OL]. [2022-05-10]. https://library. olympic. org/doc/syracuse/173146.

2.5.2.2 文化生态学对北京奥运档案遗产价值实现的路径指导

这里主要借用周洁的研究成果——文化生态学内生性逻辑的4组关系，结合奥林匹克运动发展规律，将北京奥运档案遗产价值的实现路径归结为时间线、空间体与互动观等3点，即时间线上的北京"双奥"记忆构建、突破北京的奥运档案效益辐射以及基于北京"双奥"的中外文化交流传播与全民参与互动。

首先，时间线。这里的"时间"不单单指处于一直流逝中的"自然时间"，更是指"社会时间"。爱弥儿·涂尔干（Émile Durkheim）认为："时间是一种集体的产物。"例如，月、周、年等具有社会意义的、形成社会共识的表达时间的词语，具有鲜明社会性，被统称为"社会时间"①。奥林匹克运动同样具有规定性的时间特性，如每4年一届，由申办期、筹办期、举办期统合的奥运周期等。因此，这里的时间线并非单纯指过去和现在，2008年夏奥会和2022年冬奥会，更包含"双奥"所涵盖的事件、人物、标志、符号等构成的连贯整体。因此，以档案记忆观为视角，基于时间线构建北京"双奥""记忆之场"，不仅是2008年夏奥会与2022年冬奥会的时间整合，更是"双奥"所涉及的档案形成主体、档案服务对象以及档案内容、载体的系统整合，以凸显北京奥运档案遗产价值的整合效应、集体效应、社会效应。

其次，空间体。奥运城市的选定从不应成为奥运红利持续广泛发挥的壁垒。全民参与，"双奥"建设成果就理应由全民共享。市场合作伙伴、后方保障单位、奥运遗产覆盖的"超体育领域"所产生的奥运档案，应该随着时间和实践发展，反哺自身业务提升或辐射周边地区。北京奥

---

① 爱弥儿·涂尔干.宗教生活的基本形式[M].渠东，汲喆，译.北京：商务印书馆，2011:12.

运档案遗产价值，以各个参与筹办单位、行业、领域为线向外延伸，形成以奥林匹克运动会为中心编织的网络拓扑结构。在这个网络拓扑结构中，既要注重既有奥运标准、奥运模式、奥运方法的总结与转化，也要强调奥运红利的对外推广与辐射。鼓励不同地区间的交流与合作、共同发展，才是构建"+北京奥运档案+"融合模式的重要意义所在。

最后，互动观。奥林匹克运动不仅要办得"好"，更要说得"好"。互动观主要包括个体、群体之间的互动与异质文明间的互动。个体、群体间的互动关系主要凸显于国家内部层面，通过传播北京奥运档案遗产价值，让奥运遗留的文化理性与物质现实造福于广大社会民众，切实提升社会民众的生活品质；异质文明间的互动则表现在国际社会层面，通过传播北京奥运档案遗产价值，讲好中国奥运故事，塑造大国形象；更要传播办奥的"中国智慧"、"中国方案"和"中国实践"，推动构建人类命运共同体。

文化生态学秉持生态学"环境适应"的核心观点，探索文化生成、文化发展、文化变迁与环境的调试及内在关系。北京"双奥"作为我国重要的文化活动之一，既肩负在我国传播和普及起源于古希腊文明的奥林匹克精神的重任，又要履行向世界展现中华优秀传统文化、丰富奥林匹克文化的申奥承诺。北京奥运档案作为北京"双奥"遗产的一个重要类别，其凸显出来的遗产价值，亦在多维度的奥林匹克文化生态环境中具有多层延展的价值形态、多条联动的价值实现路径，凸显北京"双奥"的人文愿景。

2.6 北京奥运档案遗产价值建构的理论基础框架

本书引入价值论、建构论、奥运遗产理论、档案价值论、文化生态学回答了北京奥运档案遗产价值建构的相关问题，涉及哲学、体育学、档案学、文化学等多个学科理论。根据分析与总结得出北京奥运档案遗产价值建构的理论基础框架（图2-4）。该框架对这5个理论并非随意地运用和排列，而是遵照"价值发现—价值认知—价值实现"为逻辑思路构建而成的。

从框架可知，价值论，回答了北京奥运档案遗产价值的存在状态，即北京奥运档案遗产价值是档案与奥林匹克运动在实践中所达成的统一关系，具有客观性、实践性、主体性和社会历史性特点；建构论，回答了北京奥运档案遗产价值的形成过程，即由奥运档案事实推导出遗产价值。两个理论均需要对北京奥运档案遗产价值的主体与客体进行分析。进而，本书又引入奥运遗产理论，回答了奥运档案在整个奥林匹克运动中的方位，并借由北京"双奥"遗产回答价值主体一方的职责、宗旨与特点，分析对北京奥运档案遗产价值产生的影响；引入档案价值论，回答了北京奥运档案遗产价值客体一方的学理支持，即档案能够融合各领域产生相应的价值形态，而遗产价值就是档案融合奥林匹克运动产生的价值进化。价值实现是价值建构的最终目的，如若没有价值实现，价值建构也就毫无意义。因此，本书最后引入文化生态学，回答了北京奥运档案遗产价值的实现原则和路径，具体以"以人为本、开放共享、多样立体、和谐包容、可持续发展"为原则，以"时间线、空间体、互动观"

为路径，推动北京奥运档案遗产价值全方位、立体化实现。

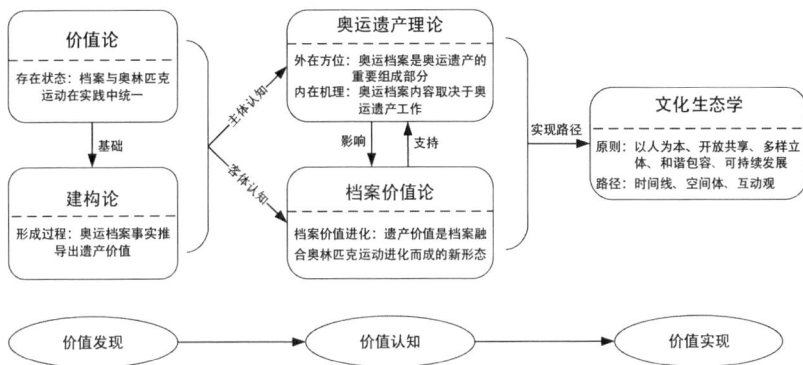

图2-4　北京奥运档案遗产价值建构的理论基础框架

　　综上，遗产价值建构是档案与奥林匹克运动关于价值关系层面的一次理论兼实践的系统化研究，需要众多的理论予以支撑和解释。本章节依次引入价值论、建构论、奥运遗产理论、档案价值论、文化生态学等5个理论，明确北京奥运档案遗产价值的存在基础，并为诠释北京奥运档案遗产价值、实现路径奠定理论基础。

第 3 章
北京奥运档案遗产价值诠释

北京奥运档案遗产价值作为一个独立概念提出，并不是档案与奥林匹克运动的简单相加，而是档案融合奥林匹克运动领域在北京"双奥"这一社会实践活动中所进化出来的新的价值关系，具有丰富的思想内涵。本部分将在上一章节理论基础的指导下，全面诠释北京奥运档案遗产价值，包括含义、特点、表现形式等3个方面。

3.1 价值含义：档案对北京"双奥"的资源性与媒介性作用

北京奥运档案遗产价值含义，即档案对北京"双奥"的有用性，是在价值客体属性满足价值主体需要的建构过程中形成的，既满足奥林匹克运动广泛可持续发展宗旨，又符合档案价值实现由第一价值向第二价值扩展的规律。

3.1.1 北京奥运档案遗产价值的含义认知

"双奥"之约，中国之诺。从2008到2022年，北京"双奥"留下了珍贵的集体记忆和宝贵的知识财富。奥运档案作为一种北京"双奥"记忆形态，不仅是"双奥"盛况的历史记录、各项奥运遗产工作的原始记载，更是新时代中华民族伟大复兴的历史见证。首先，按照国际奥委会要求，北京"双奥"从申办、筹办、举办乃至后奥运时代超越奥运周期的各类奥运遗产自规划、建设到完成，均会以档案形式留痕。换言之，奥运档案承载了北京"双奥"的"全景记忆"，奥运遗产中囊括的有形遗产如鸟巢、水立方、"冰丝带"等体育场馆建设图纸、技术等和无形遗产如奥林匹克价值观、文化、精神、知识等一一记录在案，全面展现北京"双奥"在"申办—筹办—举办—后奥运时代"的组织经验，是北京"双奥"的"智慧结晶"。其次，整个超越奥运周期的北京奥运档案"印记"凸显了可持续发展思想。"尤其是前奥运阶段的遗产规划、后奥运阶段的遗产治理，均要求举办城市以一种可持续发展观重视奥运会的长期影响力，着眼于奥运会对人与社会建设产生的积极作用。"①北京作为世界上首个"双奥之城"，北京奥运档案承载的"双奥"记忆经时空转换而恒久留存，能够支撑北京"双奥"遗产在连续、扩展的时空中良好存续、广泛开发和长久传承，是北京"双奥"遗产得以促进奥林匹克运动可持续发展及其他体育赛事活动和非体育领域发展的重要基础。

鉴此，笔者将北京奥运档案的遗产价值定义为：北京奥运档案所记载的遗产资源价值，以及通过对其保护与开发促使奥运遗产惠及奥林匹克运动及其他涉奥领域可持续发展的媒介价值。简而言之，即北京奥运档案对奥林匹克运动的遗产（包括奥运有形遗产和无形遗产）资源性和媒介性作用（图3-1）。

---

① 徐拥军，张丹，闫静. 奥运遗产理论的构建：原则、方法和内涵[J]. 成都体育学院学报，2021，47（2）:16-21.

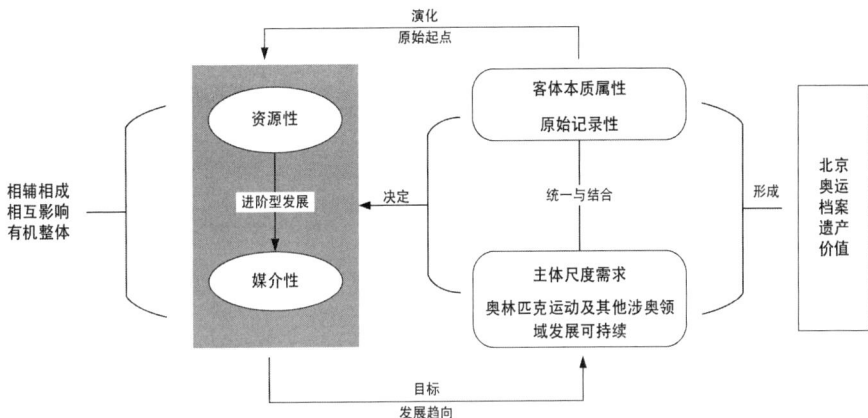

图3-1　北京奥运档案遗产价值的含义及其关系示意图

3.1.2 北京奥运档案资源性与媒介性价值之间的关系

首先，资源性、媒介性价值均由价值客体的本质属性——原始记录性决定。一方面，档案学以"来源原则"为理论基础，强调档案管理要尊重原有的形成整理基础，保留完整的背景信息。原始记录性强调了奥运档案是由人们在各项申奥、筹奥、办奥和后奥运工作活动中形成的文件直接转换而来的，是奥运遗产的资源内容、工作过程及结果的第一手原始记录。自民国起，中国档案管理就以"一事一案"为原则，从"立案—编卷—前案—成案"整个归档文件积累过程中，特别注重一项业务活动的发展顺序性和前后关联性，力求案卷记录保存的完整。此传统也一直延续至今，现今的机关档案中不仅保存有政府信息结果性文件，还包含请示、报告、领导批示等过程性文件，形成逻辑统一、情节完整的叙事链条。北京奥运档案记录由各个细分业务点形成，在奥运遗产的宏观框架规定之下，汇聚成种类丰富、内容多样的奥运档案资源。相比其他信息资源，奥运档案所承载的奥运遗产资源内容更具真实性、确定性、可靠性，凸显奥运档案本身的资源价值。另一方面，原始记录性还强调了奥运档案对奥运有形遗产和无形遗产的固化性，即通过文字、数码等符号将其固化在一定载体之上，以供时空上的广泛与长久传播。由此，奥运档案将过去、现在和未来联结在一起，维系奥林匹克运动的时空统一性和连续发展性，发挥了"惠及未来奥组委"的重要作用，同时也为以后其他领域相关工作的再开展提供丰富的知识经验。

其次，资源性、媒介性价值在实践显现、作用发挥中存在时空上的接续性，呈进阶性发展特点。资源价值由原始记录性直接演化而来，具有从无到有、积少成多的现实性特征，倾向于对奥运遗产内容的整体原始记录，是媒介价值得以形成与实现的内容基础；而媒介价值则是在资源价值的基础之上，满足价值主体（所有涉奥机构、组织、团体和个人）未来长远的可持续性发展需求，具有时空上的连续性、扩散性以及异质主体的互动共享性特征，是北京奥运档案遗产价值实现的发展趋向和目标。无资源价值，媒介价值无从实现；无媒介价值，资源价值则无从发挥。因此，二者是相辅相成、相互影响的有机整体，缺一不可。只有两种作用均存在，北京奥运档案遗产价值才有实现的可能性。

2008年夏奥会期间，为将奥运会的点点滴滴都"装进"档案之中，北京市档案局（馆）主动出击，广泛收集包括奖牌、领奖台、演出服装等珍贵的实物档案，内容完备、种类齐全、形式多样，取得了"在历届奥运会举办城市中，留存奥运档案最完整、最齐全、最系统"[①]的瞩目成就。其中，针对材料成分复杂的实物档案保管，北京市档案馆工作人员特地联系首都博物馆的相关专家，针对实物特性逐一落实保管方案。正是如此完备良好的奥运档案馆藏保障，夏奥档案惠及未来奥组委的愿景才得以实现。例如，2016年，北京冬奥组委秘书行政部和北京市档案馆

---

① 陈乐人. 奥运档案工作的成功经验值得永远汲取[N]. 中国档案报, 2009-08-06（001）.

联合挂牌开通了"'北京2022年冬奥会和冬残奥会筹办工作查档绿色通道',按照从简从快、专人负责、优先办理、限时办结为服务准则"，[①]通过公务电子邮件、离线检索和政务内网安全邮件系统等手段实现"足不出委"的奥运档案服务目标。据粗略统计，"自2016年至2021年年底，'绿色通道'共受理档案查阅利用申请865批次，月均受理12批次，档案查阅总量1.4万卷（件），网络传发档案总计16.3万页，节约了北京冬奥组委机关办公区（北京冬奥组委总部）往返北京市档案馆之间近18万公里的交通资源"[②]。再如，2008年夏奥会志愿服务工作创新性建立的"院口对接"工作模式为2012年伦敦奥运会所学习和借鉴。就北京奥运档案而言，2008年夏奥会档案对各类奥运遗产的资源承载助力了未来奥林匹克运动的可持续发展，体现了北京奥运档案的资源性价值向媒介性价值的进阶与转换。

3.2 价值特点：北京奥运档案遗产价值的主体性与客体性

"奥运遗产概念从最早的物质遗产到运动遗产、遗址遗产，再到涵盖经济、政治、国家形象、教育、社会、城市建设、奥林匹克精神等从物质与非物质层面的内涵演变"[③]，体现了奥运遗产向多维度、多视角、

① 李京婷，田雷. 坚持四个办奥理念 研究探索北京冬奥会档案工作新形态[J]. 北京档案，2017（10）:29-31.
② 田雷. 探索"简约、安全、精彩"的北京冬奥组委档案工作新模式[J]. 中国档案，2022（1）:22-24.
③ 徐拥军，闫静."奥运遗产"的内涵演变、理性认知与现实意义[J]. 首都体育学院学报，2019，31（3）:201-205+220.

多层次、多领域方向延伸与发展。这是奥林匹克运动得以全面助力构建一个美好世界的重要基础。作为"以奥林匹克运动为尺度、以档案客体为属性的主客体关系质态"，北京奥运档案的遗产价值现象必然表现出"因主体需求而异"和"因客体属性规定"而产生的特性，本书称之为北京奥运档案遗产价值的主体性和客体性。

3.2.1 北京奥运档案遗产价值的主体性

在社会实践活动中，主体"使自己成为衡量一切生活关系的尺度，按照自己的本质去估价这些关系"①。从中产生的价值关系则显现出自为的、主体的鲜明特征，这正是价值现象的独特本性。对于北京奥运档案遗产价值而言，应明确北京"双奥"及其遗产工作的活动特性与规律。奥林匹克运动作为一项国际综合型体育赛事活动，涉及主体众多、领域分散、地区广泛，其奥运遗产也随之复杂、宽泛与多样，且呈不断动态积累发展的趋势。鉴此，北京"双奥"主要呈现出多维性与全面性、跨地区与跨周期的特性，这也直接促使北京奥运档案遗产价值具有多维性与全面性、跨地区与跨周期的特点。

3.2.1.1 北京"双奥"的多维性与全面性

现如今，奥运会工程浩繁，已不再是单纯的体育竞技活动，其涉及行业领域广泛、组织团体庞杂，是社会、经济、人文、科技、环境等丰富元素的多维综合体。北京"双奥"利益相关方、所涉部门和领域的多维性促使北京奥运档案遗产价值呈现多维性。北京"双奥"的多维性包括多个奥运利益相关方，如气候、医疗、电力、电网、运输、交通等各类后方支持保障部门，更包括产生于多个领域的奥运遗产。就2022年冬

---

① 马克思恩格斯全集：第1卷[M]. 北京：人民出版社，1956:651.

奥会而言，整个冬奥周期的奥运利益相关方包括运动员、中国奥委会和中国残奥委会、国际单项体育联合会、奥林匹克/残奥大家庭、媒体、市场合作伙伴、观众、社区组织、场馆和基础设施建设方既场馆业主、志愿者和北京冬奥组委等11类主体[①]；北京冬奥组委下设秘书行政部、文化活动部、法律事务部、物流部、开闭幕式工作部、注册中心等28个职能部门[②]；北京2022年冬奥会和冬残奥会遗产协调工作委员会还涉及多个外部专业机构[③]，如第三方专业机构、各领域专家库等；冬奥遗产涉及体育、经济、社会等7大类遗产35项具体任务。据调查，2022年冬奥会期间，北京市海淀区档案馆向五棵松体育馆派驻了16个组收集各类档案，涉及交通、医疗、餐饮、体育展示、基础设施建设、电力等多项内容，内含了各个行业、领域的办奥经验。[④]虽各有交叉，但涉及多主体、多部门、多领域的价值主体在社会实践活动中与北京奥运档案相互交织形成了多维的价值形态。即每一个职能部门、社会领域、公众团体或个体，其自身的存在状态、职能属性、运动方式等每一个阶段、每一个方面和每一个流程都会产生北京奥运档案，都会展现出该阶段、该方面和该流程特定的价值形态。这也促使北京奥运档案除了被赋予体育层的价值外，还会对超体育层（如社会、经济、科技、文化、教育等）系统性

---

① 内容出自2021年12月16日下午李树旺在"共享、教育与未来：世界人文社会科学高校联盟年会暨奥林匹克教育国际论坛"上做的学术报告《北京冬奥会利益相关方体验愿景与愿景管理》。

② 北京2022年冬奥会和冬残奥会组织委员会. 组织机构[EB/OL]. [2022-06-19]. https://www. beijing2022. cn/cn/aboutus/organisation. htm.

③ 京冬奥会总体策划部. 北京2022年冬奥会和冬残奥会遗产战略计划[R/OL]. （2019-02-19）[2022-06-19]. http://mat1. gtimg. com/bj2022/beijing2022/yichanzhanluejihua. pdf.

④ 笔者于2022年9月29日前往北京市海淀区档案馆调研整理所得。

地产生综合、深远、广泛的作用。

北京"双奥"的多维性，实质就是北京"双奥"遗产的全面性。北京"双奥"遗产内容体系代表了我国举办"双奥"对国家、城市、民众发展的整体愿景。这既体现了奥运遗产内容体系的联动性、整体性与系统性，又符合奥运遗产愿景表述的灵活性。例如，2002年11月，北京奥组委首次提出了"奥运健康遗产"[①]，得到克里斯托夫·杜比（Christophe Dubi）和菲利浦·费雷（Philip Ferré）等国际奥委会官员的首肯，并建议将其纳入"奥运会全球影响"项目中的卫生和健康评估部分。[②]2019年，《北京2022年冬奥会和冬残奥会遗产战略计划》则将"健康遗产"融入了"社会遗产"的主要任务之中，并依据北京、张家口联合办奥实情提出了"区域发展遗产"，相比2008年夏奥会遗产更加全面、符合2022年冬奥会举办实际。北京"双奥"遗产的全面性意味着北京奥运档案应做到收集、征集相结合，全面反映北京"双奥"活动，从而确保北京奥运档案遗产价值的全面性。

3.2.1.2 北京"双奥"的跨地域与跨周期

跨地域虽导致遗产价值面临的主体对象更为复杂，但同时也对档案客体本身形成的分散与遗产价值实现造成影响。宏观上，北京"双奥"举办本身即是一种文化间的跨地域活动，它是国际奥林匹克运动的本土化结果，与中华优秀传统文化、价值观、经济发展水平等相交相融，表现为奥林匹克文化、奥林匹克价值观等的中国化，表现为具有"中国特色"、充满"中国元素"的国际体育赛事活动。微观上，北京"双

---

① 刘民，梁万年，傅鸿鹏，等.《2008年奥运会健康遗产评价指标体系的建立研究》课题概述[J].首都公共卫生，2007（3）:101-103.

② 梁万年，傅鸿鹏，李春雨，等.奥运健康遗产的概念和理论基础研究[J].中国卫生经济，2006（11）:12-15.

奥"举办地区也较为分散。2008年夏奥会以北京为主办城市，并辅以沈阳（足球项目）、秦皇岛（足球项目）、青岛（帆船项目）、天津（足球项目）、上海（足球项目）、香港（马术项目）等6个协办城市；2022年冬奥会则以京津冀协同发展战略为引导，直接采取北京、张家口双主办城市联合办奥模式，横跨"北京（北京城区）—延庆（北京延庆大庄科村）—张家口（张家口崇礼太子城地区）"3个赛区。

跨周期主要是指北京"双奥"及其遗产横跨2008年夏奥会和2022年冬奥会两个奥运周期。就单个奥运周期而言，从奥运会申办成功前2年至奥运会举办后2年，长达12年。因此，从1999年着手申办2008年夏奥会始，至2024年北京冬奥会周期结束，北京奥运档案跨越了26年。这期间奥运档案见证了中国从"实现百年奥运梦想"到书写"奥林匹克运动历史新篇章"过程中体育的高质量发展、国际形象的大幅度改善，从改革开放20年到实现第一个百年奋斗目标过程中国力的日渐增强、国际地位的逐步提升。这意味着北京奥运档案不仅是对"双奥"记忆的"全景刻画"，更是我国经济建设、精神文化、科技创新等各项事业高质量发展的重要见证，是"新时代、新成就国家记忆工程"的重要组成部分。

3.2.2 北京奥运档案遗产价值的客体性

客体作为价值关系的构成条件之一，其特性也在融入价值关系的过程中得以显现。本部分主要立足于档案本身的结构性，从"内容"和"载体"两个维度探讨北京奥运档案遗产价值的客体性。

3.2.2.1 北京奥运档案的内容层

内容层是北京奥运档案的基本维度，它所展现的遗产价值与档案记录事实层面相关，反映了北京"双奥"对社会各项事业发展建设的深度推动作用，形成了北京"双奥"视角下社会各项事业发展建设的"记忆全景"。记忆依赖于可观的固化记录以重新获得对过去的"新鲜感"①。之所以称之为"新鲜感",则是由于北京奥运档案中存留的"双奥"记忆并非等于北京奥运历史事实本身,更多的是属于一种历史叙述。因此,这里需要探讨北京奥运档案记忆机制、记忆内容选择以及如何参与北京"双奥"记忆建构等,以明晰北京奥运档案遗产价值的内容层是如何发挥作用的。

首先,北京奥运档案是北京"双奥"的"档案式"记忆。档案这一原始记录,包含"'原始性符号记录(源实体)—文件(首次事物)—档案(续生事物)'和'原始性符号记录(实体、零次文献)—档案(事物)'"②两种形成模式,即档案的形成,是一种实践的故事。这种"故事"来源清晰、注重联系、保存完整,恪守"客观与中立原则",且档案载体的形式多样,满足了"叙事的所有核心概念——情节、事件、人物、时间、空间和叙事话语的不同成分"③。在奥林匹克运动领域,档案"叙述"全面、立体、系统记录了奥运会的全过程真实,构筑了完整的"奥运记忆"。例如,2008年夏奥会结束后,CCTV5推出了奥运解密纪录片——《奥运档案》。纪录片通过开发利用视频、口述、照片、实物等多类奥运档案,按照奥运会开闭幕式、火炬传递、场馆、安保、残奥、奥运经济等多个主题,将奥运档案中记录的办奥事实活动加以解构和重构,让观众生动了解奥运会台前幕后"你不知道的、你看不到的、你想不到的"奥运故事,全面"解密"中国的办奥智慧。再如,2022年冬奥会期间,张家口档案馆的官方微信公众号"张家口档案"的"档案记忆"

① 米歇尔·福柯.知识考古学[M].谢强,马月,译.上海:上海三联书店,2003:6.

② 丁海斌.档案形成论:实践的故事[J].山西档案,2020(6):5-9.

③ 詹姆斯·费伦,林玉珍.叙事理论的新发展:2006-2015[J].上海交通大学学报(哲学社会科学版),2016,24(4):38-50.

栏目推出"垣系冬奥""冬奥讲述"两个栏目，前者借助历史档案讲述张家口的冰雪运动，联通古今；后者通过征集口述档案，讲述冬奥参与者（包括官员、业务人员、志愿者等）亲历亲闻亲见的冬奥故事。[①]北京奥运档案通过直接、清晰、明确记录奥运遗产的关键内容而建构出北京奥运档案的价值意义，这些"关键内容"便形成了北京"双奥"的核心记忆，表现出原生性、真实性、可靠性、稳定性特征。由于北京"双奥"遗产多主体、跨地域、跨周期等特性，北京奥运档案内容也随之丰富多样。

依照《主办城市合同：2022年第24届冬奥会》[②]，奥运档案包括在奥运周期产生的数据、文件、材料、物品、照片、视频、系统、网站等多种形式记录。本书基于不同的内容划分维度，对北京奥运档案的内容进行划分。主要分为来源主体说、形成时间说、载体形式说、内容主题说等不同观点（图3-2）。内容层面的多维度划分，促使北京奥运档案记忆生产既有自上而下的宏观叙事，又有自下而上的微观叙事。北京奥运档案的内容特点源于奥林匹克运动的发展演变，以及北京2008年夏奥会和2022年冬奥会的时代背景、价值遵循、期许愿景。其一，涉及领域广泛。如今奥运会已不再是单纯的体育活动，而是蕴含着丰富社会、经济、人文、科技、环境元素的综合体，奥运会影响广泛促使奥运档案内容丰富。其二，关切现实变化。首先，主要指国内外组织、个人（尤其

---

① 笔者于2023年3月28日前往张家口市档案馆调研整理所得。

② IOC. Host city contract:XXIV Olympic Winter Games in 2022[R/OL]. [2022-10-08]. https://stillmed. olympics. com/media/Document%20Library/OlympicOrg/Documents/Host-City-Elections/XXIV-OWG-2022/Host-City-Contract-for-the-XXIV-Olympic-Winter-Games-in-2022. pdf?_ga=2. 232923166. 1601256250. 1649339978-1885919078. 1641198064.

是媒体、运动员）对2008年夏奥会和2022年冬奥会的报道、评价、口述等社会舆论的集合；其次，特指新冠疫情下，2022年冬奥会筹办举办过程中积累的疫情档案。其三，体现可持续发展。可持续性工作是北京奥组委、北京冬奥组委均始终高度重视、认真贯彻的价值诉求，北京冬奥组委还于2020年发布《北京2022年冬奥会和冬残奥会可持续性计划》。其四，彰显奥运愿景。主要是指国家和国民对2008年夏奥会和2022年冬奥会举办的愿景，可总结为生态文明建设成效突出、全民参与理念突出、科技成就突出。

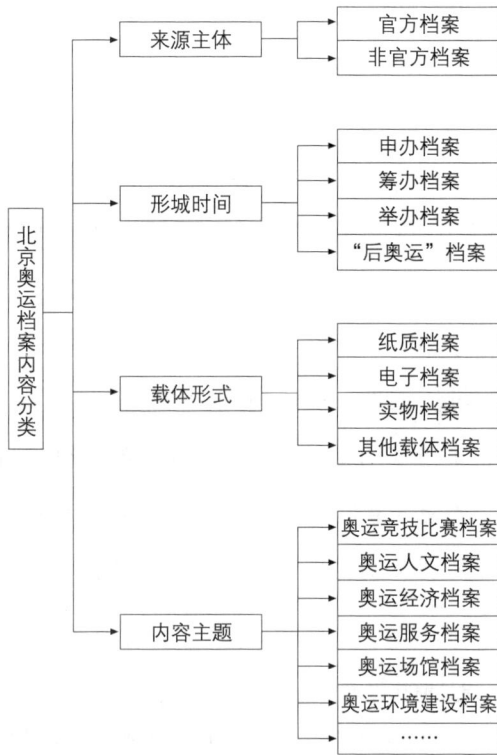

图3-2　北京奥运档案内容分类

其次，"档案式"记忆并非绝对意义上的"全景记忆"。依照南非档案学者凡尔纳·哈里斯（Verne Harris）的档案"碎片"[①]观点，尽管北京奥运档案保存完整、齐全与系统，但最终其所映射的仍然不是北京"双奥"记忆的全部。北京奥运档案记忆对"双奥"记忆的选择性留存是历史进化过程中的必然，任何的"遗忘"都是正常的"生理"现象。翁贝克·艾柯（Umberto Eco）认为，"文化之所以能延续下来，原因之一在于文化传承过程中许多概念都处于尘封状态，从而成功减轻了其所背负的百科全书式的包袱，保证了（文化）传承者们免于迷失在知识的迷宫中"[②]。因此，"总体性视野不过是一种错觉"[③]。"双奥"记忆的连续性也如同奥运遗产传承，北京奥运档案在记录、维系、留存"双奥"记忆的同时必然伴随着"遗忘"。然而，尽管包含了"记忆"与"遗忘"的辩证法，北京奥运档案也是经过"选择性系统"（价值鉴定）存留下来的"金子"（有价值的历史记录），是"社会实践过程中直接产生的社会本源性记忆的第一手材料"[④]。它代表了真实的、连续的、广泛的"双奥"记忆，其中凝聚着可资借鉴与传承的"中国智慧"、蕴含着丰富优秀的传统文化成果。

最后，这种"档案式"记忆通过北京奥运档案的系列开发利用活动（如知识竞猜、巡回展览、社区运动会等）多种奥运主题纪念活动，可唤醒隐藏在参与民众头脑、肢体中的奥运知识记忆、情感记忆、文化记

[①]　HARRIS V. The archival sliver: power, memory, and archives in South Africa[J]. Archival Science, 2002, 2（1/2）:63-86.

[②]　ECO U. From the Tree to the Labyrinth: Historical Studies on the Sign and Interpretation[M]. OLDCORN A, trans. Cambridge MA and London: Harvard University Press, 2014:93.

[③]　威尔·特兰特, 阿里尔·杜兰特. 历史的教训[M]. 倪玉平, 张闶, 译. 成都:四川人民出版社, 2015:4.

[④]　汪俊. 档案在社会记忆建构过程中的作用研究[D]. 合肥:安徽大学, 2012:22.

忆与运动记忆等。例如，北京市档案馆的"我们的奥运"主题展览，融合夏奥会和冬奥会两大部分，通过图片、音频、视频和实物等1,000多件档案展品[1]，以体育视角讲述了中华民族从站起来、富起来到强起来的奋斗与拼搏历程，凸显了"中国衰则体育衰，国家强则体育强"的理念导向。[2]此时，档案作为具体文本的内容，通过感官作用于人类的记忆、情绪与思维，也在此类活动中成为联系过去、现在和未来的时空纽带，完成对传播奥运知识、精神与文化等奥运无形遗产的价值建构。北京奥运档案已不再单单是传统意义上的信息资源、文献资料，更是奥运知识与奥运记忆的集合体。

3.2.2.2 北京奥运档案的载体层

载体层是北京奥运档案的附加维度，它所体现出来的遗产价值则出于载体本身的功能与意义。一方面，发挥档案载体的记录功用，可为其他类型遗产提供记录工具，进行"档案式"固化，即奥运无形遗产有形化、奥运有形遗产书面化；另一方面，作为档案载体本身的结构、形式与技术特征等同样具有"生产意义"。通过对档案的保护实现对奥运遗产的保护，确保奥运遗产能够在时空跨越中全面、完整、真实地存续、开发和传承。

首先，奥运无形遗产的"档案化"记录。作为一种奥运遗产记录载体层面的遗产价值，北京奥运档案可对其他类型遗产进行固化记录，将奥运有形遗产和无形遗产统一整合保存于档案之中，以供其中凝聚的科技、知识、文化与精神更为广泛传播。档案机构依据遗产对象，通过特定的记录方式将难以广泛共享的奥运有形遗产和难以长期保存的奥运

---

① 贺路启."我们的奥运"主题展览在京举办[N].光明日报，2021-12-19（004）.

② 据笔者2022年9月26日前往北京市档案馆调研整理所得。

无形遗产进行"档案化"记录，使之固化在特定载体上，并按照特定的整理方式、存储方式管理。[①] 在社会记忆理论看来，我们记忆什么与我们如何记忆是直接相关的，即记忆的内容和记忆的载体、结构和技术特征是密切联系在一起的。[②] 北京奥运档案将被视为一种延展人类时空范围交流的重要媒介，助力办奥知识传递、奥运文化传播、奥运遗产传承等，从而维持北京"双奥"记忆的永久流传。

其次，奥运有形遗产的"档案化"保护。档案载体在以往的开发利用活动中，很少作为主体对象发挥作用。然而，"媒介（即载体）作为文件档案的要素，在形成、呈现与利用档案过程中均有重要作用"[③]。"（档案载体）表达方式的改变不仅停留于表面视觉形式的改变，而且也引发了其所叙述的'历史'与真实发生过的'过去'之间关系的改变。"[④] 麦克·卢汉（Marshall McLuhan）认为"媒介即信息"，即媒介对人类社会产生影响，途径不仅仅是以其为载体传递的内容，还有载体本身的形式和技术特征也具有"生产意义"。北京奥运档案中"实物档案"如开闭幕式演员的演出服、奖牌、火炬、领奖台等藏品特色显著。其中蕴含的设计元素、呈现理念、表现形式等以另一种方式记录了北京"双奥"筹办工作，也属于一种奥运记忆。运用档案管理方式对奥运有形遗产开展收集或建档、整理、保管、开发利用等使之具有档案特征（图3-3），同样可为今后活动的再开展提供可直观、可查考、可研究的经验成果。

① 徐拥军，张丹. 论北京奥运档案的遗产价值[J]. 档案学通讯，2022（1）:4-14.

② 蔡娜. 重大事件档案管理机制研究[D]. 北京：中国人民大学，2011:16.

③ 周文泓，加小双. 回首与展望：媒介变迁中档案演进的全景概览[C]//赵彦昌. 中国档案研究（第三辑）. 沈阳：辽宁大学出版社，2017:5.

④ 杨光，奕宛. 记录媒介演进与档案历史叙事的变迁[J]. 档案学通讯，2019（4）:19-27.

图3-3　2008年夏奥会实物档案（开闭幕式演出服）存档①

3.3 价值表现：北京奥运档案遗产价值的衍生形态

　　根据建构论和档案价值论，北京奥运档案遗产价值并非终极的静态结果，并非仅有一种固定的价值形态，也并非针对某一具体主体展开，而是围绕奥林匹克运动主体一方、档案客体一方以及限定的时空场域（奥运主办城市）一方之间的交互作用、互为关联的动态联结过程中"建构"出的多种衍生形态。北京"双奥"遗产内涵的包容性、内容的广泛性与形式的复杂性，直接决定了北京奥运档案遗产价值的衍生形态丰富多样。如何清晰明确地梳理、挖掘北京奥运档案的遗产价值，形成北京奥运档案遗产价值体系框架，也是理性认知、充分实现北京奥运档

① 源自中央电视台中文国际频道推出的国史节目《国家记忆》的《档案背后的秘密——特殊使命》视频截图。

案遗产价值的关键。鉴此，本部分从北京奥运档案遗产价值所定义的资源性和媒介性出发，将档案客体所固有的记录保存特性归结为由奥运理念、体育知识等构成的"内容—载体"的双维度承载；将奥运主体所特有的多维性与全民性、跨地域与跨周期等特性，归结为以国民、国家和国际为主体视角的多层次衍生逻辑，梳理出绿色发展、人文主义、公平正义、赛事筹办知识、奥运知识、科学技术知识、"双奥"记忆、民族情感、集体认同、区域辐射、赋能企业、维护国家利益、人文交流和人类命运共同体等14个方面的衍生表现形式。所有价值表现形式的集合都与北京"双奥"愿景有一个共同的目标指向，即"通过体育构建一个更好的中国"（图3-4）。

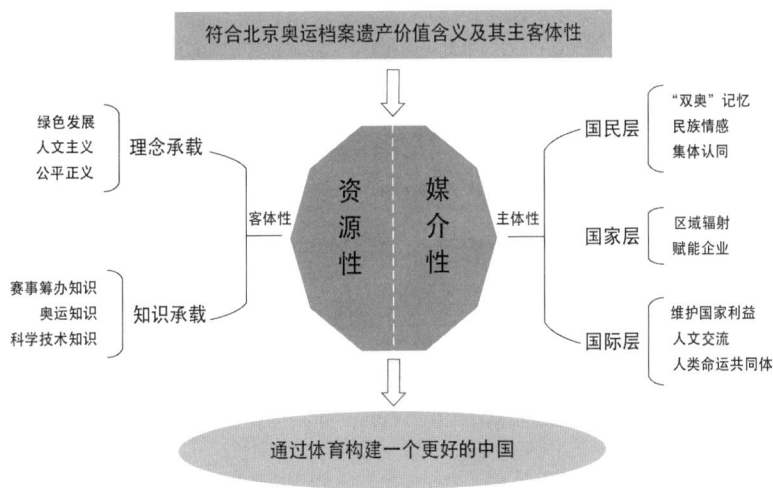

图3-4　北京奥运档案遗产价值衍生表现形式

3.3.1 资源性的衍生形态

北京奥运档案清晰、明确记录了北京"双奥""申办—筹办—举办—'后奥运'时代"、北京"双奥"遗产"规划—治理—评估"全过程，它包含了奥运理念，即"办什么样的奥运会"；办奥知识，即"怎么办奥运会"，贯穿于"双奥"全周期。以上奥运遗产（包括有形遗产和无形遗产）均以档案承载，成为北京奥运档案遗产价值的媒介性得以存在的坚实内容基础。

3.3.1.1 理念承载

"绿色奥运、科技奥运、人文奥运"发端于2008年夏奥会，三大理念关注自我、联系世界，彰显了国家战略与奥运战略、中国特色社会主义价值观与奥林匹克文化与精神的相融共存，更塑造了东方大国正在发展的崭新形象；2022年冬奥会，从"以运动员为中心""可持续发展""节俭办赛"的申奥理念到"绿色、共享、开放、廉洁"的办奥理念嬗变，体现奥林匹克运动的"动态文化"运动规律，同时也为奥林匹克运动和我国体育的未来发展提供了理论指导。[①]经笔者梳理总结与集中概括，理念承载主要体现在绿色发展、人文主义、公平正义三个方面。

第一，绿色发展。"绿色"是唯一一个两次出现在北京"双奥"理念中的词汇，是指"奥运会及其奥林匹克运动的开展应以对自然环境的最小破坏为目的，注重可更新能源的利用，水资源的保护，废物利用和管理；保护人类适宜的空气、水和土壤；保护古建筑等自然和文化环境的社会生活方式"[②]。2022年冬奥会则在此基础上更加凸显了将发展体育事业同生态文明建设结合起来的高度，突出科技、智慧、绿色、节俭、低碳。

"绿色"意味着"可持续发展"，对奥林匹克运动而言至关重要。体育运动很大程度上依赖于丰富的自然资源，如清洁的空气、森林、湖

---

① 徐子齐，孙葆丽，董小燕.北京2022年冬奥会赛事理念从申办到筹办嬗变探究[J].体育文化导刊，2018（6）:25-29.

② 肖焕禹，陈玉忠.奥林匹克运动与人类社会和谐发展的新理念探析：解读北京奥运三大主题[J].上海体育学院学报，2003（1）:10-14.

泊、河流和海洋等健康的生态系统。《奥林匹克宪章》1996年版增加了一项关于"环境和可持续发展"的条款,并将其明确作为国际奥委会的使命和角色之一,即"国际奥委会鼓励和支持以负责任的态度关注环境问题,促进体育运动的可持续发展,并要求(各奥组委)遵循相应要求举办奥运会"[①]。2016年,国际奥委会发布《国际奥委会可持续发展策略》[②](*IOC Sustainability Strategy*),重点关注基础设施和自然场地、采购和资源管理、流动性、劳动力和气候5个领域。2008年夏奥会,奥运村首次获得了LEED"绿色建筑"的黄金认证,并在北京及其周边地区采取了一系列扩大森林覆盖率、改善空气质量、加强污水治理等可持续发展举措,营造"奥运蓝"。2022年冬奥会接连发布相关政策计划、总结报告、知识读本[③],取得众多可持续发展成果(图3-5)[④]。另有开闭幕式上二十四节气、古诗词、"微火"等元素体现我国对未来生生不息的美好希冀,从实际行动和文化展演两方面助力北京冬奥会实现碳中和。

---

① IOC. Olympic Charter[M]. Lausanne: International Olympic Committee,2021:14.

② IOC. IOC Sustainability Strategy[R/OL]. [2022-07-16]. http://extrassets. olympic. org/sustainability-strategy/1-1.

③ 具体包括《北京2022年冬奥会和冬残奥会可持续性计划》《可持续·向未来——北京冬奥会可持续发展报告(赛前)》《可持续·向未来——北京冬奥会可持续发展报告(赛后)》《北京冬奥会低碳管理报告(赛前)》《2022北京冬奥会和冬残奥会可持续性与遗产》《大型活动可持续性评价指南》《北京冬奥会和冬残奥会可持续性知识读本》等。

④ 北京2022年冬奥会和冬残奥会组织委员会. 可持续·向未来——北京冬奥会可持续发展报告(赛前)[R/OL].(2022-01-13)[2022-07-15]. https://stillmed. olympics. com/media/Documents/Olympic-Games/Beijing-2022/Sustainability/Beijing-2022-Pre-Games-Sustainability-Report. pdf.

北京冬奥会可持续性成果

"双奥场馆"
作为第一个"双奥城市",北京举办的冬奥会将充分利用2008年北京奥运会场馆遗产,降低资源消耗和环境影响。

场馆100%采用可再生能源供应
建设连接北未柔直流电网,通过搭建绿电交易平台,采用市场化直购绿电方式,北京冬奥会所有场馆实现绿色电能供应。

建设绿色场馆
北京冬奥会所有新建场馆通过绿色建筑标准三星级认证;所有改造场馆绿色改造提升,国家游泳中心、国家体育馆群等获得绿色建筑标准二星级以上认证;创新编制《绿色雪上运动场馆评价标准》,新建雪上场馆全部获得绿色标准三星级认证。

精心保护赛区植物
北京冬奥会对赛区植物实施就地、近地、迁地三种保护措施,延庆赛区实施表土剥离和豆荚山草甸修复,张家口赛区打造生态绿地体系。

最"绿"的冰
北京冬奥会4个冰上场馆使用的二氧化碳跨临界直冷制冰技术在京成为用在冬奥会比赛场馆,大幅度降低制冰过程所产生的温室气体排放。

避护结合保护野生动物
场馆规划设计时尽量减少占用,采取多项有效措施,最大化减少对动物栖息地的影响,包括建设动物通道,减少夜间施工,开展野生动物活动监测等。

超低能耗示范建筑
打造北京冬奥村/冬残奥村综合诊所、延庆冬奥村/冬残奥村D组团和五棵松冰上运动中心三个超低能耗示范建筑工程,最大程度降低建筑供暖供冷需求并充分利用可再生能源,实现建筑节能降耗。

实现碳中和的冬奥会
北京冬奥会设立、健全低碳管理制度,将低碳理念融入办赛全过程,通过碳减排、碳补偿等措施,实现冬奥碳中和的目标。

京张高铁助力区域发展
京张高铁建成通车,实现京张交通一体化,张家口进入一小时生活圈,有效带动沿线经济和旅游发展,为京津冀协同发展注入新动力。

首钢转型打造城市复兴新地标
以北京冬奥会为契机带动首钢园区转型升级,成为一个企业融合发展的新时代首都城市复兴新地标,为奥运历史贡献一个奥运与城市可持续、融合发展的生动案例。

张家口打造"亚洲冰雪旅游度假目的地"
张家口具有得天独厚的冰雪条件,借助北京冬奥会的这一历史机遇,大力推动冰雪旅游及相关产业的发展,带动区域融入赛事经济和群众旅游发展,极大地促进张家口地域的经济发展,将张家口打造成为"亚洲冰雪旅游度假目的地"。

开展全国大从冰雪季活动
开展包括大众冰雪季在内的多项群众性冰雪活动,带动3亿人参与冰雪运动,引导健康生活方式,推动全民健身,助力全民健康。

建设京张体育文化旅游带
京张两地建立协同发展机制,大力推动体育产业、文化事业、冰雪旅游融合发展,打造精品体育赛事、文化旅游项目、民俗文体体验活动。

延庆建设"最美冬奥城"
延庆依靠长城、世园、冬奥三张世界级"金名片",持续提升生态环境质量,改善交通基础设施,推动绿色产业集聚,形成区域经济发展的持续动能。

奥林匹克教育进校园
在全国中小学中广泛开展奥林匹克教育,认定并命名835所冬奥会和冬残奥会林匹克教育示范学校和2062所青少年校园冰雪运动特色校,编制奥林匹克知识读本,组织奥林匹克文化教育活动。

图3-5 2022年冬奥会可持续性成果①

因此,坚持"绿色奥运",既是我国严格贯彻奥林匹克运动促进绿色可持续发展这一精神要旨的集中体现,也是我国以奥林匹克运动为抓手推动国内生态文明体制改革、建设美丽中国的行动路线。以"绿色"为底色的北京奥运档案全面记录了北京"双奥"与自然环境、人文环境共生共荣的发展全过程,其中蕴含的工作理念、工作方法、工作成效等不仅是我国参与全球环境治理、积极应对气候变化的有力证明,更是通过完整的文字、图片、声像、实物、电子文件等各类载体打造了绿色生态、可持续发展奥运的"中国样板",可促使"绿色奥运"的效益辐射成为形塑中国社会人格文明、产业文明到生态文明的有效链接,推动构建互联式生态社会,实现中华民族永续发展。

第二,人文主义。人文作为人类文化中的先进部分和核心要素,

---

① 图片源自于北京冬奥组委的官方报告《可持续·向未来——北京冬奥会可持续发展报告(赛前)》,2022年1月发布,第4页。

具体是指人类或者一个国家、一个民族、一个群体共同具有的符号、价值观及其规范。我国的人文精神渊源于中华优秀传统文化，其核心内涵伴随时代发展和文化进步而不断创新与优化，以强大的生命力为解决人与自然、人与社会诸多方面的问题提供智慧，现已成为社会各方面的重点关注视域与导向。人文主义的效用性也在奥林匹克运动中深刻体现。从彰显公平公正的赛程设置、体现便利性原则的场馆建设再到充盈激情奋进的赛事活动，"人"这一主体被前所未有地置于体育运动的中心，公正、平等、民主、和谐等价值观在奥林匹克运动发展过程中不断被彰显，[①]也不断在北京奥运档案中得以承载。以北京奥运档案为资源，再现、解读与挖掘奥运会的举办过程、历史价值与现实意义，有益于凸显奥林匹克运动中蕴含的人文主义，充实北京的体育人文内涵。

2008年夏奥会，提出"人文奥运"理念，就是深刻认识到这是"以人为本的奥运、是文化交流的奥运、是文明向善的奥运，是追求和谐的奥运"[②]。2008年夏奥会推动全国社会对残障人士的关注持续"升温"，于是我国接连发布《北京市无障碍设施建设管理规定》《北京市进一步促进无障碍环境建设条例》等，为2022年冬奥会的无障碍设施建设打下坚实基础。会徽、火炬、吉祥物、奖牌等北京奥运形象标识融入祥云、金镶玉、五行、书法等传统文化元素，具有浓郁的中国特色和中国风格，实现中华优秀传统文化与奥林匹克文化相交相融。人文赋能冬奥，将奥林匹克价值观渗入中华优秀传统文化中，通过趣味型文化创意产品、文化教育活动引导公众参与、感悟中华优秀传统文化；并以其为载体，大力

---

① 徐拥军，卢林涛，宋扬. 奥运文献遗产的人文价值及实现[J]. 兰台世界，2020（1）：14-18.

② 冯惠玲. 人文奥运：从理念阐释到实践推进[J]. 前线，2007（2）：19-21.

倡导"以和为贵、与人为善，信守和平"的良好风尚，助力社会主义精神文明建设。例如，2008年夏奥会筹办期间，北京市以"讲文明，树新风，争做文明北京人"为主线，开展了市民文明教育、树立诚信风尚、抓好市民讲外语、营造城市人文环境等系列活动，[①]促进北京市民文明素质的整体提升，推进北京市人文精神的可持续发展。

2022年冬奥会，将中华传统优秀文化与奥林匹克文化进一步相融，如国家速滑馆"冰丝带"、国家跳台滑雪中心"雪如意"、国家雪车雪橇中心"雪游龙"以及张家口云顶滑雪公园"雪长城"赛道等，创造了众多冬奥文化遗产精品。2022年冬奥会更在"人文奥运"基础上提出"共享办奥""开放办奥"，对人文主义进一步具现和扩展。"共享办奥"强调国内民众"参与奥运、得益奥运"，注重大众体育事业发展，冬奥申办之时我国即提出"3亿人上冰雪"的目标与"北冰南展东进西扩"的战略路线，有效带动广大社会民众参与冰雪运动。埃及新闻总署前副署长艾哈迈德·萨拉姆（Ahmed Salam）还曾表示，"中国人民对冬季运动的热情让世界为之惊叹"[②]。我国不仅履行申奥承诺，带动国内冰雪运动环境、冰雪产业快速发展，也将全球冰雪运动参与度提升到了新水平，推动人类实践与自然环境、娱乐休闲与专业训练、心理精神与健康体魄之间的和谐发展。不仅如此，为最大限度实现赛后利用，"雪如意"建造时采用"人因技术"，重点关注人与环境之间的互动、普通大众与专业运动员之间的差别，突出"以人为本"的思想，努力建设使奥运会相关利益者皆满意的运动环境，将奥林匹克运动所蕴含的人文精神进一步发扬

---

① 冯惠玲. 人文奥运：从理念阐释到实践推进[J]. 前线，2007（2）:19-21.

② 马赛，赵嘉政，张智勇，等. 中国人民对冬季运动的热情让世界惊叹[N]. 光明日报，2022-03-07（009）.

光大。"开放办奥"则将人文视野扩大至国外，将"和谐"的思想由中国、奥林匹克运动扩展至整个国际社会。我国以2022年冬奥会为契机讲好中国故事、推动中外文化交流、参与全球体育治理，为构建人类命运共同体贡献中国力量，更凸显大国风范的人文关怀。

第三，公平正义。公平正义是体育运动赖以生存的法则，奥林匹克运动将其视为始终奉行的核心理念之一。《奥林匹克宪章》中"国际奥委会的使命和角色"第9条提及，"通过领导反兴奋剂斗争来保护干净的运动员和体育运动的完整性，并采取行动打击任何形式的操纵比赛和相关腐败活动。"[1]2022年冬奥会，我国创新性将反兴奋剂行动提升至政治站位，与反腐倡廉高度结合，以"廉洁办奥"理念彰显我国的公平正义，具有鲜明的中国奥运正义特色。

公平竞争在体育运动层面表现在"规则公平、操作公平、公平奖惩、公平补偿"[2]4个方面。北京奥运档案就其职责和使命来说，既是奥林匹克运动竞技规则制定程序、内容、操作、结果等过程的"记录者"，也是整个奥林匹克运动竞技正义的"捍卫者"。北京奥运档案渗透于整个奥运周期的各个涉奥领域。其中，竞技规则的制定程序、内容、操作等都通过文字、声像、电子档案等多种形式保存下来，其中是非曲直均留下真实的档案，关系到整个奥林匹克运动竞技正义的水平。然而，"档案正义的价值追求，并不仅仅表现为如何借助档案推动正义实现，而是通过追求起点正义、过程正义和结果正义实现人与人、人与档案之间的各种关系正义"[3]。因此，北京奥运档案所呈现出来的公平正义，不仅

① IOC. Olympic Charter[M]. Lausanne: International Olympic Committee，2021:13.

② 黄文宾. 体育正义研究[D]. 长沙：湖南师范大学，2017:70-73.

③ 熊文景. 档案正义论[D]. 北京：中国人民大学，2021:87.

仅是记录固化了整个奥林匹克运动竞技过程、竞技规则、运动员反兴奋剂检查及其相关内容，充分发挥档案维护正义的功能以推动实现奥林匹克运动的公平正义，更是承载了奥林匹克运动精神中蕴含的平等参与、公平竞争、规则至上等宝贵思想；进而，通过倡导社会正义的行动热潮，助力引导北京、张家口及其他城市构建公平、公正、包容、友善的和谐社会，实现人与人、人与社会之间的各种活动正义。

2022年冬奥会提出的"廉洁办奥"，除了关注"竞技正义"本身之外，还强调要严格预算管理，控制办奥成本，强化过程监督、提高工作效率。为此，除最大限度利用2008年夏奥会遗产外，北京冬奥会采购项目本着"能借不租、能租不买、能合并采购就合并采购"的原则，减少资源浪费，所有物资品类中租赁比例达70%，总体资金节约率达10%以上。①中央纪委国家监委驻体育总局纪检监察组则建立冬奥监督"月调度会"机制，对冬奥问题采取清单管理、挂账销号等方式；强化"选用公廉"监督，与审计署相关司局建立沟通机制等。②这极大丰富了奥林匹克运动的"减负"内涵，去除奥运政治化、淡化奥运商业化，回归体育、注重实效，确保冬奥会"像冰雪一样纯洁干净"。

3.3.1.2 知识承载

作为承载奥运知识的奥运档案，其内容主要包括：赛事筹办知识、奥运知识和科学技术知识等。

第一，赛事筹办知识。赛事筹办知识主要是指奥运城市在筹办各类

---

① 王绍绍. 践行"廉洁办奥"理念 让北京冬奥会像冰雪一样纯洁干净[EB/OL].（2022-01-21）[2022-07-20]. http://finance. people. com. cn/n1/2022/0121/c1004-32336853. html.

② 吕佳蓉，沈东方. 坚持廉洁办奥 共赴冰雪之约[EB/OL].（2022-01-21）[2022-07-20]. https://www.ccdi. gov. cn/yaowenn/202201/t20220121_166074. html.

奥林匹克运动会时所进行的赛事规划、赛事组织、赛事服务、赛事交付等活动过程中获取的认识和经验的总和。奥林匹克运动虽工程浩繁，但其"申办—筹办—举办—'后奥运'时代"所涉及的活动、工作具有一定的稳定性和常态性，一城一区一国筹办的成功经验能够为不同时空场域筹办时加以借鉴和参考。因此，国际奥组委会自2008年夏奥会开始实施TOK项目，以确保奥运知识通过奥运档案届际相传。

冬奥会与夏奥会所要求的气候条件、举办时间、体育场馆等不尽相同，导致筹办经验不可复制。而北京奥运档案综合记载了夏奥与冬奥的办赛经验，记录的赛事筹办知识比其他奥运城市更加全面与丰富。相比于夏奥会，冬奥会对于奥运城市的自然地理条件要求极为严苛，以至于过去冬奥会的主办城市基本上只能在北纬40度到50度之间徘徊。此外，我国的冰雪运动发展群众基础较差，人才储备不足、运动设施不够普及，满足国际标准的冰雪运动场馆更是欠缺。面对形势复杂、条件严峻的环境，2022年冬奥会建设实行体制和工作方式创新，例如，将冬奥建设行政审批纳入"一会三函"审批改革，大幅提升审批时效；由北京市19个部门组成工作专班，监察、审计常驻一线，便于事中服务和过程监督[①]等，创造了北京的"冬奥速度"。冬奥会临近之时，更是专门派遣学习小组前往东京奥运会学习防疫经验，与国际奥委会、世界卫生组织（WHO）积极交流，编制并发布了两版具有"中国特色"的《2022年北京冬奥会和冬残奥会防疫手册》（*Beijing 2022 Playbooks*，以下简称《防疫手册》）[②]，为顺利筹办和成功举办北京冬奥会提供了更加明确、具体和

---

① 丁建明. 来自"双奥之城"北京的冬奥建设答卷[EB/OL].（2019-01-11）[2022-07-06]. http://www. bj. xinhuanet. com/2019ft/20200920/index. htm.

② 徐拥军，张丹. 奥林匹克运动"新标杆"——2022年北京冬奥会成功举办的经验与启示[J]. 前线，2022（5）:49-52.

细节的操作指导。冬残奥会期间,我国还组织编制了《冬残奥会竞赛组织手册》和《北京2022年冬奥会和冬残奥会无障碍中国方案》,可为今后举办各级各类冬残奥比赛提供参考。①在奥林匹克运动与新冠疫情双重重大事件活动的交织下,北京奥运档案承载的赛事经验、筹办知识,既见证了中国从筹办冬奥赛事"零经验"到成功举办"真正无与伦比"的冬奥会的艰难历程,又是奥林匹克运动的筹办知识宝库,在知识和经验的传承中深度实现对奥林匹克运动筹办知识的反哺。

第二,奥运知识。《奥林匹克宪章》规定,奥组委的使命和职责之一就是"在本国,特别是在体育和教育领域,通过在各级学校、体育机构和大学推广奥林匹克教育方案,促进奥林匹克的基本原则和价值观的传播"②。北京"双奥"期间,我国尤其重视奥林匹克教育的推广与普及,北京市接连制订并发布多项计划,传播奥林匹克精神、推动中小学生体育发展。冬季奥林匹克教育计划推广更是与健康中国、体育强国、人力资源强国等新战略发展的时代背景相融合,开展如冬季奥林匹克系列艺术与比赛活动、建设示范学校、组织教育课程资源开发等系列冬季奥林匹克教育文化活动。③

除义务教育阶段,2021年12月16日,经国际奥委会授权、中央机构编制委员会办公室批复,依托首都体育学院建设的北京国际奥林匹克学院(Beijing Institute for International Olympic Studies, BIIOS)正式揭牌,

---

① 李春宇,姬烨. 北京冬奥组委发布冬残奥会遗产成果[EB/OL]. [2022-07-13]. http://bj. news. cn/2022-07/01/c_1128794460. htm.

② IOC. Olympic Charter[R]. Lausanne: International Olympic Committee,2015:61.

③ 教育部,国家体育总局,北京冬奥组委. 教育部 国家体育总局 北京冬奥组委共同制订《北京2022年冬奥会和冬残奥会中小学生奥林匹克教育计划》[J]. 青少年体育,2018(2):8-11.

成为世界上第三所由国家政府决定成立的国际奥林匹克学院。它将"成为中华体育精神和奥林匹克精神融合传播的重要载体，全球奥林匹克研究和合作交流的重要纽带，以及全球领先的奥林匹克运动科技创新中心和引领奥林匹克教育事业可持续发展的新高地"①，逐步构建起奥林匹克教育的"中国模式"，形成具有中国特色的奥林匹克教育遗产。随着奥林匹克教育进校园与进社区活动的开展、体育教师和社会指导员的培养、奥林匹克运动普及丛书的编制等，以奥林匹克运动为主题的"课堂教育+户外实践+科学研究"活动日渐多样、奥运知识愈加普及、奥林匹克学术研究也越来越深入。这无疑丰富了北京奥运档案的内容，深化了北京奥运档案的知识价值。

第三，科学技术知识。科技赋能"双奥"，科技成就了北京"双奥"一幕幕的华彩瞬间。自2008年夏奥会提出"科技奥运"理念，科学技术就作为重要支撑和关键保障始终助力于北京"双奥"的成功举办。2008年夏奥会所运用的数码灯、LED巨屏画卷、数码点火、数字化的宽带通信等，2022年冬奥会所运用的5G、8K、北斗、超高速4K轨道摄像机、二氧化碳跨临界直冷制冰技术、VSS数字孪生场馆模拟仿真系统、测温创可贴、绿色供电、物流一体化供应链以及碲化镉发电玻璃等，种种"黑科技"应用于北京"双奥"实现"科技奥运"，倒逼我国科学技术领域成果摆脱转化不足、不通、不顺、不畅的困境。北京奥运档案作为这些科技"创新思维—设计研发—自主制造—落地应用"的完整链条记录，将科技创新与应用场景紧密连接、完整保存，对我国科学技术研发、科技成果转化、标准化推动、科教普及等方面产生多重影响。

---

① 张蕾. "建设北京国际奥林匹克学院"写入党代会报告——北京冬奥人文知识遗产增添乐彩华章[N]. 北京日报，2022-06-30（011）.

首先，以北京奥运科技档案为载体的完整研发记录，见证了我国这14年来的科学技术发展进程，有力证明了我国从2008年夏奥会到2022年冬奥会期间科技创新能力的大幅提升。以北京"双奥"为契机，科技奥运理念促进我国在以科技应用为导向、以科技场景为驱动的实践层面，持续推动科技创新及其成果转化，为数字政府、智慧城市建设提供可持续发展动力。北京奥运科技档案所记载的科研成果能够以知识共享、经验参考等方式传承至各领域、下沉至各地方，加快实现奥运科技成果转化的"外溢效应"。目前，我国自主研发的造雪机、压雪车以及智能化滑雪模拟训练器材等已投放至市场，有效为大众参与冰雪运动服务。

其次，每一项科技的应用都是我国科学技术发展历史的时代缩影，其中也必然伴随着标准化推动，助力北京奥运科技档案知识价值的提升。2021年10月，中共中央、国务院印发的《国家标准化发展纲要》[①]，强调要推动标准化与科技创新互动发展。2022年冬奥会期间，我国通过建设张北柔性直流电网确保场馆100%采用可再生能源供应，助力冬奥会实现碳中和。包含此项行动的北京冬奥会可持续性计划通过众多科技创新催生出国际认证的可持续性管理标准体系。2019年11月6日，北京冬奥组委制订的可持续性管理体系通过第三方认证。国际奥委会第一副主席胡安·安东尼奥·小萨马兰奇（Juan Antonio Samaranch Jr）认为，"北京冬奥组委可持续性管理体系通过认证是北京冬奥会筹办过程中的一个重要里程碑，是落实可持续申办承诺的有力证明，是北京冬奥会创造的一个

---

① 中共中央　国务院印发《国家标准化发展纲要》[S/OL].（2021-10-10）[2022-07-15]. http://www. gov. cn/zhengce/2021/10/10/content_5641727. htm.

可持续性遗产，也是北京举办一届可持续性的冬奥会的精彩注释"①。通过科技创新推动标准首创，可有效提升我国在这一领域的国际话语权，促进我国未来更多领域的科技出口与推广应用。

最后，北京奥运科技档案作为奥林匹克运动与科技馆相连接的固化载体，借助科技馆的公众科学教育与知识普及职能可充分发挥北京奥运档案的知识价值、文化价值。2022年1月26日，中国科技馆举办"冬梦飞扬——科技冬奥主题展览"，综合运用5G、4K、VR等数字技术将51件展品打造成一个可互动体验、可沉浸参与的科技冬奥冰雪世界。②其中，燕山大学艺术与设计学院视觉传达设计专业师生以藏于北京故宫博物院的《冰嬉图》（乾隆年间宫廷画家张为邦、姚文瀚合绘）为文献底本，借助AR技术将古代冰嬉大典"复活"。通过一动一静的配合，重现清朝冰嬉活动的多彩面貌与文化魅力，大众可生动了解"冰嬉"这一古老而有特色的冰上运动项目，助力我国古代冰雪运动文化的历史传承。

3.3.2 媒介性的衍生形态

《奥运遗产指南》指出，"要想完全把握住奥运会带来的机会，奥运会主办城市必须对承办、申办奥运会能为市民、城市乃至国家带来什

---

① 北京2022年冬奥会和冬残奥会组织委员会. 可持续·向未来——北京冬奥会可持续发展报告（赛前）[R/OL].（2022-01-13）[2022-07-15]. https://stillmed. olympics. com/media/Documents/Olympic-Games/Beijing-2022/Sustainability/Beijing-2022-Pre-Games-Sustainability-Report. pdf.

② 冬梦飞扬——中国科技馆"科技冬奥"主题展览[EB/OL].（2022-01-26）[2022-07-15]. https://www. cdstm. cn/subjects/kjdabxyd/dajctj/202201/t20220126_1063814. html.

么，有一个强大的愿景和清晰的目标"①。可见，奥运遗产是奥林匹克运动从国际向主办国、城市和地区至市民自上而下层级渗透的奥运愿景，这给予北京奥运档案"世界—中国—国民"由宏观到微观、由国外向国内的价值渗透特性，具有不同层级、不同行业、不同域级的价值显现。本部分依据文化生态学的理念指导，将针对国民、国家、国际3个层次主体对媒介性的衍生形态进行探讨，分析各自不同的遗产价值效用。北京奥运档案渗透于各行各业的特性也促使其遗产价值惠及各行各业，以奥运会为圆点将价值效用延展整个涉奥空间体，以推动构建人类命运共同体的高度充盈整个人类社会。

3.3.2.1 国民层："双奥"记忆、民族情感与集体认同

北京奥运档案作为奥运利益相关方对奥林匹克运动愿景实现全过程的记录，是北京"双奥"记忆的"记录者""见证者"。这其中不仅凝结着我国对奥林匹克运动最原始、最真切、最深刻的民族情感，也镌刻着中国人民更为开放、更为自信、更为强烈的集体认同。因此，针对国民层，媒介性的衍生形态主要表现在"双奥"记忆、民族情感和集体认同三个方面。

一是"双奥"记忆。档案记忆观强调了档案的记忆属性。"记忆，和历史一样，根植于档案中。没有档案，记忆将会摇摇欲坠，过去的知识也会消退，共同经验所带来的荣誉感也会消散。"②这句话意味着档案是记忆的载体，是记忆构建的不可替代要素，更是集体情感记忆的重要维系。其一，北京奥运档案所参与构成的"双奥"记忆，清晰、明确地记

---

① IOC. Olympic Games guide on Olympic legacy[M]. Lausanne: International Olympic Committee, 2015:9.

② SCHWARTZ J M, COOK T. Archives, records, and power: the making of modern memory[J]. Archival Science, 2002（2）:1-19.

录了"申奥—筹奥—办奥—'后奥运'时代"的全周期过程，较为客观地反映了我国14年间政治、经济、文化、体育、科技、环境等各项事业建设发展情况，是"北京记忆"乃至"中华民族集体记忆"和"人类共同记忆"的重要组成部分。其二，"双奥"记忆是奥林匹克运动在北京和其他主（协）办城市通过社会实践活动产生和遗留下来的众多历史符号的合成体。北京奥运档案作为合成体的一部分，由于其"历史书写"和"长久保存"的特质，借由文字、图画、影像、声音等媒介确保"双奥"记忆在空间上延展扩散、时间上连续存在，构建了更为真实、全面、深刻的"双奥"记忆。其三，北京奥运档案参与"双奥"记忆构建过程中，其所蕴含的奥林匹克价值观、奥林匹克精神、中华优秀传统文化等无形遗产将通过价值实现活动予以释放，以影响、感化国民，实现国民对奥林匹克主义的价值认同、利益认同，[①]从而引发更为深刻的民族情感共鸣。

二是民族情感。"情感往往是一个民族、一个国家最深沉、最持久、最有特色、最有活力与灵性的部分。一个民族的情感深植于民族文化、习俗、道德、礼仪、信仰之中，在这背后是深受民族成员认可的一以贯之的价值观念。"[②]北京奥运档案作为"双奥""申办—筹办—举办—后奥运时代"过程中汇聚凝练的智慧结果，是在中华民族"一体多元"背景之下奥林匹克价值观、文化、精神与中华优秀传统文化不断融合发展的奥运遗存，承载着中华民族独特的基因编码和文化符号。它见证了我国从百年奥运梦想的圆满实现到北京成为奥运史第一个"双奥之城"，记录了中华民族逐步崛起的历史脉络，承载了中国国民深厚的民族情

---

① 冯惠玲. 当代身份认同中的档案价值[J]. 中国人民大学学报，2015（1）:96-103.
② 李晶伟. 档案情感价值研究[J]. 山西档案，2018（4）:18-21.

感，是"情感符号化的载体"①。通过北京奥运档案及其开发利用成果（如新闻采访、社会舆论、书籍作品、电影、纪录片等）的外化呈现，与国民的行为、经验、常识等形成密切联系，在个人、群体之间引发了强烈的情感共鸣。而这种共鸣，足以支撑国民对"同"与"异"的识别，构成了北京奥运档案联结集体认同的桥梁，为国民从认同自觉到认同自信提供了实现可能。

三是集体认同②。就集体认同的本质而言，它是"认同"与"认异"的对立统一。集体认同既是个体或集体对一个国家或地域文明、传统文化、价值观等思想理念的认可，又表明与其他国家或地域文明、传统文化、价值观等的区别与差异。"这种同与异的认知需要以真实连续的信息作为依据，而档案恰是以国家、地域、族群为单元的社会生活的真实连续记录，足以支撑人们确认'我们'和区分'他者'。"③北京"双奥"作为一种国际性大型仪式活动，是彰显我国大国形象、推动国家各项事业发展的重要时机。我国将悠久的中华文明与民族历史、现代化的工业文化与科技成果以及集中力量办大事的制度优势通过奥林匹克运动展现得淋漓尽致。这些符号、意识表征的集体记忆通过重构、再现与共享，形成"超越'个人'范畴将独立的个体身份整体化的国家话语暗示，促使奥运会的时空场域成为建构形塑中华民族全体成员从价值认同、文化认同、民族认同到集体认同的有效链接"④。纵向看，北京奥运档案是北

---

① 刘志森，耿志杰. 情感仪式视域下档案与身份认同：理论阐释、作用机理及提升路径[J]. 档案学研究，2022（3）:13-20.

② 这里的"集体认同"更倾向于"国家认同"，由于与"国家层"的价值衍生形态相区分，这里使用"集体认同"。

③ 冯惠玲. 当代身份认同中的档案价值[J]. 中国人民大学学报，2015（1）:96-103.

④ 徐拥军，张丹. 论北京奥运档案的遗产价值[J]. 档案学通讯，2022（1）:4-14.

京"双奥"的"记忆之场",可为奥运遗产提升集体认同提供追溯性、连续性素材;横向看,北京奥运档案又是覆盖其他各类奥运遗产的全景图像,可为来自社会不同阶层、不同职业、不同领域的国民提升集体认同提供多维度、多视角的素材。

3.3.2.2 国家层:区域辐射与赋能企业

虽然奥运会举办有主办城市,但这不应该成为主办国家其他众多非主办城市参与奥运、得益奥运的壁垒。徐拥军等①将奥运遗产分为"体育型遗产"与"超体育型遗产",后者是围绕前者产生的,是奥林匹克运动的衍生品。这意味着奥林匹克运动已不再是单纯的体育赛事活动,其价值远超出体育范畴,联动形成了从体育运动到体育产业、文化旅游、科技研发、物流管理、城市建设等多领域、多层次、多维度的连带发展链条,具有强大的辐射功能。北京"双奥"遗产的"档案化"记录与保存,能够最大限度释放奥运遗产广泛传承的意义。鉴此,针对国家层,媒介性的衍生形态主要表现在区域辐射和赋能企业两个方面。

第一,区域辐射。区域辐射主要是指北京奥运档案所蕴含的奥运知识、科学技术、人文精神、价值观等在全国范围内的传播,以及以北京冬奥会为契机,北京奥运档案管理工作推动区域协同的经验传承。首先,北京奥运档案对有形奥运遗产的文献转化与无形奥运遗产的文献固化,恰恰可借助信息传播、文化演进的特性,为人类社会寻求一个超越或消弭物质性奥运遗产独占造成的人与人、城市与城市、国家与国家之间的"代沟",弥补遗产共享、传承可能性之间的差别,有效突破仅主办城市范围内享受奥运遗产红利的空间瓶颈。国际奥委会于2021年3月13

---

① 徐拥军,张丹,闫静. 北京2022年冬奥会和冬残奥会遗产价值及其评估研究[J]. 武汉体育学院学报,2020(10):15-22.

日发布《奥林匹克2020+5议程》（*Olympic Agenda 2020+5*），提出要强化奥林匹克数字化战略发展。① 为此，国家可以将北京奥运档案融入奥林匹克数字化战略，实现奥运遗产成果在虚拟平台的呈现与共享。例如，2021年2月1日，北京冬奥组委推出冬奥云端学习平台。据悉，整个平台存储了21部竞赛项目知识介绍片、5集9分钟的冬奥大讲堂、15个英文精品视频课件。在整个运行周期中，共支持3万办赛人员完成了线上学习，其中对公众开放的资源点击量过亿。② 同时，以数字为媒介，也有助于聚焦并满足群众多样化的利用需求。其次，北京奥运档案管理工作协同化是区域发展协同化的应有之义。横向上，2022年冬奥会期间，"张家口运行中心形成的档案移交北京冬奥组委进行数字化后，向（张家口）市档案馆移交电子数据备份"③，实现与北京冬奥组委冬奥会档案资源共享。纵向上，2008年夏奥会档案管理"前端控制"的成功经验广泛运用于张家口冬奥会档案管理工作中。张家口市档案馆由馆长亲自带领工作专班逐一深入到30多家涉奥单位，进行档案工作专业指导、现场培训、质量监督④。

　　第二，赋能企业。《奥林匹克2020+5议程》提出，要增强经济和金融

---

① IOC. Olympic Agenda 2020+5[R/OL]. （2021-03-13）[2022-07-27]. https://stillmed. olympics. com/media/Document%20Library/OlympicOrg/IOC/What-We-Do/Olympic-agenda/Olympic-Agenda-2020-5-15-recommendations. pdf?_ga=2. 117766286. 621370337. 1658916704-1188125224. 1657883072.

② 陈杭. 北京冬奥组委多种方式将经验成果传给未来奥组委[EB/OL].（2022-03-22）[2022-07-28]. http://www. chinanews. com. cn/ty/2022/03-22/9708706. shtml.

③ 张家口市档案馆. 记录冬奥历史 服务冬奥筹办——张家口市档案馆强力推进冬奥会档案服务保障工作[J]. 中国档案，2022（1）:41.

④ 张家口市档案馆. 记录冬奥历史 服务冬奥筹办——张家口市档案馆强力推进冬奥会档案服务保障工作[J]. 中国档案，2022（1）:41.

方面的韧性[①]。北京"双奥"广泛吸收社会资金和社会力量的参与，我国将奥运品牌价值与本土企业发展实际需求充分结合，实现"双奥"筹办与企业发展共赢发展。例如，安踏集团自2017年9月成为2022年冬奥会官方体育服装合作伙伴后，整合全球资源助力冬奥装备的研发设计，积极服务中国冰雪产业发展战略，因牵手冬奥获得强劲增长。2021年，安踏体育实现收益493.28亿人民币[②]，经营溢利同比增长20.1%，打破了中国运动品牌市场连续17年由耐克和阿迪达斯构筑的"双超"垄断格局。2022年冬奥之年，安踏体育更是实现收益536.51亿人民币，同比增长8.76%。[③]参与"双奥"形成的企业档案是北京奥运档案的重要组成部分。它是涉奥企业业务活动的完整记录，是企业守法、合规、诚信经营的可追溯性证明，也是企业专利、版权、商业秘密、专有数据、业务活动和市场开发等知识资产的主要载体。北京"双奥"通过北京奥运档案的业务活动记录、专利知识记载可赋能企业在后奥运时代的其他工作活动、产品系列中继续实现长久发展，拓宽国家市场，进而提升企业所在地区的经济发展韧劲。

3.3.2.3 国际层：国家利益、人文交流与人类命运共同体

北京"双奥"本就是国际体育赛事作用于中国整个社会空间而产生的结果，是从中国到世界自下而上参与构建人类命运共同体的一种体育实践。尤其是2022年冬奥会的"绿色、共享、开放、廉洁"办奥理念，

---

① IOC. Olympic Agenda 2020+5[R/OL].（2021-03-13）[2022-07-27]. https://stillmed. olympics. com/media/Document%20Library/OlympicOrg/IOC/What-We-Do/Olympic-agenda/Olympic-Agenda-2020-5-15-recommendations. pdf?_ga=2. 117766286. 621370337. 1658916704-1188125224. 1657883072.

② 数据来自"安踏体育02020"股票的2021年度财务报表。

③ 数据来自于"安踏体育02020"股票的2022年度财务报表。

相比2008年夏奥会理念更凸显我国面向团结、面向开放、面向未来的自信与坚持。该理念强调当下国内外、体育与国际社会各行各业发展之间的关系，有利于我国参与全球体育治理，进而维护国家在该领域的合法利益、提升国家文化品牌形象，"促使中国从国际体育体系和秩序的参与者、适应者，转变为改革者和引领者"①。鉴此，针对国际层，媒介性的衍生形态主要表现在维护国家利益、人文交流和人类命运共同体三个方面。

一是国家利益。回顾可知，奥林匹克运动不同程度存在的政治化倾向曾一度导致北京"双奥"在举办时均面临十分严峻的国际舆情形势。针对北京"双奥"，外媒就曾就环境、人权、"藏独"等问题②诟病中国，甚至引起多个西方国家抵制。然而，"档案是一个国家、一个民族的记录系统，既清晰映照着一个国家和民族发展轨迹和根脉传承，也强有力地证明一个国家和民族所拥有的主权、领土及各种利益"③。例如，针对2008年夏奥会的环境问题，北京奥组委在提交的《2008北京奥运会的环境评估报告》中指出，中国在2008年夏奥会时期超额完成了"绿色奥运"承诺，对轻型车辆采用欧Ⅳ标准；北京共栽种3,000多万株花木，整体增加8,800公顷绿地；空气污染指数（API）不高于100的天数由2001年的不足180天增多到2008年的274天；奥运场馆的垃圾回收率比承诺的水平高出23%。④种种数据，有力证明了北京环境在2008年夏奥会时期的提升与

---

① 徐拥军，张丹. 奥林匹克运动"新标杆"——2022年北京冬奥会成功举办的经验与启示[J]. 前线，2022（5）:49-52.

② 郭晴，王宏江，余婷婷，等. 北京奥运背景下的中国国家形象研究[J]. 体育科学，2009，29（8）:3-11.

③ 熊文景. 档案正义论[D]. 北京：中国人民大学，2021:87.

④ 陈小三. 联合国环境署评估报告称：中国超额履行绿色奥运承诺[N]. 国际商报，2009-02-21（003）.

进步，回击了西方无良政客肆无忌惮的诋毁与污蔑。

　　二是人文交流。每一届奥林匹克运动会所展示的文化元素，均是外来文化与本国传统文化的呼应与对接。奥林匹克运动文化是条流动的河流，作为人们在长期的筹办活动中逐渐积累而形成的文化表征形式和筹办知识实践，是集体智慧的结晶和群体创造力的表现，具有较强的专指性、特殊性与特定文化形式的稳定延伸性，如奥运五环、奥运格言、奥运圣歌等。然而，奥林匹克运动作为一定历史过程的文化产物，也必定与其产生、运行的时代、环境紧密联系在一起。这条河流途经的各个主办国家汇流了属于该国本土特色的传统文化，也导致奥林匹克运动文化具有活态流变性，它既依附于奥林匹克运动，又融合主办国家传统文化，更独立于其他行业文化。世界不同文化的交流、不同文明的融汇铸就这条文化大河将愈加绚烂、历久弥新、独具特色。文明因交流而多彩，文明因互鉴而丰富。习近平总书记强调，"坚持开放办奥，借鉴北京奥运会和其他国家办赛经验，弘扬奥林匹克精神，加强中外体育交流，推动东西文明交融，展示中国良好形象"[①]。鉴此，中国积极主动服务国家外交大局，大力实行"奥运外交"。2008年夏奥会会聚世界80多个国家的元首和首脑[②]；2022年冬奥会也有近70个国家、地区和国际组织约170位官方代表，包括31位国家元首、政府首脑、重要王室成员和国际组织负责人参加开幕式。[③]我国借此机会进一步发出中国关于加强全球治理、

① 习近平对办好北京冬奥会作出重要指示[EB/OL].（2015-11-24）[2022-06-27]. http://www. xinhuanet. com/politics/2015-11/24/c_1117249109. htm.

② 解码外交|冬奥会来了，关于"体育外交"你知道多少？[EB/OL].（2018-02-10） [2022-06-27]. https://baijiahao. baidu. com/s?id=15920103453706591368&wfr=spider &for=pc.

③ 杨进，胡朝阳. 冬奥外交推升欧亚命运共同体美好前景[J]. 世界知识，2022（5）:60-61.

维护国际秩序的呼声，助推全球发展倡议落地生根。以体育交流拓展人文交流，以体育治理助力国际治理，构建一条各国文化交流、互利合作的纽带。北京奥运档案也将作为这一纽带构建的"记录者"，促进这条纽带更加稳固与坚韧，推动北京"双奥"遗产效益影响更为广泛、深远。

三是人类命运共同体。奥运遗产中蕴含的"通过体育建立一个更美好的世界"的奥运愿景，结合全世界和平与繁荣、全人类团结与认同的奥林匹克主义观念，与构建人类命运共同体理念高度契合。2008年夏奥会以"同一个世界、同一个梦想"为主题，将我国"和"文化贯穿整个奥运周期；2022年冬奥会从赛前捐助疫苗、签订北京冬奥会奥林匹克休战协议，到赛中展示五环"破冰""天下一家""ONE WORLD ONE FAMILY"焰火图案，无一不在展现奥林匹克运动新格言"更团结"（Together），彰显我国应对危机、团结一致的执行能力，承担大国责任、传递团结希望的积极作为。北京奥运档案作为奥林匹克运动档案的重要组成部分，"中国智慧"、"中国方案"和"中国实践"等将全部记载于此，以体育正义、档案正义助推国际秩序正义、结果正义，以体育治理、档案治理助推全球环境治理、社会治理、文化治理等，为奥林匹克运动增添了一份全方位可持续推动构建人类命运共同体的宝贵遗产，促进奥运记忆和人类重要文明长久保存，增加了构建人类命运共同体的实践厚度。

总之，北京奥运档案在不断连续的时空中维系奥运遗产可存续、可开发、可传承的同时，举办北京"双奥"所提出的奥运精神和办奥理念、所涉及的领域组织等也赋予了档案新的时代内涵和关键任务，扩充、延伸了档案的价值维度，更促使档案借助体育这一国际通用语言与社会各项领域建设发展相关联，深刻、广泛、久远地影响着整个社会。依据档案价值扩展律，北京奥运档案的遗产价值也随着时间的推移而逐步扩展。具体来讲，北京奥运档案的资源性价值主要面向北京奥运档案的众多形成者，即国际奥委会和北京"双奥"的利益相关方；北京奥运档案的媒介性价值主要实现于后奥运时代，逐步扩展至面向民众、社会各行业领域乃至国际社会。因此，北京奥运档案遗产价值实现应围绕不同具体价值主体需求而展开，依照国民层、国家层、国际层三个不同层次探索更多的实现途径。

第 4 章
北京奥运档案遗产价值整合与记忆构建

保罗·利科（Paul Ricceur）认为，"记忆的探寻实际上证实了记忆行为的首要目的之一是同遗忘作斗争，是从时间的'贪婪'、遗忘的'埋葬'中夺取一些记忆的片段"①。档案的留存，就是为了让这些"记忆的片段"尽可能客观、立体、完整。因此，收集、整理、保管、开发与利用北京奥运档案，就是保存与再现北京"双奥"记忆，就是宣扬与传播奥林匹克价值观，就是积累与传承中华优秀传统文化。档案为构建北京"双奥"记忆提供了独特的学科视角，同样，记忆构建也深化了北京奥运档案价值整合的现实意义。基于记忆构建与北京奥运档案遗产价值整合的互动关系，本部分探讨问题主要有三：第一，何为北京奥运档案遗产价值时间整合，以及为何时间整合；第二，记忆构建视角下遗产时间价值整合的目标和手段；第三，经时间整合后的遗产价值将如何实现。

4.1 北京奥运档案遗产价值的时间整合

这里的"时间"，并非指流逝的自然时间，而是指"社会时间"。亨利·休伯特（Henry Hubert）认为，"'质'的意义上的社会时间，不同于可以衡量其长度的、表现为一定时刻或时期的时间。它是由许多部分

①　保罗·利科. 记忆，历史，遗忘[M]. 李彦岑，陈颖，译. 上海:华东师范大学出版社，2018:38.

组成的,通过各种各样的标志、符号、事件、仪式或活动,实际上构成一个连贯的整体,是通过其自身的节奏而体现社会组织的一个象征性的结构"①。"奥运会四年举办一次的周期,不但呈现了奥运文化在自然时间中的连续性,而且呈现了奥运文化社会时间中的主体再建构意义。"②因此,北京奥运档案遗产价值的时间整合,不单单是强调2008年夏奥会档案与2022年冬奥会档案的整合,更包括北京奥运档案中的形成主体、承载载体等,及其所处社会环境的价值取向与选择意向。这远远超过了对价值现象本身的发现、识别、认知与阐释。因而,北京奥运档案遗产价值的时间整合,能够鲜明地反映出社会各阶层人群、各时间周期对北京奥运档案本身的结构和功能的认识,有助于完整地认识、把握北京奥运档案遗产价值体系的客观风貌,对北京"双奥"记忆留存、奥林匹克运动的"本土化"发展以及全面实现北京奥运档案遗产价值具有重要意义。

4.1.1 北京奥运档案的遗产价值层级

所谓价值层级,"是指人们依据自身的价值实践和价值认识,将多种价值形态按一定顺序而排列的层次和等级"③。北京奥运档案由于其特性,涉及多个价值层级,主要分为形成主体的价值层级、时间构成的价值层级和载体组成的价值层级。

4.1.1.1 形成主体的价值层级

不同主体形成的奥运档案,所表现的价值形态是不同的,对应了不同的价值层级。根据档案形成主体的不同,本书将奥运档案形成主体

---

① 吴国璋.西方社会学对社会时间的研究[J].学术界,1996(2):56-57+55.

② 郑星.奥林匹克文化符号传播中的时间介质研究[J].体育与科学,2022,43(5):35-42.

③ 张军,李德顺.早期儒家的价值层级思想论略[J].中国哲学史,1999(1):6-16.

分为官方主体和非官方主体。前者主要包括国际奥委会、北京（冬）奥组委、国家体育总局、中国残联体育部、各国代表团、竞赛场馆及场馆业主，以及北京市（河北省）各级体育、档案、教育、文化、交通、环境、卫生、宣传等诸多部门；后者主要包括民间团体、体育爱好者和普通民众等。不同层级的价值可能是相互矛盾而对立的。据调查，2008年夏奥会档案收集更倾向于官方主体形成的档案，形成2008年夏奥会申办委员会、北京奥组委、2008北京国际新闻中心、2008工程建设指挥部办公室、2008环境建设指挥部办公室、北京市奥运场馆工程建设监督工作领导小组办公室等6个全宗。[①]可见，北京市档案馆主要接收官方机构档案，反映了2008年夏奥会"申办—筹办—举办"乃至后奥运时代的官方过程，凸显官方记录的真实性；反而较少征集民间档案，存在"重接收轻征集，导致档案结构失衡；重收集轻开放，导致档案利用封闭；重保管轻开发，导致档案价值受限等"[②]问题，忽略了民众对奥林匹克运动的价值取向与价值选择，对非官方主体所形成的奥运档案价值层级关注度偏低。这可能造成北京奥运档案遗产价值阐释的不完整，从而致使遗产价值实现不充分。

4.1.1.2 时间构成的价值层级

从2008年到2022年、从"梦幻五环"到"冰雪五环"、从《我和你》到《雪花》、从"水立方"到"冰立方"，"双奥之城"作为北京的"国际标识"，已融入北京城市文化肌理当中。2021年1月25日晚，习近平主席在与国际奥委会主席巴赫通电话时表示，"北京作为国际上唯一举办过夏季和冬季奥运会的'双奥城'，将为国际奥林匹克运动会作出独特贡

---

① 据项目课题组调研北京市档案馆资料整理所得。

② 徐拥军.加强北京奥运档案遗产管理与开发[N].中国档案报，2021-12-16（003）.

献"①。笔者认为，这种独特贡献不仅体现在"双奥"遗产、"双奥"档案的集聚效应，更在于北京践行奥运可持续发展理念记录并传承奥运会管理经验的现实效用。一方面，2022年冬奥会申办、筹办及举办均对2008年夏奥会档案所承载的办奥经验进行借鉴与参考，凸显了奥运档案的届际传承②价值，弥补了奥组委作为临时性机构的不足，确保了奥组委裁撤后其成功办奥的经验和规律得以留存并传递至下一届奥运会；另一方面，2008年夏奥会档案的届际传承价值的实现，正是对2008年夏奥会档案整体价值的唤醒、激活与延伸。鉴此，相关档案机构应将2008年夏奥会档案与2022年冬奥会档案视为同一重大活动来源的统一体，不可分散、不得混淆，以"双奥档案"诠释"双奥之城"魅力、见证"双奥之城"发展。

4.1.1.3 载体组成的价值层级

档案载体多样，但以文书档案为主。与日常业务活动相比，北京"双奥"作为我国重大活动事件，全过程、全方位、全天候的详细记录促使北京奥运档案以文书、照片、视频、实物、电子等多种多样的载体媒介得以留存。2008年夏奥会期间，曾有人发出"这些物品（奖杯、演出服等）怎么也是档案"的疑惑。然而，实物档案不仅是奥运历史的一种重要原始记录，更是北京奥运档案中的特色构成。据了解，2022年冬奥会期间，北京冬奥组委注重征集特色实物档案。一是冬奥会核心形象（如会徽、吉祥物、火炬、奖牌等）设计方案样本共10,970余件，二是冬奥会特许生产商制造的特许商品档案1,100余件，三是2018年平昌冬奥会闭幕式"北京8分钟"文艺演出的代表性服装、道具等，四是2020年跟随

① 习近平同国际奥委会主席巴赫通电话[EB/OL].（2021-01-25）[2022-09-14]. http://www. xinhuanet. com/2021/01/25/c_1127024215. htm.

② 王润斌，肖丽斌. 奥运档案的届际传承问题探析[J]. 兰台世界，2015（10）:55-56.

"嫦娥五号"探测器登上太空的会旗、吉祥物等14件经过公证的冬奥会展示品。①多种多样的实物档案征集，不仅打造了特点突出、独一无二的冬奥资源库，更是集合文书、音视频、电子、实物等各种载体，有助于实现北京"双奥"口语文化、读写文化、听觉文化、视觉文化与技术文化的多重交融。

4.1.2 北京奥运档案遗产价值多层级整合的重要性

北京奥运档案与其他重大活动档案相比，具有形成主体众多、形成时间跨度长、涉及内容广泛的特征。这种特征决定了北京奥运档案应在汇集多方形成主体智慧的基础上综合而成，还应注重档案内容构成上的完善统一以确保北京"双奥"记忆构建的完整与立体。

4.1.2.1 凸显"人文奥运"于北京奥运档案遗产价值的判断影响

中国的人文精神渊源于中华优秀传统文化，其核心内涵伴随时代发展和文化进步而不断创新与优化，以强大的生命力为解决人与自然、人与社会诸多方面的问题提供智慧，现已成为社会各方面的重点关注视域与导向。鉴此，中国在奥运史上首次提出了"人文奥运"理念,，即"普及奥林匹克精神，弘扬中华民族优秀文化，展现北京历史文化名城风貌和市民的良好精神风貌，推动中外文化的交流与融合，加深各国人民之间的了解、信任与友谊；突出'以人为本'，以运动员为中心，努力建设与奥运会相适应的自然、人文环境，提供优质服务；遵循奥林匹克宗旨，以举办奥运会为主线，开展丰富多彩的文化教育活动，丰富全体人民的精神文化生活、促进青少年的全面发展；以全国人民的广泛参与为

---

① 田雷. 探索"简约、安全、精彩"的北京冬奥组委档案工作新模式[J]. 中国档案，2022（1）:22-24.

基础，推进文化体育事业的繁荣发展，增强中华民族的凝聚力和自豪感"①。

2008年夏奥会"实践以人为本的内涵，就是要在筹备和举办奥运会的每一个环节中充分体现'参与奥运、得益奥运'的理念"②；2022年冬奥会将"人文奥运"理念延续，《北京2022年冬奥会和冬残奥会遗产战略计划》的目标之一即"惠及广大人民群众，实现奥林匹克运动与城市发展的双赢"③，在北京"双奥""申办—筹办—举办"全周期不断彰显公正、平等、民主、和谐的价值观。每个人都是奥运会的参与者、贡献者，应贯彻"共享办奥、开放办奥"的理念，实现北京奥运档案的全民在线、免费开发利用。④因此，在北京奥运档案的收集、整理、利用等环节应注重整合各形成主体的层级价值，体现各形成主体的价值选择，满足各形成主体的价值追求。例如，北京市档案馆于2022年2月21日通过接受捐赠、录制口述史两种方式，面向全社会广泛征集奥运档案资料，内容范围涉及历届奥运会、北京"双奥"和我国运动员、教练员等文字类、图像类、实物类及其他具有保存价值的奥运档案资料，以加强奥运档案资料的全面收集和保护。⑤

---

① 第29届奥林匹克运动会组织委员会. 北京奥运会残奥会重要文献汇编——北京奥组委奥运工作文献汇编（上）[M]. 北京：北京出版社，2010:51-52.

② 冯惠玲. 人文奥运：从理念阐释到实践推进[M]//冯惠玲，魏娜. 人文之光——人文奥运理念的深入诠释与伟大实践. 北京：中国人民大学出版社，2011:3.

③ 北京冬奥组委总体策划部. 北京2022年冬奥会和冬残奥会遗产战略计划[R/OL].（2019-02-19）[2022-09-21]. https://www. beijing2022. cn/a/20190219/009160. htm.

④ 徐拥军. 加强北京奥运档案遗产管理与开发[N]. 中国档案报，2021-12-16（003）.

⑤ 王晓辉. @所有人"北京—双奥之城"奥运档案资料征集中[EB/OL].（2022-02-25）[2022-11-09]. http://content-static. cctvnews. cctv. com/snow-book/index. html?item_id=17259713983560108828.

4.1.2.2 凸显"双奥之城"于北京奥运档案遗产价值的选择指引

人类社会是在不断发展、变换着的，奥运会筹办过程中体现的经济、文化、科技、体育等同样在社会发展中呈现动态性。这种动态不仅呈现为人类主体能动性催发的动态，还呈现出随自然时间流动而获得的自适应动态。可以说，正是这种与时俱进的发展动态性，使得奥林匹克运动赛事和文化，以及奥运举办城市获得长期发展的活力。作为"双奥"记忆重要载体的奥运档案，是宝贵的奥运遗产和档案资源，是奥林匹克文化、精神和价值观等无形遗产"本土化"显性呈现和"档案化"记录延续的结果。这种延续不仅是自然时间上的流动，更是体现了当下记录保存的相对静止、相对永恒，通过档案开发利用以达到在社会民众间从弥漫、共享到情感共鸣、集体认同的社会延续。

通过2008年夏奥会档案与2022年冬奥会档案的实体整合，实现2008年夏奥会档案与2022年冬奥会档案的遗产价值层级整合，对于促进奥林匹克运动可持续发展、北京乃至京津冀地区协同发展、档案事业创新发展，贯彻落实传播奥林匹克精神、讲好中国故事、构建人类命运共同体具有极其重要而深远的意义。例如，2018年8月9日，北京奥运博物馆举行"2018全球奥运藏品征集活动"，面向世界各国人士，广泛收集与奥运相关的具有珍藏意义的物品，包括申办、筹办北京"双奥"过程中形成的各类奥运实物、图片、文献材料、影像视频、电子文件等5,229件套。这些藏品不仅丰富了北京奥运博物馆馆藏，更以奥运的参与者和见证者身份，向世界展示中国的奥运精神和奥运激情，生动记录了中国追逐奥运梦想的百年历程。[①]北京奥运博物馆借助这些档案资源持续不断地释

---

① 田芯.共享奥运记忆，见证奥运征程——北京奥运博物馆"2018全球奥运藏品征集活动"圆满收官[EB/OL].（2019-08-23）[2022-09-14]. http://www. bjaybwg. com/pages/wbdt/20201105wbdtA20190823. html.

放奥运遗产效应，重新构建2008年夏奥会于2022年冬奥会的价值意义，充分诠释并发扬"奥运"精神和中华体育精神。

4.1.2.3 凸显"叙事载体"于北京奥运档案遗产价值的追求阐发

载体不仅改变了档案的叙事形式，也随之引起人们对档案认知的同步转型，产生了不同的档案现象，塑造了不同的档案文化。

北京奥运档案的遗产价值整合不仅意味着所有载体的北京奥运档案皆应收集齐全，还需确保对各类载体档案资源进行合理的开发利用，充分发挥其价值作用。档案载体跟随技术进步，呈现了"文字—照片—音视频—电子""模拟态—数字态—数据态""粗放式—精细化[①]"的发展过程，推动档案从线性组织的读写文化到以眼睛为工具的视觉文化再到口语文化、读写文化与视觉文化相交的叙事变迁。[②]目前，北京奥运档案借助媒介操作、数字技术等，将北京奥运文书档案、实物档案、多媒体档案、电子档案等开发成"实体+数字"展、纪录片、电视综艺等表现形式，以直观、生动、多维的感官形式推动构建北京"双奥"记忆。一方面，这有利于北京"双奥"遗产的"档案化"记录接近大众，促进奥运遗产成果共享与开放，尝试与大众文化（mass culture）的沟通与交往；另一方面，多载体融合催生北京奥运档案跨媒介叙事[③]，可有效推动档案载体在开发利用中的意义生产、表达与传递，实现北京奥运档案的遗产价值。

---

① 这里特指数据颗粒度。

② 杨光，奕宛. 记录媒介演进与档案历史叙事的变迁[J]. 档案学通讯，2019（4）:19-27.

③ 龙迪勇. "出位之思"与跨媒介叙事[J]. 文艺理论研究，2019，39（3）:184-196.

4.2 记忆构建下的北京奥运档案遗产价值整合

全面、整体阐释北京奥运档案的遗产价值对北京"双奥"记忆留存和奥林匹克运动的"本土化"发展具有重要意义。价值整合研究必须基于北京"双奥"的整体历史研究，统筹不同价值层级的选择与追求。这有助于解决北京奥运档案价值认知与实现、众多价值层级等涉及的复杂多元和不平衡发展的矛盾，促进北京奥运档案跨主体、跨周期、多载体的资源集成、共享利用，从而深度认知、挖掘、实现北京奥运档案的遗产价值。如若缺乏资源的整合，可能导致价值实现有所偏颇，不能反映北京"双奥"对整个社会建设发展的综合性作用。因此，本部分旨在分析"北京奥运档案资源"整合的目标与手段，以"资源整合"促进"遗产价值整合"。

4.2.1 确立"双奥记忆留存"+"全民共建共享"双重目标

基于遗产价值的整合实现，北京奥运档案资源整合要注重主体构成的全面性、时间跨度的连续性、多种载体的整合性，促使北京奥运档案成为能够充分体现以人为本、"双奥之城"、全景记忆等元素的档案集合。北京奥运档案资源建设整合从目标层面确立北京奥运档案遗产价值实现的两大目标：其一，充分发挥北京奥运档案的记忆功能，串联"中国—世界"在奥林匹克运动精神追寻中构建的"共同记忆"，为我国乃至全世界留存独一无二的中国"双奥"记忆；其二，充分发挥北京奥运档案的情感认同功能，通过多媒介叙事增强档案特有的"公信力"[①]，以

[①] 李晶伟. 档案情感价值的内涵与特征[J]. 北京档案，2018（11）:9-12.

强化民族情感、深化集体认同。

4.2.1.1 留存中国"双奥"记忆

尼日利亚国家档案馆馆长U.O.A.埃思曾指出:"一个没有档案的国家必然是一个没有记忆的国家,一个没有智慧没有身份的国家,一个患有记忆缺失绝症的国家。"[①]档案作为记忆资源,承载着各类记忆内容,参与社会记忆构建的重要社会职能。这表明北京奥运档案遗产价值实现不仅要牢牢树立"固本"理念,更应突破"北京"这一"双奥之城"的地域限制,扩充至整个中国的"双奥"记忆。例如,"双奥"场馆周边衍生的配套设施如酒店、非竞赛场馆的设计规划方案、工程图纸、基建数据等,以及国家队备战奥运参与集训的数据、照片、视频、实物等皆应纳入北京奥运档案之列。据实地查访,某个国家队冬奥训练基地的墙上挂有"一刻也不能停、一步也不能错、一天也不能耽误"和"自强不息、战胜自我、超越自我"的集训标语,与"更高、更快、更强、更团结"的奥林匹克格言所蕴含的精神内涵高度契合。这些"边缘化"的北京奥运档案能从侧面印证锐意进取、不断拼搏、不畏艰险、敢攀高峰的奥林匹克运动精神。然而,后冬奥时期,民众、媒体对场馆遗产的可持续利用均聚焦于竞赛场馆,在冬奥备战背后提供支持和保障的非竞赛场馆则"无人问津"。[②]如若长时间"置之不理",国家当初出资打造的"世界级"场馆、设备及其形成的档案将付诸东流,沦为奥运"垃圾场",档案遗产价值实现就成了"无源之水"。

鉴此,我国应树立"总体奥运档案观",全面记录各地域、各主体、

---

① U. O. A. 埃思. 档案学:国家和文化传统,还是一门国际学科[C]//国家档案局,中央档案馆. 第十三届国际档案大会文件报告集. 北京:中国档案出版社,1997:209.

② 据课题组2022年8月19日至21日前往河北省保定市涞源县、张家口市崇礼区、承德市围场满族蒙古族自治县实地调研整理所得。

各阶段的各项活动过程，构建弘扬的中华优秀传统文化与现代文化、奥林匹克文化相融合的文化记忆，国内外组织和个人对2008年夏奥会和2022年冬奥会的报道、评价等社会舆论形成的社会记忆，筹办中城市各项事业发展、基础设施建设、城市景观设计留存的城市记忆，并极大丰富国际奥林匹克运动记忆。

4.2.1.2 全民共建共享

北京"双奥"，是每一个中国人的盛会，给中华民族留下了珍贵的物质财富和美好的集体记忆。这些财富和记忆由档案铭刻、记载、传承，泽及后世。北京奥运档案整理职责不应仅限于奥运主办地，其他输送运动员、提供训练场地、为筹奥贡献力量的地区所在档案机构也应积极主动收集、征集各类与奥运相关的档案，尽可能补充、完善、丰富北京奥运档案的内容。《档案法》赋予了各级综合档案馆向机关、团体、企事业单位和其他组织收集档案的神圣职权，确保各机关、团体、企事业单位和其他组织业务活动得以真实、完整记录和留存。然而，收集民间团体或个人形成的档案不具有法律强制性，档案馆只得以征集的方式弥补档案资源。北京奥运档案资源体系建设应遵循"人文奥运""共享办奥""开放办奥"等理念，秉承全面性、针对性、多样性、真实性、完整性、可用性原则，坚持官方和非官方形成档案并重，北京奥运档案资源由全民共建共享。例如，2022年冬奥会期间，秦皇岛市档案馆具有较强的大局观与社会责任感，尽管作为非主办城市，但仍早介入、勤指导、广征集，提前制定好冬奥档案资料征集范围并发布《关于征集2022年北京冬奥会档案资料的通告》。该馆通过主动联系、紧密跟踪等多种方式，征集了冬奥冠军徐梦桃、齐广璞在秦训练照片，冬奥官员及志愿者工作证，志愿服务日志等1,200件档案，为收集好、留存好北京奥运档案资源作出了应有的贡献。①

4.2.2 搭建"联动共享型"北京奥运档案资源体系

北京奥运档案遗产价值的实现不仅要确保各层级价值的整合，更要确保奥运会申办、筹办、举办、后奥运时代各个时期内涉奥的各类组织、机构和个人产生的档案资源保存好、传承好。奥运有形遗产会随时间流逝而损耗、腐朽，奥运无形遗产会随人们遗忘而消亡、毁灭。由此，注重北京奥运档案的整合管护格外必要。与1984年洛杉矶奥运会"The LA84 Foundation"项目和2012年伦敦奥运会的"The Olympic and Paralympics Record"②（以下简称"The record"）项目相类似，北京奥运档案需要整合各处分散资源，搭建"联动共享型"北京奥运档案资源体系。为激发北京奥运档案资源所蕴含的潜在价值，笔者设计"联动共享型"北京奥运档案资源体系框架（图4-1），以促进北京奥运档案资源整合和内容共享共建。

---

① 郑国凡. 秦皇岛市档案馆征集冬奥（冬残奥）档案千余件[J]. 档案天地，2022（6）:6.

② 该项目由英国国家档案馆（The National Archives, TNA）、MLA联合文化、媒体与体育部（Department of Culture, Media and Sport, DCMS）共同规划，旨在留存奥运档案作为奥运遗产的一部分，为未来奥组委保存文献记录提供新标准。项目官方网站为"http://www.nationalarchives.gov.uk/olympics/"。

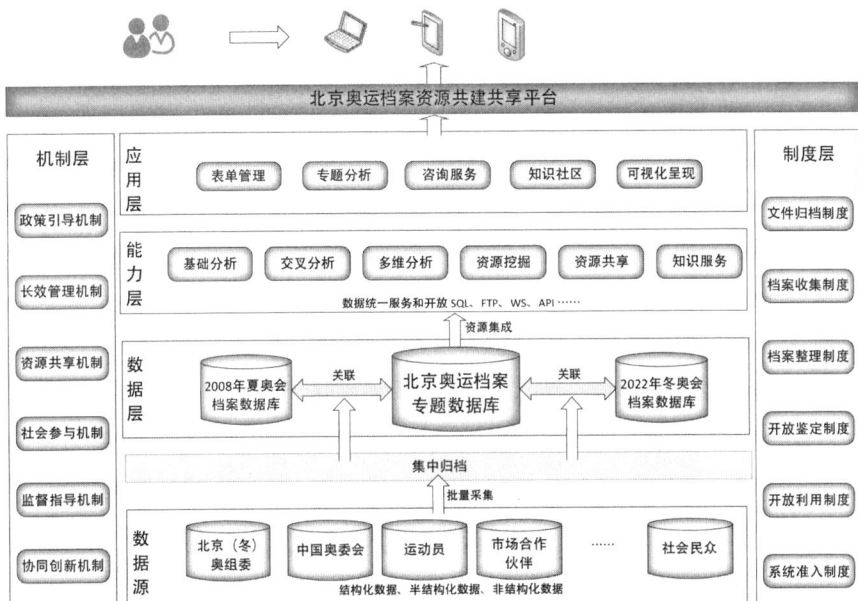

图4-1　"联动共享型"北京奥运档案资源体系建设框架

4.2.2.1 资源层：多维度整合

资源层，主要指图4-1中"数据源+数据层"这一部分内容，内含主体、时间、载体等3个维度的整合情况。

形成主体上，从"全民奥运"角度，加强对非官方尤其是个人的奥运档案收集，"以增强民众的参与感、获得感、认同感和归属感"①。例如，2022年冬奥会期间，北京市朝阳区档案馆启动了"担当·成就——致敬双奥朝阳追梦人"主题的2022年口述历史采集工作。此项工作邀请了典范人物、榜样人物口述亲历、亲见、亲闻的"双奥之城"新北京、新朝阳和新时代的发展大事件，并利用采集到的口述史料制作《口述朝阳》系列纪录片，通过个人的微观叙事补充北京"双奥"记忆，讲好"后

---

① 徐拥军. 加强北京奥运档案遗产管理与开发[N]. 中国档案报，2021-12-16（003）.

奥运时代"的朝阳故事。[①]鉴此,北京市档案部门应吸取2008年夏奥会档案收集不全面的教训,大力征集此前未列入档案征集范围的冬奥市场合作伙伴、民间团体组织和普通民众形成的冬奥档案,有针对性地征集相关"日记、照片、文艺作品、学术成果、口述史和实物档案"[②],尤其要关注社交媒体如微博、微信公众号、抖音等平台发布的内容信息征集。

时间周期上,从"双奥记忆"角度,融合2008年夏奥会档案与2022年冬奥会档案资源,以全面反映我国14年来体育、经济、文化、科技等各项事业取得的瞩目成就。整合2008年夏奥会与2022年冬奥会档案资源,切实将"双奥"档案在北京市发展规划与京津冀区域一体化协调中得以联系与整合,穿越"自然时间"以达成"社会时间"上的整合,进而打造独一无二的"双奥之城",形成绝无仅有的"奥运记忆"。

载体形式上,从"叙事载体"角度,注重发挥北京奥运档案文字、照片、音视频、电子、实物及其他载体档案对奥运叙事的价值意义。不仅要注重奥运实物档案的特色收集,更要实现北京奥运档案管理数字转型,增强数字管护。以构建"共建共享"的北京奥运档案专题数据库为核心,实现奥运档案全面收集、集中管理和长久保存,从而发挥其在奥林匹克文化培育、办奥知识传承、北京"双奥"故事讲述等方面的突出作用。

4.2.2.2 能力层:多功能实现

能力层,主要涉及数据分析、数据共享、知识服务等能力建设。

数据分析能力,是北京奥运档案资源"联动共享"的基础能力。在掌握北京奥运档案资源来源、类型、内容、格式和特性的基础上,强调

---

① 梁璐. 北京市朝阳区档案馆启动奥运主题口述历史采集工作[N]. 中国档案报, 2022-05-07(002).

② 徐拥军. 加强北京奥运档案遗产管理与开发[N]. 中国档案报, 2021-12-16(003).

北京奥运档案数据资源基于某一主题（如运动员、运动项目、奥林匹克文化等）的挖掘、抽取、关联，从而达到基础分析、交叉分析、多维分析等多种深度浅度、时间空间的综合分析效果。以"北京冬奥组委信息与知识管理平台（IKM）"为例，目前仅能提供搜索、浏览等简单功能，并不支持不同类别数据的多样化交叉分析，不利于奥林匹克运动、赛事文化、奥运遗产等知识发现与学术研究。

数据共享能力，主要针对系统及其用户间的数据共享。首先，管理系统互操作。这主要针对各个藏有北京奥运档案的档案馆内部数据库跨平台整合的架构技术和理念，强调突破北京奥运档案数据异构性、保管分散化的困境。"整合平台层技术主要有SOA、Web Services和中间件技术，"[1]着重解决不同数据库中北京奥运档案资源异构现象，促使不同独立的数据库系统之间的软件模块交互，实现不同奥运利益相关方之间奥运资源共享。其次，构建用户生态。这主要指调查了解包括国际奥委会、北京奥运城市发展促进中心、社会组织、学校、新闻媒体、运动员、志愿者和社会民众等奥运利益相关方与北京奥运档案专题数据库系统用户，对北京奥运档案的信息需求及系统功能需求。同时，注重不同类别用户的颗粒度、边界、优先级等，强调北京奥运档案资源对不同需求主体的支持，生成用户画像。通过系统自动甄别用户，即可实现用户利用奥运档案资源的广度和深度。

知识服务能力，强调对北京奥运档案资源中蕴藏的大量知识进行资源整合、按需提取、服务民众的能力。目前，北京奥运档案多倾向于对体育赛事领域发挥辅助决策、服务筹办、传承经验等作用，而较少覆盖至经济、文化、科技、环境、城市建设与区域发展等非体育赛事领域，

① 王上铭.专题档案资源库建设研究[D].南京:南京大学，2015:107.

忽视了北京奥运档案的潜在价值。例如，在区域发展方面，2022年冬奥会双城联办可为推动京津冀区域协同发展提供抓手，推动两地政策制度创新、协同治理创新、体制机制创新，以交通、环境、医疗等行业为先行试点。这些具体经验、做法皆转化为北京奥运档案，分主题、有计划地凝结其中智慧，可为全面实施京津冀协同发展战略乃至其他区域协调创新发展起到引领作用。

4.2.2.3 应用层：多样化展示

应用层，主要指北京奥运档案资源经奥运档案数据分析、共享、服务功能后面向用户的多样化展示，主要基于可视化技术呈现。

应用层主要包括表单管理、专题分析、咨询服务、知识社区等，能够实现北京奥运档案资源分析、知识提取的可视化呈现。例如，"表单管理"可提取涉及北京"双奥"的某些关键性数据进行可视化分析，如各国奖牌数量、运动员性别比例、赛事运动成绩记录等体育赛事数据，或"奥运蓝""3亿人上冰雪"等奥运遗产治理过程性数据，可全景还原整个奥运会及其各项奥运遗产的建设过程；再如，"专题分析"则是用于北京奥运档案数字化编研，可提取奥林匹克历史与文化、"双奥"人物、运动员数据等进行专题研究，深度挖掘北京奥运档案的遗产价值，服务体育赛事和非体育领域事业建设发展。多种应用形式最终构成了北京奥运档案资源共建共享平台，满足跨部门、跨主体、跨地域的档案上传、获取与调用需求，支持计算机、平板、手机等多个常用终端服务器使用。这不仅有效解决北京奥运档案时空分散的难题，也便于民众参与"我的双奥记忆"互动平台建设，推动社会多方主体参与北京"双奥记忆"建构。

4.2.2.4 机制层：多方面调节

机制层旨在为涉及"联动共享型"北京奥运档案资源体系搭建提供

保障。主要包括政策引导机制、长效管理机制、协同创新机制、资源共享机制、社会参与机制与监督指导机制。政策引导机制，强调北京奥运档案资源体系建设要与国际国内的奥运遗产政策、"奥运会知识转让"项目要求、《主办城市合同》以及档案行业政策接轨，强化各层级、各行业政策在北京奥运档案资源体系建设行动中的导向作用。长效管理机制，强调北京奥运档案遗产价值的实现要贯穿于奥运全周期，并延伸至后奥运时代。以2022年冬奥会为例，由于北京冬奥组委的临时性机构性质，其在运营过程中所管理的"北京2022年冬奥会和冬残奥会组织委员会网站"（www.beijing2022.cn）和"信息与知识管理（IKM）平台"（www.education.beijing2022.cn），随着机构与人员的解散也已经停止服务。这些网站中含有的冰雪运动知识、政策文件、新闻资讯、音视频等资料随着网站运营关闭而无从查找。普通民众获取奥林匹克运动知识渠道相对变窄。因此，相关机构应建立一种长效管理机制，尤其是搭建和完善"联动共享型"北京奥运档案资源体系，要维持北京奥运档案的生命活力，确保北京奥运档案资源的可持续开发与利用，并引导此项工作由长效化管理向常态化治理转变。协同创新机制，包括机构协同与业务协同，重点在于确认北京奥运档案资源体系搭建、运作及各类功能、应用实现的合理性。资源共享机制，强调各类北京奥运档案资源的整合与集成，互通有无。社会参与机制，全民参与筹办奥运①意味着北京奥运档案资源体系也应由全民参与共建，并通过北京奥运档案资源体系建设转化为"全民共享共学共治"，扩大北京奥运档案的价值效应。监督指导机制，考虑到《档案法》设置专章对档案"监督检查"提出了更新更高要求。而北京奥运档案资源体系建设是涉及多主体、多部门、多地域联动的复

---

①　鲁晨曦. 我国奥运会无形文化遗产的传承与创新[D]. 济南:山东师范大学，2016:16.

杂体系，档案部门应强化对其专业的监督检查与业务指导。

4.2.2.5 制度层：多节点保障

制度层旨在对"联动共享型"北京奥运档案资源体系搭建予以规范。北京奥运档案的跨时间、跨地域、跨系统、多主体、多平台、多载体等特性，决定其资源建设是一个系统性工程，在制度层面必须借助一个总体性的框架提供体系化的制度规划与指引。从2008年夏奥会至2022年冬奥会，北京奥运档案管理的相关制度规范逐渐完善与成熟。但还存在多领域制度有待协调、制度效力层级较低、非官方机构（如非国有企业、社会组织）和个人（如运动员、志愿者、普通民众）档案征集制度亟待制定、奥运档案开放鉴定制度规范涉及较少等多个问题。鉴此，围绕北京奥运档案管理业务流程的主要环节、关键节点，应设计并制定包括但不限于北京奥运文件归档制度、北京奥运档案收集制度、北京奥运档案整理制度、北京奥运档案开放鉴定制度、北京奥运档案开发利用制度和数据库系统准入制度。首先，制度层决定了北京奥运档案资源建设体系要配套相应的权限管理。针对来访用户，确定该保密的保密，该开放的开放，一来保障北京奥运档案开放与保密的有机统一，二来推动北京奥运档案的集成共享。其次，制度层的保障也促使北京奥运档案资源建设走向管理规范化，促进北京奥运档案资源集成共享。

4.3 构建北京"双奥""记忆之场"

"联动共享型"北京奥运档案资源体系的搭建促进了北京奥运档案遗产价值层级的充分整合，其价值由此得以进一步发挥与实现。鉴于档案与记忆的天然联系，本部分从皮埃尔·诺拉（Pierre Nora）的"记忆之场"（lieux de mémoire）理论入手，探讨档案记忆观与记忆之场的联系，综合"记忆之场"实体、象征、功能三大维度构建北京"双奥""记忆之场"，提出北京奥运档案遗产价值实现之道。

4.3.1 档案记忆观与记忆之场

档案记忆观，是20世纪末兴起的档案学新观点[①]，"强调档案是一种社会记忆、集体记忆，或者说承载了社会记忆、集体记忆，具有记忆属性和记忆（资源）价值"[②]。记忆之场由诺拉提出，"由场所（lieux）和记忆（mémoire）两个词构成，是一个包含了具体的空间地理位置与主观的个人情感与内在体验的综合体"[③]。诺拉认为，"记忆之场诞生并维系于这样一种意识：自发的记忆不再存在，应该创建档案……记忆的内在体验越是薄弱，它就越是需要外部支撑和存在的有形标志物，这一存在唯有通过这些标志物才能继续"[④]。两个理论的核心观点均表达了档案与记忆关系的密切性。这说明档案不仅是记忆的重要组成部分，也是参与记忆构建的重要且不可替代的要素之一；而记忆跨越时空的存续不仅需要档案支撑，也被留存的档案不断形塑着。这种形塑依不同的档案形成者、不同的档案形成时间、不同的档案内容、不同的档案载体、不同的档案管理与开发方式等构建不同的记忆，又依不同的档案利用者产生不

---

① 丁华东，档案记忆观的兴起及其理论影响[J]. 档案管理，2009（1）:16-20.

② 徐拥军，闫静. 档案记忆观与北京奥运文献遗产保护[N]. 中国档案报，2019-07-25（003）.

③ 黄诗娴. 台北"记忆之场"的媒介建构：以外省族群题材电影为例[J]. 现代中国文化与文学，2020（1）:45-58.

④ 皮埃尔·诺拉. 记忆之场——法国国民意识的文化社会史[M]. 黄艳红，等，译. 南京:南京大学出版社，2020:12-14.

同的回忆，导致档案所构建的"历史记忆"与"历史事实"之间永远隔着一条无法跨越的鸿沟。同时，"历史事实"在穿越时间的过程中，历经每一个"当下"都会被重新赋予新的时代意义，与"过去"原本的含义或渐行渐远，或不断叠加，或愈加强调。意义被不断削弱、增添、放大，记忆也随之被不断修正、重塑、复现，正所谓"历久弥新"，而这些都构成了流动的"记忆之场"的一部分。

正因为档案所参与构建的"记忆之场"是流动的、不断变化着的，方可凸显北京奥运档案遗产价值各层级整合的重要性。一者，档案记录层面再次印证了奥林匹克运动作为"动态文化"的本质体现。"它在不断地适应社会的变化，不断地进行自我否定、自我改良和自我更新，而每一次的更新都代表着人类对奥林匹克运动、对体育的认知的转变。"①这是我国与世界同进步、共发展、不断相融的结果。二者，从不同形成主体、内容结构上丰富北京"双奥""记忆之场"作为实在的、象征性的和功能性的场所，确保北京"双奥"每经时间洗礼的过程中，对于现代奥林匹克运动、中国各项事业发展的意义均能历久弥新、泽及后世。

4.3.2 北京"双奥""记忆之场"的内容生产

现实语境中档案价值的实现往往受到空间与时间的考验，在北京"双奥""记忆之场"的构建过程中，北京奥运档案遗产价值将如何打破地理意义的间隔、如何跨越时间的河流，促进北京"双奥"记忆生产。本部分以"记忆之场"的实体维、象征维、功能维三大维度予以阐释与分析。

---

① 徐子齐，孙葆丽，董小燕. 北京2022年冬奥会赛事理念从申办到筹办嬗变探究[J].
体育文化导刊，2018（6）:25-29.

4.3.2.1 实体维：北京奥运档案的展示之所

实体性在于，"记忆之场"是一个名副其实的场所。诺拉认为，"记忆场所存在的根本理由是让时间停滞，是暂时停止遗忘，是让事物的状态固定下来，让死者不朽，让无形的东西有形化"①。基于实体维度，北京"双奥""记忆之场"或是档案馆、博物馆、文化馆等保存奥运档案资源的文化事业机构，或是鸟巢、水立方、国家速滑馆、高山滑雪中心等实际发生过"双奥"竞技比赛、产生过"双奥"记忆的奥运场馆。但比较来看，文化事业机构，除了奥林匹克博物馆外，档案馆、文化馆、图书馆还存有大量除奥运之外的其他文献资源，并无专指意义；而奥运场馆或奥林匹克博物馆因奥运而建、为奥运而用，是奥运遗产的重要组成部分，承载着中华优秀传统文化基因和奥林匹克运动赛事记忆，更具针对性。奥运记忆于奥运场馆或奥林匹克博物馆而生，更易于在奥运场馆或奥林匹克博物馆传承与建构。以2022年冬奥会场馆为例，具有"中国风格"的奥运场馆"冰丝带""雪游龙""雪如意""雪飞燕"等能够促使社会民众产生文化共鸣，中国体育代表团又在这些场馆创造了9金4银2铜的冬奥历史最佳成绩。由此产生的"文化创意""冠军效应"促使奥运场馆成为新的"网红打卡地"。游客到奥运场馆，总会触景生情，不自觉回想在此诞生的奥运冠军以及当时自己在赛场之外的激动之情。李圣鑫认为，"对于场馆来说，讲好奖牌背后的故事，对场馆的赛后利用、无形资产的开发大有裨益"②。因此，实体维度上，奥运场馆或奥林匹克博物馆作为北京奥运档案的展示之所，涵盖了连场所本身都具有记忆构建的

---

① 皮埃尔·诺拉. 记忆之场——法国国民意识的文化社会史[M]. 黄艳红，等，译. 南京：南京大学出版社，2020:24.

② 赵雪. 专家解读冬奥场馆赛后利用：讲好奖牌背后的故事非常重要[N/OL].（2022-06-26）[2022-10-30]. https://www.bjnews.com.cn/detail/1656214399168407.html.

意味，双重构建更有助于民众回忆北京"双奥"的点滴。

不过，经笔者实地调研发现，我国奥运场馆内部展览陈设缺少具有"中国特色"的奥运人文内涵。例如，我国开幕式旗手高亭宇在国家速滑馆勇夺速度滑冰项目500米金牌，引发全国轰动；该馆应用的二氧化碳跨临界直冷制冰系统助力冬奥实现"碳中和"，超高速4K摄影机"猎豹"也大放异彩。我国冬奥场馆本可以这些"高光时刻"为背景讲述运动健儿、冬奥精神、冰雪项目、建筑文化、冰雪科技的冬奥故事，传播奥林匹克精神、文化、科技等无形遗产，引起民众对奥运精神、国之大器的强烈感慨，增强民众与奥运档案的交互性，深化集体认同感。然而，馆内却仅设置了历届奥运会的图标、海报、徽章、火炬展，冬奥遗产可持续发展的展示牌，以及速滑馆的建设材料样本等。其中，建设材料样本仅作展示之用，其介绍过于简洁，无法凸显国家速滑馆的建造难度和科技高度；其他展示又均未突出北京冬奥精神、场馆特色或北京"双奥"的发展性、连续性。场馆文化标志物不确定、"标记"不深刻、趣味性不高，导致民众难以引发情感共鸣，参与度较低。奥运场馆或奥林匹克博物馆作为实体性"记忆之场"，应进一步挖掘、实现北京奥运档案的遗产价值。

4.3.2.2 象征维：北京"双奥"记忆的叙事之源

象征性在于，"通过某个时间或某个仅有少数人体验过的经验而描绘了大多数人的特征"[①]。利用"少数人"的经验描绘"大多数人"，这其中必然有一个共同的环境、共同的身份、共同的情感链条将此串联，从

---

① 皮埃尔·诺拉. 记忆之场——法国国民意识的文化社会史[M]. 黄艳红，等，译. 南京：南京大学出版社，2020:23.

而形成"共情参与"①，在人与人之间发展了情感联系；而将"少数人"的情感扩散至"大多数人"，这其中也必然有一个弥漫性、共享性、拓扑性的中间媒介作为支撑。阿莱达·阿斯曼（Aleida Assmann）认为，"与身体或地点之中感性的、具体化的记忆相反，档案远离身体和地点，因此是抽象的和普遍的"②。可见，档案将随时间不断流逝的记忆、历史固化，是支撑记忆延续、历史延展的重要媒介。然而，不仅仅是档案，档案的开发利用作品如汇编、文化展览、电影、纪录片、电视节目、文学作品等均是根据某一选定主题，通过在"档案真实"的基础上将馆藏档案隐含的、潜在的原始信息加以鉴别筛选、加工整序、编目汇纂，为社会民众提供文学性、艺术性、社会性、象征性特征兼具的"档案阐释"作品，从而满足档案利用者所需。

北京奥运档案及其开发利用作品对于北京"双奥"记忆的叙述作用亦是如此。以奥运纪录片为例，它既是记录北京"双奥"全过程的重要影像资料，也是档案叙述的重要作品类型之一。2008年夏奥会期间，我国奥运纪录片呈雨后春笋般发展，相继推出《永恒之火》《我们的奥林匹克》《奥运档案》《一个人的奥运记忆》《张艺谋的2008》《北京2022》等，总体呈现出"由英雄主义叙事向平民化叙述转变"、"从他者叙事向第一人称自述叙事转变"、"叙事内容打破赛事和赛场局限"以及"中华民族文化的彰显"的鲜明特点③。其中，《奥运档案》运用档案解密的创作方

① REGEHR C, DUFF W, ATON H, et al. "Human and records are entangled" :empathic engagement and emotional response in archives[J]. Archival Science, 2022, 22（4）:563-583.

② 阿莱达·阿斯曼. 回忆空间：文化记忆的形式和变迁[M]. 潘璐，译. 北京：北京大学出版社，2016:13.

③ 顾彬. 影像记忆中的体育精神呈现：2008年北京奥运题材纪录片研究[D]. 北京：北京体育大学，2017:50-51.

式，共涉及奥运会开闭幕式、火炬传递、奥运场馆修建、无障碍设施建设、残奥会等40个奥运小故事，通过综合运用特写镜头、当事人自述等手法，凸显奥运的人文精神。

然而，除电影与电视纪录片、展览、汇编之外，北京奥运档案的开发利用作品并不多见。每届奥运会闭幕之后，各主办城市都须将奥运档案收集齐全并移交至国际奥委会，通过TOK项目传递给下一届奥组委。[①]因此，每个主办城市的奥运档案管理与开发均以经验总结、知识传递等实用性目的为主，例如北京冬奥组委总体策划部发布《北京2022年冬奥会和冬残奥会业务领域运行计划（第二版）》（上、中、下）等[②]内部资料积累、总结并传承筹奥经验；却反而忽略了奥运档案面向社会的文化性传播、情感性传递功能。因此，针对北京奥运档案资源，通过构建象征维的"记忆之场"，对"少数人"经验、情感的象征性连接与扩散尚存缺陷，应注重北京奥运档案的社会性、人文性、持续性开发。

4.3.2.3 功能维：集体认同深化的情感之系

功能性在于，"记忆之场""担当了记忆的塑造和传承的职责"[③]。同时，诺拉还提出集体记忆引发的群体认同，是由"过往的情感整合而成"[④]的。无独有偶，于京东也认为，纪念馆、纪念碑、纪念物与纪念仪式一方面承载记忆、建构认同，但另一方面也重组并塑造了一种共同

---

① 王润斌，肖丽斌.奥运档案的届际传承问题探析[J].兰台世界，2015（10）:55-56.

② 笔者于2023年3月28日前往张家口市档案馆实地调研整理所得。

③ 皮埃尔·诺拉.记忆之场——法国国民意识的文化社会史[M].黄艳红，等，译.南京:南京大学出版社，2020:24.

④ 王玉珏，许佳欣.皮埃尔·诺拉"记忆之场"理论及其档案学思想[J].档案学研究，2021（3）:10-17.

的情感。①这均表明了记忆与情感之间关系密切，即共同的记忆产生并塑造了共通的情感，共通的情感整合并加深了共同的记忆，二者彼此互构，相互交织、相互影响。然而，这种记忆的承载与情感的维系却总是需要档案的支撑。弗朗索瓦·阿尔托格（François Hartog）认为，历史开始于记忆断裂之处，即开始于档案。②在连续的历史长河中，档案阐发的是一种断裂性。通过档案回想过去，则是以自己当下对档案的感知触发大脑中某种记忆寻根行为，"断裂"的朦胧感通过档案或档案叙述的连接而得以清晰，得以现实化当下。这种（记忆与情感的）清晰度究竟如何，则取决于档案内容结构是否全面、立体和系统，档案叙述是否真实、逻辑性有序和生动，以及档案"第五维度"③是否具有建构性、传递性、感知性特点。因此，北京奥运档案不仅延续着过去关于国家"全民参与奥运"的集体记忆，也担负着民族情感唤起的社会功能，生产着一种基于当下所处时代的情感体验。尽管奥运遗产在现实中无法覆盖至全国各个国民，但"共同参与、共同尽力、共同享有"④的"全民奥运"理念，促使民族情感扎根于奥林匹克运动会，其形成与共鸣是全体国民集体认同本能和自觉的结果。北京奥运档案作为民族情感的化身，档案参与构建的"双奥"记忆是对民族情感的表达与传递、集体认同的彰显与强化，可形塑中华民族全体成员从北京"双奥"记忆到民族情感再到集

---

① 于京东. 现代爱国主义的情感场域——基于"记忆之场"的研究[J]. 社会科学战线，2020（5）:131-139.

② HARTOG F. Régimes d'historicit: Présentisme et expériences du temps[M]. Paris:Edition du Seuil，2012:166.

③ 宋香蕾. 档案"第五维度"研究[D]. 北京：中国人民大学，2018:35.

④ 张砥，鲍南. 冰雪盛会的共享旋律[N]. 北京2022年冬奥会和冬残奥会官方会刊，2022-01-23（002-003）.

体认同的有效链接，强化中华民族认同，展现中华民族自信。

然而，就上述的"我们的奥运"双奥主题展，展品丰富、各类载体兼具，确实能够起到普及奥林匹克运动知识、感悟奥林匹克精神、见证国家体育发展的作用。然而，一个震动人心的奥运档案展馆，更需要一个具有"灵魂"的空间。单就参观者而言，该展览既缺乏北京"双奥"记忆娓娓道来、中国发展令人振奋的故事性、文学性、艺术性，也缺乏能够吸引民众参与、促使民众乐在其中的互动性、趣味性、科技性，缺少北京"双奥"叙事的"魂"。就目前而言，北京奥运档案的开发利用并不足以展现出其所蕴含的记忆和情感的功能性。杰罗姆·布鲁纳（Jerome Bruner）指出："论辩以真相说服我们，叙述以栩栩如生打动我们。"[1]因此，北京奥运档案的开发利用作品也应遵循"讲故事"的逻辑思路，进一步向数字化、策展化、艺术化转变，吸引民众参与、贴近民众生活。

4.3.3 北京"双奥""记忆之场"的作用过程与效果提升

北京"双奥""记忆之场"是实体维、象征维、功能维三维共同发生作用的记忆体。实体维的奥运场馆/奥林匹克博物馆，提供了可供空间布局与策划、感知与回忆的实体空间；象征维的北京奥运档案资源，提供了可供加工与开发、利用与展示的叙事资源；功能维的记忆与情感，则是由北京奥运档案资源经档案叙事开发而后生成，以强化集体认同。北京"双奥""记忆之场"历经"实体维—象征维—功能维"的三重叠加与逐渐深化、从物质到精神的二次进化与意义生产、从单点到多点的弥漫化与扩散化，构筑了奥运场馆/奥林匹克博物馆—北京奥运资源—记忆

---

① 赵毅衡. 广义叙述学[M]. 成都:四川大学出版社，2013:11.

与情感层层充盈的记忆体（图4-2）。于国民层而言，三维的构筑有助于实现最终的北京奥运档案遗产价值——构建"双奥"记忆、激发民族情感、深化集体认同。为促使北京"双奥""记忆之场"达到较好的作用效果，笔者根据现存问题提出以下对策。

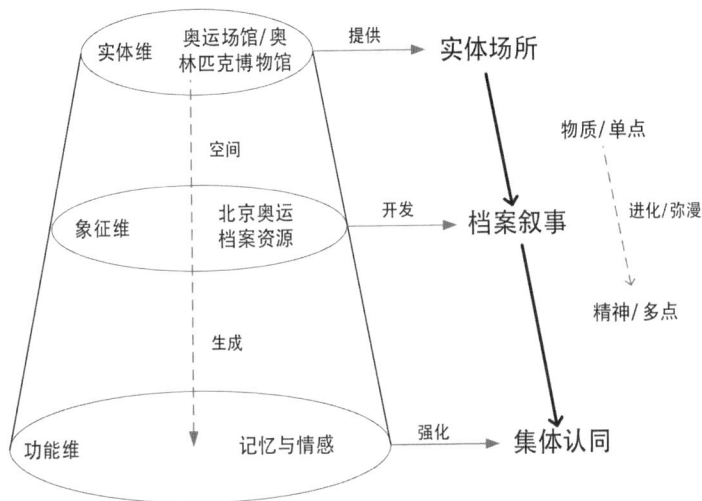

图4-2　北京"双奥""记忆之场"的作用过程

4.3.3.1 扩充实体维的"中国特色"人文内涵

首先，以北京"双奥"场馆本身为对象，以北京"双奥"场馆的城建档案为基础资源，一则开发拼装模型、艺术摆件、个性徽章等文创产品，将其蕴含的丰富深刻的中华优秀传统文化物质化、趣味化、资产化，让社会民众在与文创产品的交互中进一步认知、感悟中华优秀传统文化的智慧结晶，激活奥林匹克运动文化资产；二则积极尝试直播、短视频等新兴媒体传播形式，将奥林匹克运动文化、精神和构建人类命运共同体的理念，面向全世界广泛传播，展现国家形象和民族精神。

其次，充分依托赛区丰富的体育场馆和奥林匹克博物馆的文化设施资源，与北京市档案馆、国家体育总局、相关高校档案馆等进行公益性①合作，挖掘奥运人物、赛事项目、场馆建造的背后故事，将其视为冬奥文化、冬奥精神等无形遗产的空间承载体、文化展示馆和奥运教育基地。让奥运场馆有文化，并让文化"好玩"起来，持续丰富城市内可供市民参与的文化供给。例如，为传承奥运遗产，日本于2019年建成奥林匹克博物馆。该馆内设互动体验区，观众可以在此对标世界顶级运动员成绩，测试自己与世界冠军的能力差距；馆内还将1964年东京奥运会的场馆和历届奥运会的重要比赛以数字媒介的形式呈现给观众，与观众分享东京奥运记忆。②

4.3.3.2 注重象征维的社会性、人文性、持续性叙事

首先，注重北京奥运档案开发选材的社会性。社会性，即强调国家宏大叙事（如国家主要领导人的重要讲话、上情下达的重要政策性文件等）与民众微观叙事（如运动员、裁判员、志愿者、记者媒体、奥运收藏爱好者、一般民众等奥运记录）相结合。民众个人形成的北京奥运档案"牵涉对其他记忆的认识，它既是写作者与行动者的分离，也是个人言说和集体言说的合一，个人理性与国家理性的融合"③。民众个人叙事的加入，既能充分展示我国集中力量办大事的制度优势、从微观流露出"舍小家为大家"的集体主义和群体观念，也能体现出全民参与奥运推动全民健身的中国办奥特色。这种宏微观的结合有助于推动档案从单一与

---

① 在此强调公益性，避免与国际奥委会产生知识产权纠纷。原因在于：北京市档案馆保管的部分奥运档案，其知识产权归国际奥委会所有。按照《主办城市合同》规定，禁止各主办城市对国际奥委会享有知识产权的奥运档案开展商业性盈利活动，可进行非商业性活动便于奥林匹克文化宣传、奥林匹克知识教育普及等。

② 殷铄. 奥林匹克时刻中的艺术[N]. 中国美术报，2021-08-09（002）.

③ 皮埃尔·诺拉. 记忆之场——法国国民意识的文化社会史[M]. 黄艳红，等，译. 南京:南京大学出版社，2020:23.

线性的时间叙事到双重与系统性的"时间+空间"叙事、从"对历史发展规律的宏观审视"到"对日常社会生活的微观观察"、从"政治学逻辑"到"文化学逻辑"、从"主流与官方的话语权"到"主流与少数的综合性对话"①转移。这种转移促成了"少数人"相当于"多数人"。再次以日本奥林匹克博物馆为例。该馆利用了多类奥运实物档案展品来揭示2020年东京奥运会的办奥理念和背后故事。除奥运火炬、赛事颁奖照片等常规展品外，该馆内的迎宾墙上还布满了设计不一的奥运五环（图4-3）。据悉，每个奥运五环皆是由北海道和东京中小学生创作，既展示日本的"待客之道"（omotenashi），迎接来自世界各地的客人；又积极打造"全民参与"的传播格局，响应东京奥组委制定的"东京2020参与计划"②，提升奥运影响力。

图4-3　日本奥林匹克博物馆迎宾墙——"五环之墙"③

① 张斌，王露露. 档案参与历史记忆构建的空间叙事研究[J]. 档案与建设，2019（8）:11-15+40.

② 刘戈，陈建军. 东京奥组委：希望2020东京奥运会成为全民参与的盛会[EB/OL].（2017-06-22）[2022-11-03]. http://japan. people. com. cn/n1/2017/0622/c35421-29354917. html.

③ 图片来自日本奥林匹克博物馆官网（www. toyotomicorp. co. jp）。

其次，强调北京奥运档案利用的人文性。人文性，即一方面，关注以人为本，满足各类用户对北京奥运档案的利用需求；另一方面，倡行以文化为纲，将奥林匹克运动所蕴含的丰富的文化内涵与中华优秀传统文化相结合，通过北京奥运档案利用得以实现。基于前者，国外历届奥运会响应国际奥委会号召，在奥运档案利用方面取得了一些值得借鉴的实践经验。例如，温哥华市档案馆依托Archivematica软件保存了大量2010年温哥华冬奥会的数字馆藏资源，公众可以通过网络获取超过12,000张火炬接力的数码照片[①]，以回味当年奥运火炬传递的激动之情。再如，英国西约克郡档案服务处通过对馆藏中当地运动领域著名人物的档案整理和挖掘，塑造出很多"运动英雄"形象，激发了当地民众的体育热情，促进了当地体育事业的发展。鉴此，相关部门应创新奥运档案开发利用手段，依托"联动共享型"北京奥运档案资源体系，针对平台用户偏好推荐知识主题，通过社交媒体如微博、抖音、微信公众号等讲述"双奥"文化、奥运精神，或举办数字展览，吸引社会民众参与互动。同时，也要强调"数字排斥（Digital Exclusion, DE）"与"数字包容（Digital Inclusion, DI）"[②]，彰显体育参与的人文关怀与平等性。基于后者，可挖掘中国古代冰雪文化，通过展览、数字媒介等形式将"冰嬉大典"的冰雪运动与2022年冬奥会的竞技比赛项目联动，让处于不同时代的冰雪文化以档案为系在超时空中相遇，从而促使民众身临其境感受古代冰嬉盛典、感受2022年冬奥会对中华优秀传统文化的传承、激活北京市民冰雪运动记忆。

① 李思艺. 档案著录工具在数字记忆构建中的应用研究[J]. 档案与建设，2020（2）:4-8.

② JAMES I H. 'I'm fired up now!': digital cataloguing, community archives, and unintended opportunities for individual and archival digital inclusion[J]. Archival Science，2022，22（4）:521-538.

最后，固化时机意识。记忆作为中介变量，一方面通过"物质实体"、节日庆典来延续，另一方面也会被"集体情感"①强化。因此，在周年纪念、特定节日、专业节庆等特殊节点日期，或结合著名运动员、相关热点事件等可能构成时机的形式，持续推出富有特色和创意设计的北京奥运档案宣传、展览等互动式活动。通过集聚民众参与活动的收获感、快乐感来增强其对奥林匹克运动与奥运档案的持续关注度，强化构建北京"双奥记忆"。例如，2023年2月5日，2022年冬奥会成功举办一周年之际，由奥运城市发展促进会（以下简称北京奥促会）主办的"辉煌冬奥"主题展在国家速滑馆、首钢大跳台和首钢冰球馆、延庆区冬奥村三处冬奥场馆同步开幕。据悉，此次展览得到国际奥委会大力支持，洛桑奥林匹克博物馆从国际奥委会遗产资料库中精心挑选并向本次展览提供了156张不同主题的北京冬奥会图片和9段视频，为社会公众回顾北京冬奥会提供了一个非常珍贵和独特的国际化视角。②这也是北京奥促会与"双奥"场馆开展合作，服务场馆赛后利用的一次积极探索和尝试。

4.3.3.3 促进功能维的记忆阐发与情感共鸣

首先，融入策展思维，以"档案真实"回顾历史。一是将北京奥运档案融入对外开放的奥运场馆、奥林匹克森林公园、奥林匹克宣言广场、奥林匹克博物馆等公共空间，提升民众的可见性。二是邀请专业性策展人员参与北京奥运档案策展。北京奥运档案尤其是北京奥运实物档案（如奖牌、颁奖台、火炬、吉祥物、徽章等）等具有较强的直观性、

---

① 于京东. 现代爱国主义的情感场域——基于"记忆之场"的研究[J]. 社会科学战线，2020（5）:131-139.

② 国家速滑馆. "辉煌冬奥"主题展览开幕，来"冰丝带"重温冬奥记忆吧[EB/OL].（2023-02-05）[2023-04-24]. https://mp.weixin.qq.com/s/dz8qV61hYiJ6hjpz5QhB0A.

生动性。将北京奥运档案中的实物、文字、照片、音频、视频及其他档案文献形态等视为奥林匹克运动的记忆媒介，以一种有逻辑、有结构、可感知、可理解的安排，"向构成作品的形象维度的各种单位提供意义和价值"①。多种档案载体的交织，凸显北京奥运档案的多样性和北京"双奥"记忆建构的全面性、立体性。三是北京奥运档案的策展应秉持"档案相对真相、真理和真实的原则"，"考察其意义（象征意义）延伸和（符号赋予意义上的）变异"②，而并非将北京奥运档案随意分割、创造成一个"有意思"的艺术展览。否则，这不但无益于北京奥运档案遗产价值的实现，还损害了"档案真实"。

其次，引入艺术学方法，以档案艺术增强档案叙事的艺术化呈现。档案艺术由装置艺术演变而来，认为"通过不同的视角开发、利用不同的媒介操作手法（如选择、剪辑、涂抹、挪用、拼接、重组等），就能够呈现出自身对历史解读的特有的艺术表达"③。在北京奥运档案内容开发基础上，将"媒介操作"运用于北京奥运档案的载体开发，内涵丰富、寓意深刻。例如，2021年7月1日至8月15日，奥林匹克文化与遗产基金会和东京奥组委合作推出了有史以来第一个"奥林匹克集市"（Olympic Agora），即艺术、文化、创造力与奥运精神相融合、充满活力的公共空间。在此公共空间，"多媒体艺术团队时刻工厂"（Moment Factory）打造的互动装置《讲台上的记忆》（Podium Memories, 2020），是以解构的奥运领奖台为特色的原创灯光设置（图4-4）。当观众走进领奖台时，前

---

① 让-马利·弗洛克. 艺术创作如何陈述，如何陈述艺术创作——对约尔格·伊门多尔夫的神话学答复[M]//安娜·埃诺，安娜·贝雅埃. 视觉艺术符号学. 怀宇，译. 成都:四川大学出版社，2014:140.

② 屈婷. 朱青生：以"求真"的态度对待策展[J]. 艺术市场，2021（5）:20-21.

③ 张丹. 档案艺术的兴起、影响与启示[J]. 档案学通讯，2022（3）:21-29.

方显示屏会显现艺术家精心策划的奥运会档案图像、奥运海报和动态剪影，观众如同站在领奖台和运动员一起享受人生中的高光时刻，由此借助特殊的声音和图像一起传递奥运精神。奥运档案通过这种交互式、艺术化再开发、再创作，记忆与情感得以被传递、承继、扩散，"多数人"如同"少数人"一般身临其境，以共通的情感加强对彼此的认同。这也正是该艺术作品所传达的寓意：努力、团结、胜利。奥林匹克文化与遗产基金会主任安杰莉塔·泰奥（Angelita Teo）表示："通过这些创新的艺术、文化和教育项目及装置，我们可以传播奥林匹克运动的愿景，即通过庆祝体育如何将我们聚集在一起，建立一个更美好的世界。"[1]显然，艺术化叙事的添入，能够有效促进北京奥运档案摆脱单一化的历史叙事，通过情感共鸣延展叙事空间，利用"艺术修辞"揭示奥运档案隐藏的情感潜力，加强认同之感。

图4-4　档案艺术作品《讲台上的记忆》[2]

---

[1] IOC. The Olympic Foundation for Culture and Heritage creates the First "Olympic Agora" in Tokyo[EB/OL].（2020-01-30）[2022-11-03]. https://olympics.com/ioc/news/the-olympic-foundation-for-culture-and-heritage-creates-the-first-olympic-agora-in-tokyo.

[2] 图片来自数艺网（https://www. d-arts. cn/article/article_info/key/MTE5OTU0Mzk4OTOFuYFkr6mgcw. html）。

最后，拥抱数字人文理念，打造"在场感知"的智能场域。"数字人文是数字与人文的张力性结合与双向联动。"[①]作为一种理念、技术、工具，数字人文启示人们为实现北京奥运档案遗产价值，在秉承奥林匹克运动所倡导的人文关怀、人文气息基础上，应特别关注并重视数字化、数据化、可视化和AI等[②]数字人文技术的综合运用，将"死档案"转变为民众可感知、可触碰、可互动的"活信息"。譬如，利用"5G+XR"等数智化技术，以"元宇宙"逻辑打造虚实结合、高度拟真的互动式"双奥"记忆智能传播场域，以突破当前北京"双奥"记忆传播在展示层面上"人文缺失"和互动层面上"流于形式"的窘境，实现奥林匹克文化的传承与创新。2021年11月19日，《艺术里的奥林匹克》在中央广播电视总台央视奥林匹克频道播出。该节目在总台"5G+4K/8K+AI"战略引领下，"融入先进技术手段，以美培元、以体育人，共同为观众深度揭示奥林匹克力与美的文化与哲学内涵"[③]。节目组设计营造虚拟艺术馆，运用2D转3D、二维动画、3D建模以及专家解说等方式，解读2008年北京夏奥会开幕式上巨幅《画卷》的艺术设计，使之产生更加形象、逼真、生动的观感。2022年，中国人民大学"数字记忆跨学科交叉平台"标志性项目"北京记忆·双奥之城"数字展厅（www.olympic.bjjy.cn）开展。该数字展厅首次尝试"3D扫描+平面拍摄"技术，通过音频讲解、实境模拟、立体展现等多种形式让观众身临其境观赏北京奥运实物档案（如奥运火炬、吉祥物、火种灯、服装、丝巾、徽章等），构建了新的奥运知

① 徐拥军，等.北京奥运遗产传承研究[M].北京：中国人民大学出版社，2021:47.

② 李子林.记忆型数字人文参与模式研究——基于档案馆视角[D].北京：中国人民大学，2021:156.

③ 王庭戡.《艺术里的奥林匹克》：彰显力与美的文化内涵[N].光明日报，2022-02-16（015）.

识地图和展示平台，帮助公众全方位了解奥运历史。[①]除北京奥运档案外，该展厅还展示了历届奥运主办城市的地域分布和相关历史资料，通过数字技术回溯奥运历史、连接古今文明，造就奥林匹克运动文化认同的互动场域，以文化认同强化价值共识。

总之，北京奥运档案遗产价值的整合意味着强调北京"双奥"记忆构建的全面性、立体性与系统性；同时，也在记忆构建的过程中，逐渐实现、形塑自身的价值与意义，二者是不可分割的共生体。然而，无论是"联动共享型"北京奥运档案资源体系的建立，还是北京"双奥""记忆之场"的构建，都或多或少面临着不可回避、亟待解决的难题。如同工程繁复的奥林匹克运动会一般，北京奥运档案遗产价值的实现过程，也需要从满足社会需求全局出发，规制在统一的政策、标准框架之下，通过协同各相关业务部门并融入各学科思维与方法共同完成。如若说，针对国民层的北京奥运档案遗产价值实现过程，是一个个作用于某一群体或个人不断弥漫与扩散的记忆点，那么，针对国家层的，则应以各个行业、领域为辐射线，串联起社会各项事业的整体性建设发展。

---

① 冯惠玲，任瑾，陈怡. 北京"双奥"遗产的数字化保存与传播[J]. 图书情报知识，2022，39（3）:22-31.

第 5 章
北京奥运档案遗产价值辐射与跨界融合

北京奥运档案遗产价值的多维性，决定了北京奥运档案除对奥林匹克运动本身有用外，更是超越了奥林匹克运动，对社会、经济、文化、科技、环境、教育等社会各领域系统性地产生深远作用。各领域为线彼此交织，促使北京奥运档案遗产价值具有广泛的辐射空间。本部分探讨问题主要有三：第一，产生北京奥运档案遗产价值的空间辐射原因以及何为价值辐射；第二，跨界融合视角下北京奥运档案遗产价值辐射领域、行为、方式以及最终形成的拓扑网络结构；第三，依据遗产价值辐射形成的拓扑网络结构，构建"+北京奥运档案+"融合模式，促进北京奥运档案遗产价值更广范围的辐射。

5.1 北京奥运档案遗产价值的空间辐射

奥林匹克运动是以体育为载体的社会运动，立足于社会各层筹办，又回馈于社会各项事业发展。一项完整的奥运遗产规划、治理与传承工作仅仅依托单一的业务部门独自完成并不现实，整合社会多方优势资源和力量的统筹共建才是科学之举。北京"双奥"工作涉及哪里、奥运遗产治理到哪里，北京奥运档案就应该覆盖到哪里，并产生相应的价值。如果说，北京"双奥"工作所涉及的范围，是以北京"双奥"为中心形成的空间，那么，北京奥运档案就在这个空间内产生了价值辐射现象。表面上源于北京奥运档案资源的空间分布广泛，更深层意义上则源于

"使用价值辐射"而引发的价值增值现象。

5.1.1 源于北京奥运档案资源的空间分布广泛

2008年夏奥会，涉及主办城市北京和协办城市青岛、上海、沈阳、天津、香港、秦皇岛，"1+6"模式导致夏奥档案形成分散。据统计，北京市档案馆共接收、征集夏奥档案33.67万卷，其中，纸质档案25万卷，照片档案38.4万张，录音录像档案1.3万盘（张），电影胶卷79盘，各类信息系统数据、电子文件1TB，实物1.5万件，相关文献资料1万册，各国代表团赠送的礼品档案200余件等[①]；奥运场馆、市政配套设施的工程档案则移交至北京市城建档案馆；同时，国家体育总局、北京市各区档案馆、协办城市档案馆均有所保管。其中，北京市海淀区档案馆收藏2008年夏奥会档案共117万件；国家体育总局则是接收了部分2008年夏奥会档案的数字化副本约600兆。[②]

2022年冬奥会，"北京—延庆—张家口"双城三地联办，相较2008年夏奥会，其档案分布更为广泛。目前，2022年冬奥会的申办报告、主办城市合同、奥林匹克计划等档案已移交至国际奥委会。冬奥筹办、举办阶段形成的档案，北京市档案馆、河北省档案馆、张家口市档案馆以及各区县档案馆等已委派工作人员正在（预计截至2022年底）接收北京冬奥组委、张家口市冬奥办、竞赛场馆等形成的各类档案。北京冬奥组委规定了"8+2"家北京奥运实物档案接收单位，因此北京冬奥档案也分布在国家体育总局、北京市档案馆、张家口市档案馆、北京奥运城市发展促进中心（及下属北京奥运博物馆）、首都体育学院等10家单位中，还

---

① 笔者2022年1月6日前往北京市档案馆调研所得。

② 笔者于2022年9月29日和11月24日分别线下、线上调研北京市海淀区档案馆和国家体育总局整理所得。

有人民日报社、中央广播电视台、国家电网、中国石油安踏集团等多家媒体、赞助商，以及运动员、志愿者、体育爱好者、收藏者等。各单位具体接收、整理档案情况如表5-1所示。

表 5-1　2022 年冬奥会档案具体分布情况[①]

序号	保管机构	具体保管情况
1	北京市档案馆	共接收、整理近17万卷纸质档案、1.5万件实物、109万画幅数字化副本、近2.3万张数码照片、11.2T音视频档案；同时，向河北省和13家中央有关单位征集数字化副本和全目录数据资源。[②]
2	海淀区档案馆	涉及区委区政府关于2022年冬奥会的红头文件、会议记录、照片、会计档案等，以及五棵松体育场的建设、安保、餐饮、海报、培训课件、简报信息、人偶服等多类档案。
3	延庆区档案馆	已将53家涉冬奥单位档案接收进馆，文书档案（包含电子文件）17卷，4510余件，会计档案60卷，科技档案98卷，实物档案174件，数码照片16,751张，视频资料6,060段，电子档案总容量达990GB。[③]
4	河北省档案馆	已完成45家单位涉奥电子档案的移交接收工作，共接收文书档案电子目录1.7万条、数字化复制件19.6万幅、照片档案目录98条699张、录音录像档案107条[④]；完成河北省冬奥办秘书处、综合处、规划处、赛服处等7个处室2020—2021年度电子档案接收工作，共保管、整理文书档案5,234件、数字化副本60,136件、向民间征集入馆档案70件[⑤]。

---

① 表中未标注数据，是笔者于2022年9月至2023年4月间通过电话、问卷、线上、线下等方式对北京市档案馆、北京市海淀区档案馆、河北省档案馆、张家口市档案馆、北京冬奥组委、首都体育学院、国家体育总局等单位调研整理所得。

② 肖啸. 双奥之城 档案有我[N]. 中国档案报，2024-02-01（003）.

③ 刘建军. 延庆区档案部门多举措助力冬奥档案工作[J]. 北京档案，2022（5）:44.

④ 宋玉红. 河北"涉奥档案"数字资源实现在线移交管理[N]中国档案报，2022-12-22（001）.

⑤ 吕芳. 河北省档案馆（河北省方志办）圆满完成首批冬奥会冬残奥会档案接收工作[J]. 档案天地，2022（9）:3-4.

序号	保管机构	具体保管情况
5	张家口市档案馆	目前，共接收申奥档案1,604件，50G视频资料，以及图书资料等。办奥档案，于2022年7月底已全部接收完成，包括近4万件（册）文书类（纸质、电子）、实物类和出版物类（纸质、电子），6万多张数码照片和500多个数字音视频①，以及其他会计类、合同类、电子图纸类等多种类型档案。
6	国家体育总局	于2022年底接收了部分冬奥档案的数字复制件。
7	首都体育学院	通过接收、征集、购买等方式保管奥运档案7,000余件，其中接收北京冬奥组委档案6,000多件、个人捐赠1,000余件。

5.1.2 源于"使用价值辐射"

北京奥运档案遗产价值的空间辐射，表面上是由于奥运遗产涉及广泛，但本质上则是由各类奥运遗产之间相互影响促使北京奥运档案"使用价值辐射"。卡尔·马克思（Karl Marx）的《资本论》（*Capital*）将价值问题与商品紧密相连，"在商品的交换关系或交换价值中表现出来的共同的东西，就是商品的价值"②。档案虽不是商品，但档案本身所蕴含的凭证和参考价值则有利于促进经济建设、文创开发、产权纠纷、科学研究等。③档案与工程、文化、科研等在"交换关系"中产生了经济效益。因此，档案在一定程度上具有经济学意义上所言的"价值"。之所以会产生"价值辐射"现象，主要原因在于筹办北京"双奥"所进行的全民运动、体育经济、环境保护、文体教育、科技研发、城市规划、区域协调等活动，而完整承载这些活动过程的北京奥运档案，其"使用价值"可以促进自身或带动周边地区进一步发展。"'使用价值'实际上就

---

① 马丽芳. 记录冬奥历史 留存冬奥遗产——张家口市档案馆冬奥会档案服务保障工作纪实[J]. 档案天地，2022（7）:6-9.

② 马克思. 资本论[M]. 姜晶花，张梅，编译. 北京：北京出版社，2007:3.

③ 孔博. 文化资本化与档案经济价值的思考[J]. 四川档案，2012（2）:15-17.

是表示物和人之间的关系，即物为人而存在。"①进一步分析，北京奥运档案中的科技档案、文化档案、基建档案、环境档案等可在今后的业务活动中继续为人的需要而存在。由此，北京奥运档案因"使用价值的辐射"而产生了"价值辐射"现象。例如，2000年悉尼奥运会认真总结了本届奥运会举办组织、市场开发、环境保护、安保系统等工作的成功经验，组建了专门的奥运知识咨询业，以500万澳元的价格出售给国际奥委会，为后续奥运会提供参考②，并从2004年希腊奥运会、2008年北京奥运会以及2012年伦敦奥运会中获取了巨大的经济效益。③

需要说明的是，价值辐射对北京奥运档案来讲，是一种价值增值，而非价值转移。"当某一物的价值'转移'出去后，它本身就不再具有价值了。"④而北京奥运档案则是可以促进其形成单位或带动周边地区进一步发展，即北京奥运档案可以将价值渗透到其形成单位或周边地区，但北京奥运档案本身依然具有价值，这是客观认定的事实，并不会因主观意志而消解。例如，为服务2008年夏残奥会筹办，南航大连分公司专门发布了一本长达20页的《导盲犬运输管理规定》，虽然是奥运期间仅有两个月有效期的暂行规定，但其直接推动了我国关于导盲犬的立法进程。⑤在2008年最新修订的《中华人民共和国残疾人保障法》的第五十八条中

---

① 杨松. 马克思主义实践观的视角："事实"何以推出"价值"[J]. 中国人民大学学报，2018（3）:71-78.

② 陈洁，徐拥军，郭若涵，等. 国外奥运档案管理的特点及启示[J]. 兰台世界，2020（1）:28-31.

③ 邵玉辉. 2008年北京奥运会无形遗产保护和开发研究[D]. 北京：北京体育大学，2011:75-76.

④ 张昆仑. 论"价值辐射"——对一种土地价值理论的思考[J]. 当代财经，2005（2）:12-19.

⑤ 王雨萌. 从北京到北京：赛场之外奥运的力量[J]. 三月风，2022（3）:16-23.

明确提出"盲人携带导盲犬出入公共场所，应当遵守国家有关规定"。2008年夏残奥会经验推动中国相关法律修订，并非意味着仅有两个月时限的《导盲犬运输管理规定》价值就此消失。其一，该规定作为我国首个专门针对"导盲犬"的实施规定，其对于中国残疾人事业发展的首要性、唯一性意义是客观存在的；其二，该规定不仅推动立法，它仍推动了无障碍环境建设、导盲犬运输条例规范、导盲犬标准建立、导盲犬培育与培训评估等与残疾人事业发展相关的多个方面。另外，2022年冬奥会赛事的《无障碍指南》《无障碍指南环境建设条例》等技术规范，推动《北京市无障碍环境建设条例》全面修订与出台，进一步提升城市无障碍环境建设标准化水平。

鉴此，北京奥运档案的遗产价值辐射是指，与北京"双奥"申办、筹办、举办乃至"后奥运时代"有关的业务活动的档案记录由于使用价值的外部扩散，促使这些业务活动或周边地区提升效益而产生的遗产价值增值现象。

5.2 跨界融合下的北京奥运档案遗产价值辐射

顾拜旦曾说过："无论是那些希望通过社会改良以维护长久的社会秩序的人，还是那些试图通过社会革命以新的社会秩序取而代之的人，都不约而同地将城市作为其活动舞台宣传中心。人们从四面八方涌向城市，希望从那里得到解决各类问题的方案。"[1]发展于近代城市的现代奥

---

① 国际皮埃尔·德·顾拜旦委员会. 奥林匹克主义：顾拜旦文选[M]. 邹丽，译. 北京：人民体育出版社，2008:138.

林匹克运动与城市之间相互影响、彼此推动，奥运举办与社会发展的融合俨然已经成为一种基于可持续发展目标形成的共生共赢关系。北京奥运档案不仅留存这一"双奥之城"的发展历史，更应积极参与城市建设，将北京"双奥"的办奥理念、组织的成功经验、开发的尖端技术、产生的文化艺术寓于其他非体育型重大活动开展、城市各项事业发展建设之中。崇尚"跨界融合"理念不仅有益于北京奥运遗产的可持续发展，更能助力实现北京奥运档案遗产价值。

5.2.1 跨界融合下北京奥运档案遗产价值的辐射领域

随着网络时代的快速发展，各行业、领域之间的知识渗透性、技术融合性、业务联动性越发增强，跨界融合理念逐渐兴盛，并在各领域、行业表现出较为普遍的适用性。"跨界"指跨越传统领域划分或产业分类意义上的"界"，实现资源共享；"融合"指在相互渗透中形成一个新的产业框架结构。跨界融合本质上体现了"异质性技术知识不断重复与整合的结果，具有多学科、多领域交叉融合的特征"[1]。此理念不仅可以运用于各类奥运遗产规划、治理、评估与传承，而且还能为北京奥运档案遗产价值实现提供正确的方向指引，从而进一步引发北京"双奥"效益的广泛辐射。北京市以《主办城市合同》为要求搭建了北京（冬）奥组委的工作架构，依托北京（冬）奥组委实现"跨界"（如体育部、新闻宣传部、工程和环境部、媒体运行部、安保部、交通部、文化活动部等多个部门组合）的对外吸收与扩散路径，在组织体系上明确了各部门工作应以合作交流、协同共进为要。同时，奥运筹办的不同时段、遗产治理

---

① 曹兴，许羿，李小娟，等. 新兴技术跨界融合的知识演变研究[J]. 湖南大学学报（社会科学版），2022，36（5）:56-65.

的不同类型推动了各个部门节点地位与节点间联系的变化，促进了以奥林匹克运动会为中心的空间延展。

经分析，基于对北京"双奥"申办、筹办、举办作用的不同，笔者将遗产价值辐射所覆盖的领域分为基础性、支持性、超越性3个维度。第一，基础性维度，是决定北京"双奥"成功申办、稳步筹办、顺利举办的关键保障领域。以提供后勤服务的多个后方保障单位为主，如交通、电信、电网、石油、气象、媒体、餐饮、物流、安保、医疗等。第二，支持性维度，是北京"双奥"得以高质量举办、各国运动员得以高水平竞赛的主要赞助来源。以众多市场合作伙伴为主，如伊利集团、安踏公司、盼盼食品、首钢集团等。第三，超越性维度，即超越奥林匹克运动，是北京"双奥"能够取得国际奥委会信任、服务国家战略发展、取得广大社会民众支持的系统、综合的奥林匹克愿景。以北京"双奥"遗产所涉及的领域为主，如体育、经济、社会、文化、环境、城市发展与区域发展等。后方保障单位的每一个服务过程，市场合作伙伴的每一项业务开展，北京"双奥"遗产的每一类治理行动，不仅是备战"双奥"，更是属于城市建设与区域协调发展的一部分，这些行为活动均会以档案形式完整记录在案。

5.2.2 跨界融合下北京奥运档案遗产价值的辐射行为

跨界融合实现了各类奥运遗产群间的聚集，是北京"双奥"遗产得以在奥运周期内提前规划、精准治理与利用评估的重要途径。经分析，跨界融合下北京奥运档案的遗产价值辐射具有以下3种行为。

第一，内生动力性。奥林匹克运动会是世界上规模最大的综合性运动会。一方面，奥林匹克运动会具有良好的宣示效应，因服务奥运筹办享受奥林匹克运动权益的加持，如可使用奥林匹克标志，提升自身企业形象、丰富企业文化建设，进而促进自身发展。例如，中国石油因筹办2022年冬奥会，专门成立了冬奥办，并开设"赋能冬奥、加油未来"[①]的新闻专栏，通过冬奥舞台向世界展示中国国有企业良好形象，丰富中国石油精神文化。另一方面，国际奥委会对主办城市的场馆建设、精神文明、社会环境等在内的奥运会"配套设施"要求规格较高。为了确保选举竞争力，主办城市在申办之初往往会承诺解决或改善城市的"疑难杂症"，以明确办奥对城市发展的有益性，如北京的"奥运蓝"、张家口脱贫攻坚、京津冀一体化建设等。这促使市场合作伙伴、后方保障单位在参与北京"双奥"筹办时，往往会形成一种倒逼机制。即在有限的时间内，北京（冬）奥组委及其相关部门应快速协调与合作、高质量规划与实施，逐一落实申奥承诺。这也直接促进该单位相关技术技能的快速提升。例如，为服务冬奥举办，昆仑数智和中国石油销售分公司利用图像识别、人机交互、大数据、云计算等技术共同研发了新标准加油机器人，确保整个加油流程安全高效、便捷顺畅。研发团队借助科技档案中积累的科研经验，不断精进科研技术，于2021年12月底，将加油机器人首次运用在了拉萨的中国石油机场高速加油站，实现高寒缺氧环境下的自动加油。[②]因此，内生动力性主要是指在"'奥运光环'+国际标准"的双重因子作用下，形成的北京奥运档案能够有效反馈于自身品牌建设，从而推动企业发展。

第二，时间持续性。北京奥运档案是北京"双奥""申办—筹办—举办"乃至后奥运时代"总结—评估—传承"全过程的智慧结晶，是我国组织重大活动的经验宝库。时间持续性主要针对重大活动组织、举办经

---

① 新闻专栏网址：http://news.cnpc.com.cn/cms_udf/2021/day0713/index.shtml。

② 赵双，何侃. 昆仑数智赋能精彩冬奥[N]. 中国石油报，2022-02-21（004）.

验的"中国智慧"的对外传承与延续，体现以人为本、集中力量办大事的"中国特色"。因此，时间持续性主要是指，随着时间发展，以往形成的北京奥运档案能为我国将来举办其他（非）体育型重大活动及其档案管理工作提供重要的方案借鉴与实践参考。例如，2008年夏奥会创建的"奥运会传染病网络监测系统"（BOG-IDSS），后又应用于北京市的重大公共卫生事件防控工作中，尤其在2009年甲型H1N1流感疫情发生期间和2009年"中华人民共和国成立60周年"庆典活动期间的防控传染病方面发挥了重要作用。[①]再如，2008年夏奥会档案工作经验也在北京市多口支援四川省什邡市地震灾区重建、上海世博会等非体育型重大活动中得到推广。[②]2022年冬奥会所运用的数字孪生、建筑模型信息化（Building Information Modeling，BIM）等新型技术也已开始在北京城市副中心的一些大型公共建筑和枢纽型建筑中推广并逐步应用。在绿色环保领域，北京正加快燃料电池商用车技术、绿电技术、跨临界二氧化碳制冰技术的推广普及。[③]"双奥"成果以北京奥运档案为系，逐渐得到进一步推广，为全国重大活动举办、重大项目工程开展作出了新贡献、提供了新动能。

第三，空间延展性。奥林匹克运动会虽然设立了主办城市，但地域空间不应该成为其精神交流、文化传播与遗产传承的壁垒。空间与时间是相互融合、相互协同的。充分释放北京"双奥""红利"，鼓励北京奥运档案突破地理局限，以各领域、各行业为牵引，在不同城市、区域间发挥作用，扩大奥运遗产效益的空间辐射力度，在全国范围内留下积极影响才是奥林匹克运动可持续发展的重要意义所在。奥林匹克教育方

---

① WEIZHONG Y. Early warning for infectious disease outbreak: theory and practice[M]. Salt Lake City:Academic Press, 2017: 129.

② 第29届北京奥运会档案工作[J]. 中国档案，2011（7）:22-23.

③ 王昊男. 科技赋能，一起向未来[N]. 人民日报海外版，2022-02-24（010）.

面，新成立的北京国际奥林匹克学院以青少年奥林匹克教育为中心，强调德育与体育教学相结合，将北京奥运实物档案、图书、音视频等文献遗产融入课堂教学；深入北京市200所奥林匹克教育示范学校和200所冰雪运动示范校，举办活动1,000余场，受众约10万人；奥林匹克宣讲活动遍布全国20个省市。[①]将北京奥运档案中蕴含的奥林匹克文化、精神等以宣讲、授课的方式向青少年广泛传播，有助于促使奥林匹克价值观深入人心。冬奥标准推广方面，在筹办2022年冬奥会过程中，为推动雪上运动场馆高质量建设提供规范指引，北京冬奥组委组织多名专家推出首部京津冀协同标准《绿色雪上运动场馆评价标准》（DB11/T 1606—2018），填补了国际该类标准空白。[②]为了传承北京冬奥遗产、冬奥经验，2022年7月19日，清华大学、清华同衡规划设计研究院等单位，以冬奥标准为参考，联合开展《绿色雪上运动场馆评价标准》的国家标准编制工作，进一步推动冬奥标准面向全国乃至全世界共享。[③]从"冬奥标准—京津冀协同标准—国家标准"，这一路线完美诠释了"实现冬奥遗产利用效益最大化"[④]的"中国之诺"。无障碍设施方面，同样正在撰写北京2022年冬奥会和冬残奥会无障碍的"中国方案"，总结展示冬奥场馆无障碍建设

---

① 笔者于2022年11月10日前往首都体育学院调研整理所得。

② 季嘉东，王集旻，卢星吉."中国标准"保障冬奥场馆高质量建设[N]. 经济参考报，2022-01-24（008）.

③ 同衡快讯|国家标准《绿色雪上运动场馆评价标准》编制组成立暨第一次工作会议顺利召开[EB/OL].（2022-07-22）[2022-11-12]. https://m.thepaper.cn/baijiahao_19134270.

④ 习近平. 在北京冬奥会、冬残奥会总结表彰大会上的讲话[N]. 人民日报，2022-04-09（002）.

成果，为推动整个国家无障碍环境建设提供示范参考。[①]从夏奥到冬奥，不只是残障运动员，更是所有残障人士，在"共享、开放"的办奥理念下均得到了更广泛的便利。疫情防控方面，我国冬奥防疫经验向社会面疫情防控推广，《新型冠状病毒肺炎诊疗方案（试行第九版）》即在借鉴、参考《防疫手册》的基础之上编制而成。[②]经历冬奥实践检验的防疫举措将有助于全方位保障国民安全。

5.2.3 跨界融合下北京奥运档案遗产价值的辐射方式

一般来讲，价值辐射具有四种方式：（1）正辐射，即A促进B发展；（2）负辐射，即A阻碍B发展；（3）价值的相互辐射，即A与B相互促进；（4）价值的虚拟辐射，即A在规划、设想、未成型的阶段就已促进B发展。[③]就北京奥运档案的遗产价值而言，仅存在"正辐射"和"价值的相互辐射"两种方式。一是奥运遗产中各项个体"相互影响、相互作用，（整体是）呈正相关关系的有机体"[④]，由此产生的北京奥运档案遗产价值不会存在"负辐射"方式；二是北京奥运档案的遗产价值辐射源自其"媒介性"，在其"资源性"之后，这表明已记录完成相应的活动轨迹形成了北京奥运档案，因此不会出现"价值的虚拟辐射"方式。

"正辐射"，不言自明，是北京奥运档案遗产价值产生增值的关键基

① 厉苒苒."北京树立了标杆"冬残奥会带动无障碍环境建设[N]. 新民晚报，2022-03-07（014）.

② 白杰戈. 冬奥防疫经验将适用于社会面疫情防控[EB/OL].（2022-04-13）[2022-12-02]. http://china.cnr.cn/gdgg/20220413/t20220413_525794645.shtml.

③ 张昆仑. 论"价值辐射"——对一种土地价值理论的思考[J]. 当代财经，2005（2）:12-19.

④ 徐拥军，张丹，闫静. 奥运遗产理论的构建：原则、方法和内涵[J]. 成都体育学院学报，2021，47（2）:16-21.

础。没有辐射，自不会有增值现象发生。而"价值的相互辐射"，当以北京奥运档案留下的记录为经验参考、知识推广、文化传播时，自会留下参考、推广、传播时的记录，再次以档案形式承载，是对档案内容的丰富与拓新，具有价值意义。而拓新后的档案内容又会反馈企业或周边地区，形成二者不断互促共进的正向螺旋。例如，2022年冬奥会期间，安踏公司为冬奥技术官员、志愿者、运动员等提供赛时制服装备，自主研发了两大面料科技——"炽热科技""防水透湿科技"。[①]随后，安踏公司以冬奥科技"向上赞助赛事、向下普惠大众"为目标，将研发经验、科技成果记录在案。一是为继续备战2026年米兰冬奥会做参考，安踏公司与国家体育总局冬季运动管理中心联合制定发布《国家队羽绒服新标准》，"确立基于国家队运动员冬季训练需求而研发的高品质防寒保暖装备技术标杆"[②]，为建设体育强国提供科技保障。二是将冬奥同款科技投放于市场，惠及广大社会民众，推动群众体育事业发展，再次推动提升企业自身效益。冬奥赋能安踏成长，安踏助力体育强国建设，北京奥运档案成为其中的"见证者"和"助推器"。由此，北京奥运档案的遗产价值的"正辐射"寓于"价值的相互辐射"内涵之中，并可通过"价值的相互辐射"构建不断向四周延伸的拓扑网络结构。

5.2.4 跨界融合下北京奥运档案遗产价值辐射的拓扑网络结构

正因为北京奥运档案具有"遗产价值的相互辐射"，才促使其基础

---

① 北京2022年冬奥会和冬残奥会组织委员会，北京体育大学. 北京2022年冬奥会和冬残奥会遗产案例报告（2022）[R/OL]. [2022-11-12]. https://library.olympics.com/Default/digital-viewer/c-1568409.

② 杨虞波罗，高雷. 全力备战2026年冬奥会 体育总局冬运中心发布《国家队羽绒服新标准》[EB/OL].（2022-11-08）[2022-11-12]. http://ent.people.com.cn/n1/2022/1108/c1012-32561311.html.

性、支持性与超越性三个维度所引发的价值辐射行为并非呈现单一性，而是多种行为交织①，形成了"不断向四周延伸的拓扑网络结构"。

以国家电网为例。首先，作为2022年冬奥会电力输送的后方保障单位，国家电网创建了张北柔性直流电网工程，实现了冬奥场馆100%绿电供应，为助力2022年冬奥会"碳中和"作出了突出贡献，与国家发展战略相吻合。其次，国家电网通过服务冬奥研发新型技术，创造了12项世界第一。研发过程中，国家电网形成的科技档案、申请的专利等，通过内生动力性价值辐射行为引领能源科技创新，直接推动经济效益提升。再次，2022年冬奥会闭幕并不意味着张北柔性直流电网工程的停滞。其科技档案的开发利用，通过空间延展性价值辐射行为更有助于我国生态文明建设，对环境、装备制造业等领域产生了深远影响。据悉，该工程绿色、环保、节约，"每年可向北京地区输送清洁电量约225亿千瓦时，大约相当于北京市年用电量的十分之一，每年减排二氧化碳2,040万吨"②，是宝贵的北京冬奥遗产之一，惠及广大人民群众。最后，内生动力性与空间延展性辐射行为的双重作用，形成了以国家电网服务2022年冬奥会筹办为中心的拓扑网络结构。但这不仅是"拓扑网络结构"的具体表征，也是奥运遗产（奥运体育遗产、奥运经济遗产、奥运科技遗产与奥运环境遗产）的深层联结。由此，冬奥举办周期内形成的"冰雪运动—冬奥场馆—能源科技—环境治理"的连带发展链条，以及以此链条为主轴带动的冰雪运动场馆建设规范、城市环境治理能力提升、生态发展建设等一系列辐射价值行为的产生，体现了北京奥运档案对未来多项

---

① 这里指，某一维度产生的北京奥运档案，通过其遗产价值的相互辐射，既可能产生一种行为，也可能产生两种甚至三种复合行为。

② 薛园. 国网经研院打造世界上首个柔直电网，创新"中国技术名片"，"长风起张北，绿电送京畿"[N]. 新华每日电讯，2020-11-04（007）.

领域的遗产价值辐射延伸。

5.3 构建 "+ 北京奥运档案 +" 的融合模式

　　鉴于北京奥运档案遗产价值辐射维度、行为与方式交错的复杂性、系统性，为促进北京奥运档案遗产价值对各领域、各行业的充分实现，本书尝试构建"+北京奥运档案+"的融合模式（图5-1），以梳理、分析、归纳这一复杂系统的运作机理，从而在北京奥运档案的遗产价值辐射中凸显"中国办奥特色"，进一步指明我国奥运遗产的赛后开发利用方向。

　　"+北京奥运档案+"，本质上是北京"双奥"遗产+北京奥运档案+各行业、领域的结合体，是以北京奥运档案为桥梁，推动北京"双奥"组织经验、奥运遗产长久而广泛惠及民众生活、城市建设、国家发展乃至全球治理。一方面，该模式既要确保北京"双奥"这一重大活动的组织经验、遗产、智慧、成果通过档案向其他重大活动、非奥运领域与行业推广与传播；另一方面，以凸显"中国办奥特色"为指引，促进各类奥运遗产在规划、治理与评估中通过档案相互联系，基础性、支持性与超越性三个维度共促共进、彼此渗透、联动拓新、交融发展，形成特有的遗产价值辐射现象，深化北京奥运档案在社会各个领域的纽带与支撑作用，促进北京"双奥"经验、成果与效益辐射至全国乃至世界，彰显"中国智慧"、"中国方案"和"中国实践"。

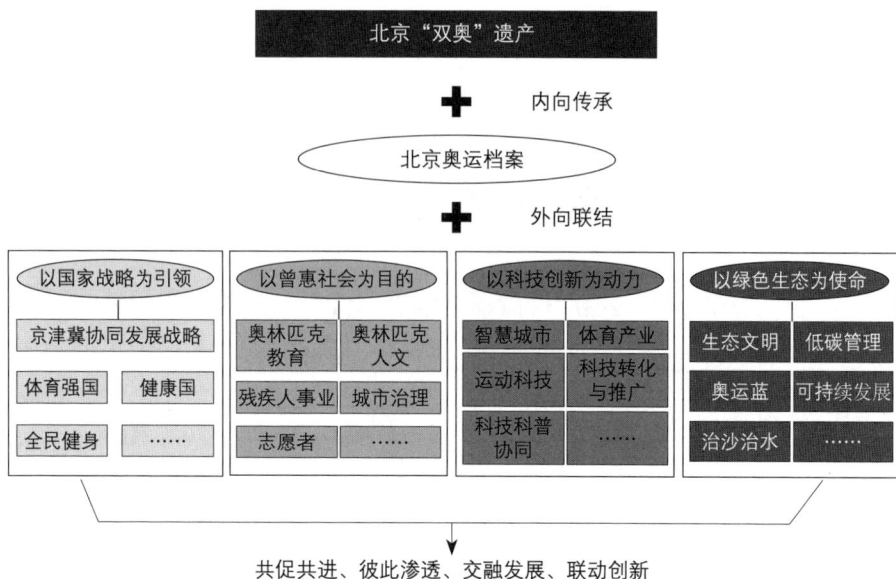

图5-1　　"+北京奥运档案+"融合模式

5.3.1 内向传承：以档案为载体传承遗产

北京奥运档案与奥运遗产密切联结。奥运遗产的多领域、多行业发展与变换，可以多视角、纵深化和动态性延伸档案自身的价值维度，赋予档案新的时代性内涵。因此，从内向传承的角度讲，奥运遗产需要借助奥运档案长久保存、广泛传承与对外传播，而奥运档案价值发挥几何，还要取决于对奥运档案的认知角度与开发力度。

5.3.1.1 加强北京奥运档案的实用性功能转化

着眼于北京奥运档案遗产价值的辐射视角，全面收集北京奥运档案的目的不仅是留存我国"双奥"记忆，更是为了北京奥运档案在国家层面的遗产价值辐射。在国民层中，北京奥运档案的遗产价值更多表现出了记忆、情感、认同等虚拟性、抽象性功能，更多塑造了一种基于奥林匹克主义的人文情怀与情感关切；在国家层中，北京奥运档案的内向传承，应更多向知识、经验、模式、数据等实用性、经济性功能转化，通过各领域、各行业之间的跨界融合，促进彼此的业务流程优化、科技创新应用、市场营销推广等效能提升，以达到更深入、更广泛的价值增值。当然，这里并不能完全排除北京奥运档案情感、文化等虚拟方面的功用性，原因在于文化建设、文化交流、员工情感关怀与认同既是某些单位的主要业务，也是提升管理效能的关键之一。例如，国家体育总局就曾参考2008年夏奥会档案中的申奥经验、赛事组织等信息，开展体育文化交流国际活动。[①]

5.3.1.2 强化北京奥运档案对非奥运领域的作用发挥

总体而言，与涉及广泛的7大类北京冬奥遗产愿景（体育、社会、经济、文化、环境、区域发展、城市发展）相比，北京奥运档案则更偏向于体育赛事筹办领域中的历史记载、决策辅助、筹办服务、经验传承等，如何在非奥运领域生根发芽仍是难题。北京奥运档案遗产价值的充分实现，单纯依靠档案机构力量并不现实，反哺各领域、行业自身发展还需要各个档案形成单位配合，整合多方优势资源和力量协同共建才是科学之举。鉴于北京"双奥"遗产的复杂性、系统性，应采用"治理"思维，通过北京奥运档案形成机构、保管机构之间以协商、合作、参与等方式进行多元协同共治[②]，实现他们的共同目标——推动北京"双奥"遗产可持续发展，打造奥林匹克运动与社会民众、城市和区域共赢发展的"中国样板"。例如，澳大利亚将2000年悉尼奥运会视作品牌产业，推出了"澳大利亚品牌"计划，并成立悉尼商务中心。该中心与国内

---

① 笔者于2022年11月24日线上调研国家体育总局整理所得。

② 嘎拉森，徐拥军. 档案治理体系的构成要素与实现路径[J]. 档案学通讯，2022（6）:61-69.

外10,000多家会员合作推出了旅游、建筑、科技、教育等方面的项目，创造了上亿澳元的出口和投资效益。[①]再如，1984年洛杉矶奥运会的宝贵遗产之一——LA84 foundation，是洛杉矶奥运会物质遗产、组织遗产与文化遗产的集合，也是洛杉矶其他遗产保护工作的领袖力量。[②]它们的顺利运转体现了目标明确、独立自治、多元发展与有机合作的鲜明特点，对于更好地发挥北京奥运档案在非奥运领域的作用具有较强的启示意义。

5.3.2 外向联结：以档案为维系彼此交织

国际奥委会发布的《遗产战略方针》主要体现了奥运遗产话语建构的3个特征，一是重视本地奥运遗产愿景，奥运遗产内容规划的灵活性；二是重视多重影响方式和领域，奥运遗产内容规划的广泛性；三是重视奥运遗产可持续发展，奥运遗产内容规划的持久性。[③]主办地奥运遗产因灵活而广泛、因广泛而持久，决定了奥运遗产之间相互促进、彼此渗透，继而决定了其形成的奥运档案彼此联结，并广泛外延。从外向联结的角度讲，历经"双奥"，北京奥运档案遗产价值辐射应超越奥林匹克运动，形成不断向外延伸的拓扑网络结构。

5.3.2.1 以国家战略为引领，共促共进

举办奥运会是双向选择的过程，北京"双奥"的成功申办、筹办与

---

① 邵玉辉. 2008年北京奥运会无形遗产保护和开发研究[D]. 北京：北京体育大学，2011:76.

② 冯亚男，孙葆丽. 1984年奥运遗产LA84的存续与奥运之城洛杉矶的受益——兼论对北京-张家口2022年冬奥会的启示[C]//第十一届全国体育科学大会论文摘要汇编. 2019:6554-6556.

③ 胡孝乾，陈姝姝，KENYON J. 国际奥委会《遗产战略方针》框架下的奥运遗产愿景与治理[J]. 上海体育学院学报，2019，43（1）:36-42.

举办，是双向选择下的战略契合。以北京"双奥"为抓手，通过多主体参与、多业态融合、全方位融通等手段，以体教融合、体医结合、文旅融合、产教协同、科技推广、低碳可持续等为立足点，加快建设体育强国、健康中国，实现全民健身，加强生态文明建设，深入推动京张体育文化旅游带建设以促进京津冀协同发展。将奥运战略作为促进国家发展的催化剂，形成奥林匹克运动与城市良性互动发展的"中国特色"。因此，北京奥运档案遗产价值的实现，要以服务国家战略实施为引领，为国际奥林匹克运动贡献"北京智慧"。

然而，体育强国不仅需要提升体育竞技水平，更需要体育科学研究的高质量发展。经调研，我国奥林匹克科学研究亟须常态化、深入化。通过检询各种科学文献数据库，笔者发现我国关于北京奥运档案的研究呈明显的周期性特点，即围绕4年一次的奥运周期，或与奥运相关的周年纪念展开，尚缺少与之直接相关的刊物。究其主要原因，在于奥林匹克运动历史较为悠久，所关涉领域广泛且复杂，而2008年夏奥会档案利用较为封闭，普通学者无法利用奥运档案开展相关深入研究。档案机构自身没有力量开展研究，一座办奥知识"富矿"亟待挖掘。为扭转奥林匹克科学研究困境，北京国际奥林匹克学院将结合首都体育学院现有机构资源进行协同管理，一方面，全面集成"双奥城市"奥运档案和筹办资料等奥运遗产，接收奥林匹克知识管理系统，将其融入教育与科研中；另一方面，探索学科交叉融合、科研协同创新体制，构建奥林匹克核心教育项目（OVEP）课程体系，填补国内奥林匹克教育教材、课程体系等方面的空白，形成奥林匹克理论、管理、人文与体育产业"多维一体"的体系性教育框架。[①]通过聚焦奥林匹克运动、人文、科技内涵发展，

---

① 笔者于2022年11月10日前往首都体育学院调研整理所得。

助力体育强国、健康中国等战略实施。

5.3.2.2 以普惠民众为目的，彼此渗透

"一届成功的奥运会始于如何推动地方和区域发展目标的实现，并惠及广大群众。"[①]无论是2008年夏奥会的"人文奥运"理念，还是2022年冬奥会的"共享未来"的遗产愿景，均体现了社会民众对人理、事理、物理的美好发展希冀。作为奥运遗产的记录载体，北京奥运档案应该超越奥林匹克运动，随奥运遗产扩展到体育、经济、社会、文化、环境、城市发展、区域发展等多维遗产上。鉴此，应着眼于北京奥运档案与城市发展的互动关系上，将北京奥运档案遗产价值实现与城市精细化治理能力提升和京津冀区域协调发展视为"共生"关系的统一体。

以LA84 foundation为例。它既立足于主办城市本身，从过去、现在与未来的长历史角度，看待奥运城市与奥林匹克运动的关系以及奥运城市应具备的战略与责任；也从奥运赛事之外，即城市公民权利、城市公民发展的人性角度，在青少年体育、社会公平正义、全民参与体育运动、奥林匹克文化国际传播等方面弘扬奥林匹克运动主义。[②]再如，英国"The Record"项目集成了2012年伦敦奥运会周期内开展的丰富的体育和文化活动记录，包括体育、文化、历史、学习、社区、媒体、遗产和商业8个选项，涉及领域广泛，为不同职业、身份的社会民众利用伦敦奥运档案提供了极大的便利。[③]据悉，"在2019年5月，项目网站一周内的

① 徐拥军，张丹.奥林匹克运动"新标杆"——2022年北京冬奥会成功举办的经验与启示[J].前线，2022（5）:49-52.

② 冯亚男，孙葆丽.1984年奥运遗产LA84的存续与奥运之城洛杉矶的受益——兼论对北京—张家口2022年冬奥会的启示[C]//第十一届全国体育科学大会论文摘要汇编.2019:6554-6556.

③ 陈洁.大型体育赛事档案管理策略研究[D].北京：中国人民大学，2020:43.

日均访问电脑数量（IP）达到15,200次，将同一台电脑多次浏览的数量（PV）加入的访问量达到日均66,880次"[①]。

　　就中国而言，北京冬奥会期间开放的IKM平台随冬奥周期结束而关闭，导致冬奥档案无从开发利用，冬奥知识无从普及传承，严重阻碍冬奥遗产的可持续发展。据悉，IKM平台系统目前已由首都体育学院接管。为凸显"双奥之城"于北京的标志性意义，进一步传承北京"双奥"遗产，首都体育学院应积极借鉴LA84 foundation与"The Record"项目，同北京市档案馆、张家口市档案馆等档案机构合作，以北京奥运档案为资源基础，集成"双奥"筹办知识于IKM平台并重新向公众开放。平台建设应与城市各项事业规划与区域协调发展相融合，以基础性、动力性与超越性辐射维度为线，注重对主办城市及民众福祉的关注，注重奥运会赛事之外奥林匹克教育、残疾人、电网、交通、安保、医疗、基建等事业发展水平的提升。从中提炼出重大活动组织、城市规划、区域协调发展、生态环境治理、科学技术创新与应用、青少年教育、残疾人事业发展、跨文化交流等各个领域的北京经验[②]为各领域、行业建设发展所用，以体育为手段促进城市/区域治理向城市/区域"善治"的转变[③]，促使北京成为集奥林匹克运动文化、经济、教育等各领域为一体的"双奥之城"。基于奥运城市而言，北京奥运档案开发利用应注重凸显奥林匹克运动、奥运遗产、奥林匹克文化、体育正义于社会民众的意义，进而充实城市空间的奥林匹克人文内涵。

---

① 林玲，郑宇萌. 奥运会遗产的数字化收集整理与利用——以伦敦奥运会数字化档案为例[J]. 湖北体育科技，2019，38（1）:664-669+678.

② 徐拥军，陈洁. 北京奥运档案管理的对策建议[J]. 北京档案,2020（7）:27-29.

③ 徐拥军，张丹. 北京奥运档案管理的"中国模式"[J]. 图书情报知识，2022（3）:32-40.

5.3.2.3 以科技创新为动力，交融发展

"科技"始终是助力北京"双奥"成功举办的重要支撑和始终保障。回顾整个"双奥"周期，在2008年夏奥会"科技奥运"理念的指导下，北京奥组委与中国网通等企业，合作开发"奥运呼叫中心""奥运会VIP网""奥运城市通"等便民服务产品，为2008年夏奥会提供了较为先进成熟的通信保障技术；2022年冬奥会，从二氧化碳跨临界直冷制冰到100%绿电供应，从时速350公里的智能化高铁到生态修复工程，冬奥会实现"碳中和"目标始终离不开科技创新的加持。"双奥"科技贯穿于交通、通信、电力、安保、气候、医疗、餐饮等各个与社会民众生活息息相关的领域，若能通过北京奥运档案所记载的知识、技术、经验、方案、专利进一步标准化、规范化面向社会推广，也必定能够推动智慧城市规划建设。据了解，2022年冬奥会场馆"鸟巢"方案之一的"石墨烯柔性热管理技术"已应用在北京15号线地铁的座椅上，并很快应用到新能源汽车或北方省份的轨道客运部门。[①]

此外，《奥林匹克2020+5议程》[②]指出，"数字技术是一种强大的工具，让我们能够更直接地与人们交流，并推广奥林匹克价值观"。为充分贯彻该议程精神，应强化奥林匹克数字化战略发展。一方面，注重科技创新与科学普及协同化。2022年9月4日，中共中央办公厅、国务院办公厅印发《关于新时代进一步加强科学技术普及工作的意见》，提出要

---

① 孙乐琪. 鸟巢飞出"暖科技"[N]. 北京日报，2023-02-09（012）.

② IOC. Olympic Agenda 2020+5[R/OL]. [2022-11-24]. https://library.olympics.com/Default/digital-viewer/c-472511.

"坚持把科学普及放在与科技创新同等重要的位置"[①]。北京奥运档案中的"科学技术"是我国某些科技领域的集大成者，展现了我国的科技"底气"。因此，相关部门应依托科技馆、高校、科研院所、中小学、企业、社会组织团体等，共同构建社会化奥运科普的行动路线。大力挖掘北京奥运档案中蕴含的科技知识，通过宣讲、展览、社交媒体等方式面向公众提供通俗化的奥林匹克和竞技体育知识服务，激发社会民众对各类奥运科技的兴趣，为科技创新人才培养奠定基础。另一方面，鼓励"虚拟体育"发展。通过"北京奥运档案+电子竞技"的形式，将奥林匹克运动中蕴含的无形遗产如公平正义、追求卓越、和平发展、可持续生态等基本理念以游戏剧情、活动策划等方式融入电子竞技当中，逐渐消解因网络游戏产生的自我认知危机、游戏成瘾、暴力与攻击倾向、自闭症与肥胖等不良影响，净化电子游戏环境。[②]通过电子游戏社区进一步加强与受众的数字化互动，促进社会民众更广泛的体育参与。

5.3.2.4 以绿色生态为使命，联动拓新

自1994年利勒哈默尔冬奥会首次提出"绿色运动"后，绿色生态问题即成为各个奥运会举办城市关心的重点问题。20世纪末期，国际奥委会体育与环境委员会联合编制了《奥林匹克运动21世纪议程》（*Olympic Movement in Twenty-First Century*），其中强调"奥运致力于推进全球生态建设的发展，承办城市应首先考虑自己是否具有以可持续发展的生态

---

① 郝瑀然. 中共中央办公厅　国务院办公厅印发《关于新时代进一步加强科学技术普及工作的意见》[EB/OL].（2022-09-04）[2022-11-24]. http://www. gov. cn/zhengce/ 09/04/content_5708260. htm.

② 黄璐，刘波. 后疫情时代体育世界的变革趋势探析——《奥林匹克2020+5议程》解析与中国借鉴[J]. 武汉体育学院学报，2021，55（6）:5-13.

理念举办奥运的能力"[①]。《奥林匹克宪章》（*Olympic Charter*）1996年版特增加一项关于"环境和可持续发展"的条款，并将其明确作为国际奥委会的使命和角色之一。申办2008年奥运时，国际奥委会就曾以环境质量问题质疑我国的主办能力。为彰显"绿色奥运"理念，改善北京空气质量，科研管理者依据水质、大气、土壤、生物、噪声放射性污染等方面的环境监测档案，定期定点记录监控北京环境质量情况、摸索环境各项指数变化规律，做出科学准确的预测，为制定环境规划和保护方案贡献了档案力量。[②]而2022年冬奥会期间，北京冬奥组委先后发布《北京2022年冬奥会和冬残奥会可持续性计划》《北京2022年冬奥会和冬残奥会低碳管理工作方案》《北京冬奥会低碳管理报告》《可持续·向未来——北京冬奥会可持续发展报告》《2022北京冬奥会和冬残奥会可持续性与遗产》等多份报告文件，并创新建立可持续性管理体系（奥林匹克历史上第一个将三个国际标准整合为一体的可持续性管理体系），实现了2022年冬奥会"碳中和"，为绿色奥运、低碳奥运、奥运会的可持续发展贡献"中国智慧"。

目前，《大型活动可持续性评价指南》（GB/T44160-2024）已由冬奥标准升级为国家标准并发布实施，由清华大学建筑学院主编的国家标准《绿色雪上运动场馆评价标准（送审稿）》也于2024年7月通过审查，后续流程稳步进行。通过档案的维系，将北京"双奥"尤其是冬奥会的绿色低碳可持续性管理理念、方案、技术等转化为可实操、可推广、可应用的经验，将其总结成为规范制度、标准体系，全面宣传推广至我国政府

① 孙承华，伍斌，魏庆华，等. 中国冬季奥运会发展报告（2017）[M]. 北京：社会科学文献出版社，2017:102.

② 时云. 发掘科技档案现实价值 提高科研管理者服务意识[J]. 兰台世界，2006（5）:59.

办公、企业生产、日常生活等各领域，进一步提升我国环境、经济的治理能力和治理水平，打造绿色生态、可持续发展奥运"中国样板"，促使"绿色奥运"的效益辐射成为形塑中国社会人格文明、产业文明到生态文明的有效链接，构建互联式生态社会，实现从"北京蓝"向"中国蓝"的蜕变。[①]

　　总之，北京奥运档案的遗产价值辐射主要是指随着众多涉奥单位形成的北京奥运档案"使用价值"的外部扩散，而产生的面向更广领域或地域的价值增值现象。它以基础性、支持性、超越性3个维度为主要辐射领域，通过价值的相互辐射产生了内生动力性、时间持续性、空间延展性3种辐射行为；并伴随跨界融合，彼此交叉、相互联结，形成了以北京"双奥"为中心不断延伸的网络拓扑结构。基于此结构，本书进一步构建"+北京奥运档案+"的融合模式，在北京奥运档案遗产价值辐射中宜应凸显"中国特色"。如若说，针对国家层的北京奥运档案遗产价值实现过程，是以各个行业、领域为辐射线，串联起整个社会各项事业建设发展；那么，针对国际层的，则是将视野放置全球，强调体育治理与社会发展、国际与国内、奥林匹克运动与全球治理、中华优秀传统文化与奥林匹克文化互为协调、参与、博弈的互动关系，通过北京奥运档案的遗产价值对外传播，凸显举办奥运的"中国方案""中国智慧"对国际奥林匹克运动、全球治理的积极反哺。

---

① 徐拥军，张丹. 办好北京冬奥会 绘制奥运新图景[EB/OL].（2021-12-10）[2022-11-15]. http://nads.ruc.edu.cn/xzgd/71392f79e809442b9bbbf79f60df9636.htm.

第 6 章
北京奥运档案遗产价值传播与话语转换

　　奥林匹克运动从来都不只是一场单纯的体育竞赛，更是一种源于地域文明的文化碰撞与交流。这意味着北京奥运档案虽形成于中国，但也同时记录了国际奥林匹克运动规则、价值观、文化、精神与中国意识形态、物质基础、传统文化相博弈、协调、交融的整个过程。基于互动观的北京奥运档案遗产价值传播，最终目的是讲好中国奥运故事，"内塑"＋"外塑"合力塑造好中国大国形象。因此，本部分探讨问题有三：第一，何为北京奥运档案遗产价值传播，北京奥运档案遗产价值对内传播、对外传播有何不同的定位。第二，话语转换视角下，北京奥运档案遗产价值传播话语方式有哪些，对内传播、对外传播有何不同效果。第三，以不同地域为面，对内传播如何将奥林匹克运动的意义传达给社会民众，促成价值共识；对外传播如何将"中国智慧"、"中国方案"和"中国实践"传达给国际社会，促进人文交流，推动构建人类命运共同体。

6.1 北京奥运档案遗产价值的互动传播

　　价值传播是人类传播行为中的一种重要类型。与传播价值不同，价值传播主要是指"对特定价值理念、价值标准的传播，是对社会价值取向的引导"①。北京奥运档案遗产价值的互动传播，即对国内外传播北京奥运档案中所蕴含的价值观、文化、精神、理念等，引导社会价值取

---

① 李思屈. 人工智能时代的价值传播[J]. 新闻与写作，2018（9）:32-36.

向。例如，2022年冬奥会筹办新闻中有大量关于"京张高铁"的报道，表面上保障2022年冬奥会中众多运动员、官员、记者和工作人员等在三个赛区之间的同行往返，实际上则暗含着推进京津冀协同一体化、京张文化体育旅游带建设，更为促进形成山西、内蒙古、辽宁等面向北京的消费联盟奠定交通基础。这些报道背后隐藏的是国家以2022年冬奥会为抓手，对提振整个中国北部地区经济发展的价值理念的传播。

6.1.1 对内传播定位：从理解民众到民众理解

顾拜旦的初衷认为，"奥林匹克运动是一项社会运动，更是一种给全人类带来美好福祉的事情，关于奥运会是否实现其价值和作用的评判，最先应来自迎接它的人民"[1]。根据有关资料，奥运申办一时趋"冷"，多数城市在候选途中纷纷退出[2]，究其主要原因在于"市民反对"。但对于遵循"人民政治逻辑"[3]的中国，整个社会形成了一种"国家观"，即国家作为人民利益的化身，对举办奥运会拥有高度的话语权。一是运用人民政治逻辑推动国家对当下社会经济、文化、科技、体育等现状作出全面解读与行动判断，促使国家能动地选择办奥解决现实困境。例如，我国选择张家口与北京联办2022年冬奥会举办权，则有利于张家口脱贫、京津冀协同发展工作展开。二是国家

---

① 冯雅男，孙葆丽，毕天杨."无城来办"的背后：后现代城市变革下的奥运呼求——基于对《奥林匹克2020议程》的思考[J]. 体育学研究，2020，34（1）:87-94+48.

② 据悉，就2022年第24届冬季奥运会和2024年第33届夏季奥运会的选举城市来看，斯德哥尔摩、奥斯陆、克拉科夫、波士顿、罗马、布达佩斯、汉堡等多城市在候选途中因"多数市民反对"而被迫退出。

③ 冯仕政. 人民政治逻辑与社会冲突治理：两类矛盾学说的历史实践[J]. 学海，2014（3）:46-68.

将人民治理逻辑作为思想武器进行社会动员，从而达到高度的市民支持。据悉，北京、张家口两地的民意支持率高达92%、99%①，以历届冬奥申办城市中最高的支持率助推申奥成功。在中国，申奥、办奥均是由政府主导的"动员行为"②。在北京奥运档案遗产价值的传播活动中，就形成了从理解民众到民众理解的，从认知、了解奥运到自觉、自发参与的"自我发展"过程。这既具有由上至下的规划与引领，也有由下至上的渗透与联系。彼此交织所形成的北京奥运档案，在其开发利用过程中，具有"宏观—微观""国家—个体"互动性传播特征。

6.1.1.1 理解民众

通过举办"双奥"实现全体社会民众愿景的一种成功共享，调节利益在共同体强者之间的分配，同时也包容共同体成员之中的弱者，实现包容性成长。③从2008年夏奥会回答"奥运三问"到2022年冬奥会北京成为奥运史上首个"双奥之城"，承载办奥知识、"双奥"遗产的北京奥运档案见证了中国在奥林匹克运动历史上留下的宝贵"印记"，对外传播中华优秀传统文化，让世界得以重新认识中国；同时，也见证了中国进一步推动京津冀协同发展、建设体育强国与健康中国、实施低碳管理等多个国家战略目标的圆满实现，并反哺国际奥林匹克运动，为奥林匹克运动可持续发展贡献"中国力量"。党的二十大报告强调："江山就是人民，人民就是江山。中国共产党领导人民打江山、守江山，守的是人民

① 陆茜. 冬奥为何花落北京？——北京市市长解读申冬奥成功背后四大关键因素[EB/OL]. (2015-08-04) [2022-11-27]. http://www.gov.cn/xinwen/2015-08/04/content_2908586.htm.

② 这里指"依靠国家主导的社会改造来推动现代化"的行为。

③ 李建华. 伦理的共相：伦理普遍主义的当代运势[J]. 浙江社会科学，2023 (1):97-108+159.

的心。"①可见，无论是2008年夏奥会，还是2022年冬奥会，都是国家政府主导，将重大活动事件同国家发展方向、广大人民愿景紧密相连，在举办重大活动中持续保障和改善民生，着力实现人民对美好生活的向往。

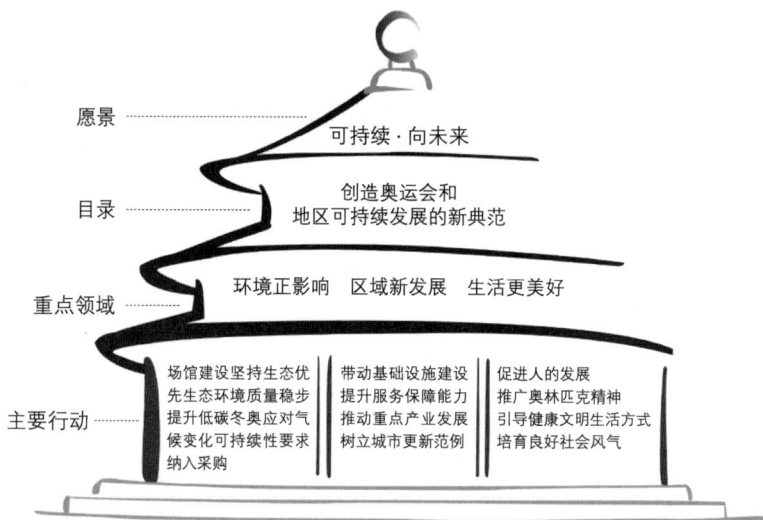

图6-1　2022年冬奥会可持续性框架②

以2022年冬奥会的可持续性愿景、目标和任务（图6-1）为例。此届冬奥会的可持续性重点领域设置为"环境正影响、区域新发展、生活更美好"；主要行动则涉及生态环境质量稳步提升、带动基础设施建设、促进人的发展等与人以及与人所居住的环境、城市等直接相关的关键内容，为铸就一个"大写的人"的奥运城市提供科学导向与路径指引。更

---

① 高举中国特色社会主义伟大旗帜 为全面建设社会主义现代化国家而团结奋斗——在中国共产党第二十次全国代表大会上的报告[R/OL].（2022-10-25）[2022-11-29]. http://www.gov.cn/xinwen/2022-10/25/content_5721685.htm.

② Beijing Organising Committee for the 2022 Olympic and Paralympic Winter Games. sustainability and legacy : Beijing 2022[R/OL]. [2022-11-29]. https://library.olympics. com/Default/digital-viewer/c-1447738.

重要的是，与民生息息相关的重点领域和主要行动，更容易引导社会民众认知、了解奥运，以增进"民众理解"。

6.1.1.2 民众理解

民众理解，就是在政府主导"双奥"筹办、举办基础之上，通过"全民参与"实现的过程。鉴此，政府为增进民众理解，一是引导、支持民众参与，二是为民众参与提供良好环境。

首先，"双奥"提出"人文奥运""共享办奥""开放办奥"等理念，激励社会民众积极参与，为国家奥运遗产规划与治理提供合理性支撑。社会民众通过"参与奥运、得益奥运"，从了解奥运、认识奥运的被动性接受逐渐转变为履行国民义务与责任、增添自豪感与荣誉感的积极性参与。在转变过程中，奥运会举办逐渐演变成了"我参与、我奉献、我快乐"的"全民PARTY"。2008年夏奥会时期，奥运会实际销售门票650万张，销售率达95.6%；残奥会实际销售门票186万张，销售率为计划可销售门票的105%。204个国家（地区）的470名营员参加青年营活动，创造了历史。"中国故事"文化小屋、福娃流动秀、祥云剧场演出接待观众超过800万人次，赞助商展示区日均人流量达19万人次。[①]而这些最终都形成北京奥运档案，见证了民众的热情参与。2022年冬奥会时期，为促进全民参与冰雪运动提供物质基础，我国以冬奥备战为牵引，推进冰雪运动产业体系不断完善。同时，各地深入学校、社区、街道等广泛开展以冬奥为主体的群众性赛事活动，自2021年底至2022年2月，线上线下相结合举办活动近3,000场次，参与人数超过1亿人次。2022年1月12日，我国如期完成了"带动三亿人参与冰雪运动"的冬奥之约，全国冰雪运动

---

① 第29届奥林匹克运动会组织委员会.北京奥运会残奥会重要文献汇编——北京奥组委奥运工作文献汇编（上）[M].北京：北京出版社，2010:177.

参与人数多达3.46亿人，居民参与率达24.56%。①北京冬奥会开幕式更是注重全民参与，选取各行各业的普通群众、志愿者和运动员约3,000人共同完成。②让普通人登上世界舞台，进一步提高社会民众的体育参与度。

其次，为保障社会民众认可、接受的公正程序正常运行，我国也积极加强法理权威。2022年冬奥会进一步提出"廉洁办奥"理念，通过多项法律、制度的规制，给予社会民众公平、合理、有序的参与环境。例如，我国司法部于2018年修订了《奥林匹克标志保护条例》③，全方位、立体化、高水平保护奥林匹克知识产权，促进奥林匹克运动的健康发展、奥林匹克文化和精神的传播与推广，同时也进一步推动了我国奥林匹克标志保护立法进程。据了解，截至2022年2月24日，国家知识产权局对63件奥林匹克标志予以公告保护，推动及时披露被许可人信息；对北京冬奥组委提交的14件专利申请和315件商标申请予以保护。④除此之外，各相关部门、各地方也通过创意短视频、绘本、动画片等方式持续宣传、普及奥林匹克知识产权知识的重要性，切实增强了全社会对奥林匹克知识产权的保护意识，也彰显了对每一位参与奥运公民的尊重。

6.1.2 对外传播定位：从"我"到"我们"

奥林匹克运动的水晶球效应（Crystal Ball Effect）表明，北京"双奥"将伟大的奥林匹克精神、文化映照给中国，也必能将"中国智慧"、"中国实践"与"中国方案"贡献给世界。因此，在国际层面，北京奥运档

---

① 李泽伟. 全国冰雪运动参与者达3. 46亿人[N]. 北京青年报，2022-02-18（006）.

② 徐拥军，张丹. 奥林匹克运动"新标杆"——2022年北京冬奥会成功举办的经验与启示[J]. 前线，2022（5）:49-52.

③ 奥林匹克标志保护条例[J]. 中华人民共和国国务院公报，2018（20）:29-31.

④ 张胜. 用法律守护"冰墩墩"[N]. 光明日报，2022-02-24（007）.

案遗产价值的对外传播，就是以北京奥运档案为媒介，将"中国智慧"、"中国实践"与"中国方案"向世界传播，从而塑造大国形象、促进大国外交，开辟大国外交新境界。历经"双奥"，14年的发展让中国在政治、经济、文化、体育、科技等领域持续稳步发展，加之国外环境的发展变换，中国在世界上扮演着愈加重要的角色。从2008年夏奥会到2022年冬奥会，中国举办"双奥"也经历了这样一个转变，即从彰显"自我"、传播中华优秀传统文化、积极融入国际社会到拥抱"世界"、勇于表达"中国主张"、推动构建人类命运共同体，北京奥运档案遗产价值的对外传播也随之形成了从"我"到"我们"的定位转变。

6.1.2.1 彰显"自我"

彰显"自我"，将北京奥运档案中记载的知识、经验、科技、成果惠及下一届奥组委，涵盖的中华传统优秀文化、社会主义核心价值观、以爱国主义为核心的民族精神和以改革创新为核心的时代精神等"中国风格"传达给世界。"文化作为群体思维、情感和信仰的方式，只有被社会成员共享、合作和交流才有意义。"[①]因此，"文化中国"的国家形象战略在2008年夏奥会时期就已充分施展。例如，2008年夏奥会在奖牌、火炬、吉祥物、海报、徽章等奥林匹克标识上设计的玉石、祥云、印章、灯笼、传统风筝、大熊猫等元素皆是中华优秀传统文化的高度浓缩；5个福娃所彰显的中国"福文化"、活字印刷术所体现的中国"和文化"，不仅是"人文奥运"的核心内涵与本真价值，也表现了奥运传统与现代的碰撞性、生机与希望的融合性。为继承和发扬2008年夏奥会特色，2022年冬奥会建成的"雪游龙""雪飞天""冰丝带"等众多冰雪场馆无论是在造

---

① 冯惠玲，胡百精. 北京奥运会与文化中国国家形象构建[J]. 中国人民大学学报，2008（4）:16-25.

型设计还是在落地选址上，背后均有中华优秀传统文化的内涵紧紧支撑。

6.1.2.2 拥抱"世界"

拥抱"世界"，强调以北京"双奥"为契机，以体育治理为手段，深入全球治理体系，将北京奥运档案中蕴藏的和平发展、合作共赢、人类命运共同体理念等"中国主张"传递给世界，提升国际话语权与国际形象，反哺奥林匹克运动可持续发展，讲好中国奥运故事，推动人类文明互鉴交流。例如，在全球新冠疫情肆虐期间，为展现和塑造大国形象、传播和平发展理念，中国大力支持并参与新冠疫苗国际合作，加入"新冠肺炎疫苗实施计划"。截至2021年11月25日，中国已向白俄罗斯、巴基斯坦、老挝、津巴布韦、国际奥委会等110个国家和国际组织提供了超过18亿剂疫苗，[①]这其中就包括2020年东京奥运会和2022年冬奥会的参赛人员。"和平发展，命运与共是构建人类命运共同体的美好初衷，也是奥林匹克的终极理想。"[②]中国的疫情防控实践，一方面，促使北京奥运档案中积累了大量合理、有效、权威的成功经验与方案，促成2022年冬奥会是首个在新冠疫情全球肆虐之下仍如期顺利举办的奥运会，实现了对奥林匹克知识体系的有效反哺；另一方面，疫情防控中充分展现的"中国疫情防控的大国承诺、大国实践和大国国际合作诚意""中国文明大国精神与智慧、东方大国气魄与力量、负责任大国风范与担当、社会主义大国前景与希望"[③]等"中国形象"也是北京奥运档案遗产价值传播

---

① 黄胜. 超18亿剂！中国已向110个国家和国际组织提供疫苗！[EB/OL].（2021-11-25）[2022-12-08]. http://www.nbd.com.cn/articles/2021-11-25/2010080.html.

② 夏文斌. 更健康更团结更环保 北京冬奥会将为后疫情时代添彩[N]. 光明日报，2021-06-10（014）.

③ 肖晞，宋国新. 新冠肺炎疫情防控与中国大国形象塑造——基于信号表达的理论与实践[J]. 吉林大学社会科学学报，2020，60（3）:5-18+235.

的重要内容，向国际社会传达"中国声音"。

　　鉴于从2008年夏奥会到2022年冬奥会的变化，《美国广播公司》（*American Broadcasting Company*）评论道，2008年夏奥会是一场壮观的盛会，是中国的首秀，也是这个迅速崛起的大国向世界招手的机会。14年后，差异就像冬天和夏天一样区分鲜明。2022年冬奥会的主办国不只是崛起，而是已经崛起，对自己作为一个经济和政治大国在世界的地位充满信心。[①]这也正如张艺谋对2022年冬奥会开幕式评价时所说："如果说2008年奥运会开幕式表达的重点是'我'，是'历史'，是中国的文化、传统，是我们走过的道路，那么，2022年冬奥会开幕式表达的重点就是'我们'，是'一起向未来'，是人类命运共同体的'更团结'。"[②]"双奥之城"承载的具有中国特色的奥林匹克精神、文化、记忆、知识等均以北京奥运档案为载体记录在案。从"我"到"我们"，从"不同"到"共同"，从"历史"到"向未来"，这些北京奥运档案内容的嬗变是我国这14年来更加开放自信、与世界更加融合的最好见证。

6.2 话语转换下的北京奥运档案遗产价值传播

　　话语是特定社会语境中人与人之间交流、沟通的具体语言行为，具有鲜明的社会性；同时，它"指涉思想和传播的交互过程与最终结果，

---

① 从2008到2022，两届奥运会有哪些变化？[EB/OL].（2022-02-20）[2022-12-08]. https://baijiahao.baidu.com/s?id=1725276051666357128&wfr=spider&for=pc.

② 龚先生. 从"我"到"我们"：两场奥运开幕式的不同表达[N]. 工人日报，2022-01-18（005）.

话语是制造与再造意义的社会化过程"①，具有明确的主体性。话语不仅仅是静态的文本表述，也是主体塑造外部世界的动态活动。北京奥运档案遗产价值传播即以北京奥运档案为"脚本"，目的性选择其蕴含的理念、价值观，动员某类群体、出于某种方式、使用某种手段、在某个渠道或平台进行对内外传播。考虑国内外政治、经济、文化环境，传播方式以及受众的理解能力差异，话语传播具有较为明显的差异性，不同话语转换下北京奥运档案遗产价值传播方式不同，呈现的结果也不尽相同。

6.2.1 话语转换下北京奥运档案的遗产价值传播方式

本部分选取政策话语、学术话语、媒体话语等不同传播方式，分析各自在北京"双奥"的传播特性，展示方式差异。

6.2.1.1 政策话语传播

政策话语传播，指通过北京（冬）奥组委及相关部门下发的工作文件、管理制度与规定、标准与规范、讲话稿、会议记录等形式进行的遗产价值传播。政策话语用语准确、表述平实、文字简约、风格庄重，"是政策行动者针对政策问题的主观诠释与意义宣称，是生成与控制共享社会意义体系的话语竞争"②。话语反映主体观念，通过政策话语可窥探政策制定者的目的意向与行动路线，继而可透过经验层、实际层洞悉政策制定者的话语真实，明确各个利益相关方的权力博弈。北京"双奥"的政策话语传播，即指中国想通过什么方式、办一个什么样的奥运，并通过举办奥运实现什么样的愿景。

---

① 约翰·菲斯克，等. 关键概念：传播与文化研究词典[M]. 李彬，译. 北京：新华出版社，2004:85.

② 丁煌，梁健. 从话语到共识：话语如何影响政策制定——以平台经济监管政策为例[J]. 公共管理与政策评论，2022，11（6）:126-140.

在北京"双奥"这一重大活动中，政策文本纵向包括申办、筹办、举办乃至后奥运阶段的整个奥运周期的奥组委工作活动，横向包括场馆、基建、遗产、安保、医疗、宣传、气候、电网等各业务部门工作；对外涉及与国际奥委会、上届奥组委等单位的沟通文件，对内涉及国家对体育、环境、文化、城市与区域发展等的战略规划、制度规范与标准性文件等。北京奥运档案中的政策文本完整记录了我国举办国际顶级赛事的整个过程，是办奥知识的重要组成部分，具有较为突出的知识价值。据调查，政策类文件如党政机关的请示、报告等是2022年冬奥会筹办期间利用2008年夏奥会档案种类最多的一种①，这体现了北京办奥话语传递的连续性、一致性。但遗憾的是，北京奥运档案中的多数政策文本受密级影响不予对外公开。目前，仅可通过TOK项目、2022年冬奥会的档案绿色利用通道部分实现了政策话语的价值传播，导致北京奥运档案遗产价值传播总体受限。

6.2.1.2 学术话语传播

学术话语传播，指通过学者的学术研究成果如研究报告、咨政报告、学术论文、图书著作、资料编研等进行的遗产价值传播。学术话语用语谨慎、表述深入、文字抽象、逻辑清晰、格式规范，是一种非常重要的传播方式。尤其是对于分析北京"双奥"话语实践、揭示北京奥运档案的内在价值认知，由于学术话语被隐藏在经验层、事实层之下，因此需要借助一定的学科理论、学术方法、分析手段来提炼、揭示与传播其内涵深意。过去人们只注重对北京奥运档案的收集、保管，而忽视了对档案背后的奥运文化脉络和人文奥运内涵思想的梳理与挖掘，导致对北京奥运档案的价值认识不够充分，而深入的学术阐释与话语传播活动

---

① 笔者于2022年10月26日电话调研北京冬奥组委工作人员整理所得。

能够促使北京奥运档案的内在价值得到更好的激活与实现。

在具体的做法上，学术论文、著作等对外发表或出版、外译以及举办国际学术论坛是主要的学术话语传播方式。例如，冯惠玲等著的《北京奥运的人文价值》（中国人民大学出版社，2010）曾翻译成英文在新加坡、中国台湾地区出版。该书深入分析了中华优秀传统文化、中华体育精神与奥林匹克文化、精神的相交相融、创造转化与对外传播，从国家治理到国家形象构建再到大国外交，均彰显了人文奥运路标指引下的当代中国价值。再如，2021年12月16日，中国人民大学与意大利路易斯大学、世界人文社会科学高校联盟以线上线下结合形式联合举办了"共享、教育与未来——世界人文社会科学高校联盟年会暨奥林匹克教育国际论坛"。与会专家围绕"奥林匹克文化共享与教育""奥林匹克愿景与未来"等主题作了充分的国际学术探讨与交流。这些学术探讨与交流为北京奥运档案遗产价值的普及性推广提供了学术导向，即北京奥运档案遗产价值的相关阐释与研究不应仅限于体育学这一小圈子，而应注重哲学、新闻学、社会学、管理学、档案学等多学科知识的交融与传播，促使北京奥运档案遗产价值解读更为充分、传播更为广泛。然而，学术话语传播本应在北京奥运档案及其他相关资料的编研基础之上，学术话语力求逻辑科学、思路清晰、证据可考，这样才能保证北京奥运档案遗产价值认知的科学性。但目前，由于北京奥运档案开放利用较为封闭，导致奥林匹克整体研究难以系统化、常态化、纵深化，对外传播不充分。缺少数量、质量可观的研究成果，也反向表明北京奥运档案开放不充足、遗产价值发挥不充分的问题。

6.2.1.3 媒体话语传播

媒体话语传播，所指较为广泛，主要是通过大众媒体（如传统纸媒、电视广播、社交媒体、官方网站等）进行的遗产价值传播。媒体话语包括新闻话语、个人话语等，具有善用修辞、生动形象、客观确切、通俗朴实、简明精炼的特点，是直接面向广大社会民众的最为主要的传播方式，"在客观现实与人的意识世界之间架起了一座重要的桥梁"[①]。随着数字媒体时代的到来，媒体话语传播也愈加复杂，并非如政策话语、学术话语是一对多的单线传播，而是多对多的互动性传播。媒体话语可通过文本、图片、音视频、实物等多种形式呈现，内容与形式更为丰富，满足不同社会民众的信息需要。

媒体话语无论多么简洁明了、通俗易懂，也与政策话语一样服务社会意识形态，与民族的文化底蕴息息相关。例如，2022年1月31日，新华社结合2022年冬奥会四大办奥理念，发表《冬奥之光照亮人类前行之路》一文，"全民健康 人民至上""筑梦冰雪 追梦前行""团结合作 命运与共"三大板块，阐述了2022年冬奥会对以人为本、国家建设、国际交流自下而上的线路发展，展现我国"以体育运动撬动中国与世界各国友好交流及合作发展，共同谱写人类和平、繁荣新篇章的大宣传格局"[②]。目前，媒体话语传播是北京奥运档案遗产价值传播的主要方式，其形式、渠道、内容的多样性、灵活性也反映了我国对内对外的传播话语差异，这对于"自塑""他塑"中国国家形象、推动中华优秀传统文化传播具有更加积极的作用。

---

① 丁和根. 大众传媒话语分析的理论、对象与方法[J]. 新闻与传播研究，2004，11（1）:37-42+95.

② 朱姗姗，焦若薇. 文化建构与意义共享：新闻框架视域下《人民日报》北京冬奥会报道研究[J]. 新疆财经大学学报，2022（2）:61-70.

6.2.2 话语转换下北京奥运档案的遗产价值传播效果

报纸作为档案的组成部分，是人们了解北京"双奥"的窗口，也是北京奥运档案遗产价值传播的主要形式。北京"双奥"工作要做"好"，更要说"好"。然而，受众不同，关于北京"双奥"的新闻报道也会有一定的话语差异。基于"人民政治逻辑"的社会治理框架，如何选取报道角度、使用报道词语，才能对内对外都说"好"，值得研究。本部分运用内容分析法探究一二。通过话语差异洞察新闻所构建的北京奥运档案遗产价值空间，以及呈现的新闻图景。展示受众差异。

6.2.2.1 样本选择与检索过程

样本主题方面，本文主要以2022年冬奥会新闻报道为样本。原因在于相比2008年夏奥会，2022年冬奥会处在百年未有之大变局下，国际社会疫情肆虐、经济衰退、治理缺位、霸凌打压交织的复杂现实。国内外矛盾更加激烈与尖锐，更能凸显国内外传播话语的转换变化。样本时间方面，选择2020年2月4日至2022年7月13日，即2022年冬奥会开幕式前2年到残奥会闭幕后4个月。这主要考虑疫情对于2022年冬奥会的影响，也可体现2022年冬奥会遗产治理、评估直至"后冬奥时代"开发利用的可持续发展状态。样本来源方面，选择《人民日报》、*China Daily* 为对内、对外传播信息来源。主要原因在于，《人民日报》每一篇报道从选题采写、编辑审校到出版发行各环节慎而又慎，对社会舆论、媒体议程乃至政策法规的制定及推行都有着巨大的影响力[①]；*China Daily* 则是我国第一家国家英文报纸，是中国与世界增进了解的重要窗口，也是近年来中国办奥经验和知识对外传播的主要阵地。样本检索方面，在"中国知网——

---

① 何威，草书乐. 从"电子海洛因"到"中国创造"：《人民日报》游戏报道（1981-2017）的话语变迁[J]. 国际新闻界,2018（5）:57-81.

中国重要报纸全文数据库"检得《人民日报》272篇、在"CHINADAILY.
com.cn"(中国日报网)(www.chinadaily.com.cn)"检得China Daily 218篇。

6.2.2.2 差异分析与特点总结

新闻报道包含"文本的语言及修辞风格,通过字、词、句等语言符号,能够体现新闻框架所蕴含的深意及价值导向"[①]。本部分借助Python对《人民日报》、*China Daily*的检得样本进行词频分析,筛选掉缺乏实际意义的部分介词、代词、量词、动词、数词等,对频次前40位的实词列表得出(表6-1、表6-2),以对词语运用传递的价值导向进行深入对比分析。

经表6-1、表6-2对比可看出,国内外新闻报道用词有不同的差异。整体来看,对内传播更偏向主体能动性、政治性、集体性,对外传播则更为明确性、法律性、包容性。

表 6–1　《人民日报》有关 2022 年冬奥会的频次排在前 40 位的实词

序号	实词	频次	序号	实词	频次
1	北京	4009	21	2022	558
2	冬奥会	3439	22	奥林匹克	557
3	中国	2470	23	比赛	548
4	冰雪	2252	24	人民	495
5	运动	1592	25	未来	490
6	发展	1308	26	训练	489
7	运动员	1126	27	服务	485
8	场馆	1019	28	文化	453
9	世界	955	29	赛事	449
10	体育	952	30	精神	423

---

① 朱姗姗,焦若薇. 文化建构与意义共享:新闻框架视域下《人民日报》北京冬奥会报道研究[J]. 新疆财经大学学报,2022(2):61-70.

续表

序号	实词	频次	序号	实词	频次
11	残奥会	906	31	绿色	417
12	滑雪	867	32	奥组委	416
13	国家	807	33	疫情	392
14	我们	796	34	推动	387
15	筹办	737	35	一起	344
16	项目	658	36	活动	336
17	国际	614	37	赛场	330
18	参与	585	38	成功	328
19	实现	575	39	保障	327
20	习近平	571	40	精彩	310

对内传播方面，主体能动性，一是体现与2022年冬奥会的办奥理念相关的"绿色""精神""文化""未来""精彩"等词汇出现较多，强调国家、社会民众对于奥林匹克运动的美好愿景。二是与2022年冬奥会的筹办、举办过程相关的"发展""筹办""实现""推动""保障"等动词出现较多，展现了我国为举办2022年冬奥会所付出的努力，以及2022年冬奥会对于社会各项事业发展的推动力。政治性，则是基于"人民政治逻辑"的治理思路，强调党在坚持以人为本的执政理念基础上，对社会的积极指引；关注国家对社会民众的动员，以及社会民众对2022年冬奥会的参与度、支持度。表6-1中显示的"国家""人民""服务""参与"等词汇，强调2022年冬奥会举办与国家、各项事业建设以及社会民众之间的互动关系。集体性，则是与政治性息息相关，如"我们""一起""残奥会"等词汇，更凸显整体性、全面性与人文关怀。

表 6-2　*China Daily* 有关 2022 年冬奥会的频次排在前 40 位的实词

序号	实词	频次	序号	实词	频次
1	China	1635	21	global	230
2	Beijing	1389	22	work	225
3	sport	1116	23	center	222
4	Winter Olympic Games	847	24	pandemic	212
5	Chinese	728	25	cooperation	210
6	country	707	26	team	193
7	people	630	27	COVID19	192
8	world	607	28	skiing	185
9	we	564	29	president	185
10	2022	535	30	Committee	184
11	winter	519	31	skating	184
12	ice	477	32	opening	177
13	development	452	33	training	174
14	national	415	34	province	172
15	international	402	35	venues	158
16	athletes	381	36	support	156
17	city	293	37	promote	153
18	Xi	270	38	2008	153
19	US	255	39	gold	151
20	events	239	40	economic	149

对外传播方面，明确性上，报道聚焦2022年冬奥会本身，偏向于事实报道。例如，同样描述发展、合作与交流，对外传播较多使用"city""events""province""gold""economic"等较为明确的词语。法律性上，较为明显的是"Chinese"一词频次高于"people"，而"Chinese"相比"people"更具天然性、普遍性，政治意味较为薄弱。包容性上，

一是关注与2008年夏奥会的联动性，强调2022年冬奥会对于2008年夏奥会的继承与发展，符合奥林匹克运动的可持续发展理念；二是相比国内，对外传播更突出国际合作与交流，如表6-2显示的 "world" "national" "international" "global" "cooperation" "opening" 等词汇，均出现词频前40位，可见对外报道更强调中国的开放性及其与国际社会的交融性。刘吉发认为，"人类命运共同体的时代建构，正是以世界人民为主体坐标的全球思维，也是全球化时代人民政治价值逻辑的实践践行。"[①]因此，2022年冬奥会的对外新闻报道，也是以国家之间政治、经济、文化的互通交融与构建人类命运共同体为抓手，彰显 "人民政治逻辑" 的治理效能、集中力量办大事的制度优越性，增强政治自觉。

6.3 构建 "事实—价值" 的传播途径

孔子云："质胜文则野，文胜质则史。文质彬彬，然后君子。"构建 "事实—价值" 的传播路径，要坚持 "事实和价值的相互证成性"，即 "表层话语和深层意蕴不同层面，达到逻辑统一和相互汇通"[②]。事实为话语传播之 "本"，价值为话语传播之 "用"，借助事实本来传播中国的当代价值。这与北京奥运档案遗产价值传播有较高的契合性。其一，"价值传播往往是通过隐藏于新闻传播、知识传播信息背后的信息来实现的"[③]。在北京 "双奥" 这一重大活动中，"背后的信息" 主要来自 "北京奥运档

---

① 刘吉发. 社会主义人民政治的内在逻辑[J]. 社会主义研究，2021（2）:102-108.

② 丁云亮. 事实与价值：新时代中国国家话语传播的认知图绘[J]. 安徽师范大学学报（人文社会科学版），2022，50（4）:66-73.

③ 李思屈. 人工智能时代的价值传播[J]. 新闻与写作，2018（9）:32-36.

案"。奥林匹克文化精神、办奥知识、奥运成果等大量奥运事实借由北京奥运档案记载，也将由北京奥运档案开发与传播。其二，档案蕴含的正义性，与传播领域坚守的"传播正义"原则高度契合，即杜绝不实、虚假、低俗等违背正义的现象，二者分别从源头、渠道保证了价值传播的正义与客观。其三，北京奥运档案具有遗产价值，需要对内、对外传播以讲好中国奥运故事，推动构建人类命运共同体。

6.3.1 内外事实话语的汇聚

档案作为覆盖国家各项事业建设活动发展的真实记录，是构建中国话语和中国叙事体系极具事实说服力的重要资源。《"十四五"全国档案事业发展规划》明确指出，"通过开发带动保护，更好发挥档案在服务国家治理……文明交流互鉴等方面的独特作用"[①]。鉴此，北京奥运档案遗产价值传播要立足"档案事实"，呈现价值传播的总体性、中立性、客观性。

对内传播，立足北京奥运档案的媒介性，一是从关系国民社会发展的各领域、行业传递不断造福于人民生活的物质现实。习近平总书记强调，"我们坚持冬奥成果人民共享……实现共同参与、共同尽力、共同享有"[②]。后奥运时代，并非要看社会民众参与度有多高，而是重点关注各项惠民措施落地有多实。为凸显北京"双奥"成果不断造福于广大社会民众的事实，要善于挖掘北京奥运档案中的数据、案例展现社会民众"得益奥运"的事实，采用展览、媒体、宣讲、图书、绘本、手册、影视等

---

① 中办国办印发《"十四五"全国档案事业发展规划》[EB/OL].（2021-06-08）[2022-12-03]. https://www.saac.gov.cn/daj/yaow/202106/899650c1b1ec4c0e9ad3c2ca7310eca4.shtml.

② 在北京冬奥会、冬残奥会总结表彰大会上的讲话[N]. 人民日报，2022-04-09（002）.

多种形式，"数字+实体"兼具下沉到社区、学校、工厂、公园，向社会民众广泛宣传。二是从民众共同的回忆空间、共通的精神根基传递共同追诉的传统文化理性。例如，那些唯美、烂漫而又充满诗意的解说词，"东风随春归，发我枝上花""世界大同，天下一家""山不让尘，川不辞盈。云程发轫，万里可期"等。再如，档案中蕴藏的运动员振奋人心的感人事迹，他们在赛场上的奋力拼搏都是不断超越自我的奥林匹克精神的深深实践；还可与我国运动基础设施愈加完善化、训练课程愈加体系化、教练团队愈加专业化等方面事实相结合，整体展现国家与运动员个人为提升体育竞技水平所付出的努力，能有效激发国内社会民众共鸣。

对外传播，一要维护国家正义。面对激进的民族主义与狭隘的意识形态侵蚀，利用事实有理、有节、有力地回击。例如，积极吸纳归化运动员、启用外籍教练团队；展开新冠疫苗捐助，被巴赫称这一举动是"真正的奥林匹克团结精神"[①]；签订北京冬奥会奥林匹克休战决议，创下近几届冬奥会休战决议共提国数量新高；两次成功的奥运外交，进一步发出我国关于加强全球治理、维护国际秩序的呼声，助推全球发展倡议落地生根等。二要拥护文明共存。基于中国古代孔子提出"和而不同"的历史文化事实，深入挖掘"双奥"外交中对外合作与交流宗旨，北京"双奥"开闭幕式的口号、舞美、节目内容、参与人群等创新性设计理念，大力传播和发扬中国的"和"文化。

6.3.2 北京奥运档案的遗产价值话语呈现

北京奥运档案的遗产价值话语呈现，在以北京奥运档案为"脚本"的基础上，要基于互动观进行话语的重组与编排，再经由不同的话语方

---

① 出自2021年3月11日以视频形式举办的国际奥委会第137次全会上主席巴赫的发言。

式（政策话语、学术话语、媒体话语）、修辞策略（如明喻、隐喻、借喻、提喻、转喻等）向外传播，促使奥林匹克价值观深入人心。基于遗产价值的话语组织，意味着这里的话语必然经过选择的主体性和优先性、文本载体的多样性和可塑性过滤，促使事实与价值之间产生"话语间性"。这种"话语间性"面对不同的环境，也产生不同的倾向。

对内传播，主要运用民众可理解、可感受、可体会的话语传达奥林匹克运动于国家、社会民众发展的有益性。北京奥运档案记载的种种事实，都蕴含着奥林匹克运动的惠民、利民、便民成果，以及与中华优秀传统文化交融中体现的公平正义、勇往直前、绿色生态、团结友善、人和为贵、和平发展、天下大同等基本价值理念，这些无一不体现出了运动健康之美、自然生态之美、人文理性之美。在搭建奥林匹克运动会、竞技比赛、运动员等与社会民众之间的沟通桥梁时，以"中文可表，文化可达"的方式，运用地方俗语、歇后语、方言等凝聚社会民众对于中华传统文化的集体认同、奥林匹克运动的价值共识，以铸牢中华民族共同体意识。

对外传播，主要通过中外文明对话传达举办奥林匹克运动会的"中国智慧"、"中国方案"与"中国实践"，从国家正义到文明共存，成为重构新型国际关系、世界秩序的有效修辞符码。以北京奥运档案为事实判断，将国家利益、人文交流、人类命运共同体三大国际层面的遗产价值衍生形态对外传播，不断宣扬新时代的中国奥运话语。目前，我国处于"两个一百年"战略转换、战略接续期，在"两个大局"的同步交织、相互激荡中，①仍蒙受着激进的民族主义与狭隘的意识形态侵蚀，国

---

① 夏文斌，郭东升，张若辰. 北京冬奥会将为后疫情时代添彩[N]. 光明日报，2021-06-10（014）.

际上也总会出因现各种文明冲突而产生不同国家、民族、地域之间的对抗。汤一介认为，"从历史发展的总体上看，在不同国家、民族和地域之间的文明发展更应该是以相互吸收与融合为主导"①。为此，中国应秉持"胸怀大局、自信开放、迎难而上、追求卓越、共创未来"的北京冬奥精神，以"文明对话"推动世界和平发展。

6.3.3 融合话语下事实与价值的融通

奥林匹克运动给中国形象塑造、中国话语和叙事体系构建提供了重要的历史契机："它有利于在超越具体文明形态的基础上，促进不同国家、族群成为一个对话、互生的系统。"②在这个"对话、互生的系统"中，北京奥运档案遗产价值传播，要以档案事实为"本"，运用事实的描述性、再现性话语呈现价值传播的中立性、客观性；以遗产价值为"用"，运用事实的引导性、修辞性话语呈现显在或隐性主体的价值判断与价值导向，形成"事实认知—事实判断—价值判断—价值共识"的进化链条（图6-4），以获取国内和国际社会的广泛确认。

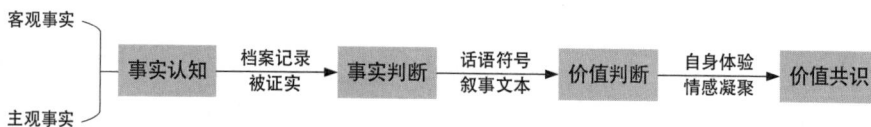

图6-4 "事实认知—事实判断—价值判断—价值共识"的进化链条示意图

---

① 汤一介."文明的冲突"与"文明的共存"[J].北京大学学报（哲学社会科学版），2004，41（6）:7-15.

② 冯惠玲，胡百精.北京奥运会与文化中国国家形象构建[M]//冯惠玲，魏娜.人文之光——人文奥运理念的深入诠释与伟大实践.北京：中国人民大学出版社，2011:16.

　　第一，利用北京奥运档案还原事实真相。《档案法》第27条规定"经济、教育、科技、文化等类档案，可以少于二十五年向社会开放"。北京奥运档案中较多涉及教育、科技、文化、体育等类别的应尽快解密开放，给予其遗产价值传播更为充分、翔实的事实基础，惠及广大社会民众；对于少数涉及国家安全和重大利益的可继续封闭保管。"事实、规范共识和价值共同建构了真相，形成了新媒体时代中公众所认为的'真相'。"[①]在这个价值多元化的时代，由于真相在档案机构中的"冻结"，给予部分西方媒体违背客观事实、宣扬西方价值观、抹黑中国形象的话语空间，"雄辩胜于事实"的非自然正义干扰了国际社会民众对中国的认知，造成中国形象在"自塑"与"他塑"间的巨大差异。但"谎言止于档案""正义来源档案"。2008年4月7日，国家档案局公布15件藏事档案[②]，证明西藏自古以来就是中国领土不可分割的一部分，有力驳斥了2008年夏奥会时期的"藏独"谎言。因此，应尽快开放北京奥运档案，强化公众的事实认知与事实判断，回归"事实胜于雄辩"的客观理性。

　　第二，设计好中国奥运故事。2021年6月1日，习近平总书记在中共中央政治局第三十次集体学习时强调，"要加快构建中国话语和中国叙事体系，用中国理论阐释中国实践，用中国实践升华中国理论，打造融通中外的新概念、新范畴、新表述，更加充分、更加鲜明地展现中国故事

---

① 张庆园，程雯卿. 回归事实与价值二分法：反思自媒体时代的后真相及其原理[J]. 新闻与传播研究，2018，25（9）:51-67+126-127.

② 白水. 西藏自古以来就是中国领土不可分割的一部分——国家档案局公布15件珍贵的藏事档案[J]. 中国档案，2008（5）:7.

及其背后的思想力量和精神力量"①。首先,实施北京奥运档案宣传推广计划,深入挖掘北京奥运档案中各方面的历史事实、数据与案例情节,如运动员、物流管理、无障碍环境、开闭幕式演出、交通运输、场馆基建、环境保护、民众参与、志愿服务、对外合作、数字科技、区域发展、脱贫攻坚、教育普及等多类与"双奥"息息相关的叙事。开展北京奥运档案网上目录和新媒体展示活动,举办北京奥运档案珍品展国外巡展,传播中国奥运话语。例如,2021年7月22日,张家口市档案馆拍摄制作的《记录冬奥盛会 服务冬奥筹办——张家口市档案馆冬奥会档案工作纪实》②微视频专题片入围国家档案局"全国百强"网上展播推广作品。该视频从"档案管理"工作视角全景式展现了张家口市档案馆与各筹办单位紧密合作,全力推进冬奥档案工作的真实历程,为张家口市留下了宝贵的奥运文化遗产。③其次,构建专家智库,组建学术联盟,依托高校的教育培训和学术研究优势、北京市档案馆和奥林匹克博物馆的档案资源优势、北京奥运城市发展促进中心的社会推广优势,以北京奥运档案为记忆载体、知识载体、技术载体,发挥各中心在奥林匹克研究、宣传、推广领域的遗产价值引领和示范作用。例如,2022年冬奥会在奥运史上首次将"大型活动可持续性管理体系、环境管理体系、社会责任指南"三个国际标准整合为一体,并获ISO标准《体育设施与大型赛事可持续性评价指南》的预立项;再如,奥运赛事制定的《无障碍指南》《无障碍指南技术指标图册》等技术规范,推动《北京市无障碍环境建设条

---

① 加强和改进国际传播工作 展示真实立体全面的中国[N]. 人民日报,2021-06-02(002).

② 该视频分为上、下两部,第一部为申奥至办奥阶段;第二部为全面决战阶段至"后冬奥"时代。

③ 王映华. 张家口冬奥会档案工作纪实微视频入围[N]. 2021-07-22(011).

例》修订和出台，全面提升了城市无障碍环境建设标准。[①]最后，鼓励社会民众积极参与对外传播活动。在与奥运相关的重要节日节点（如国际奥林匹克运动日、"双奥"纪念日、全民健身日等），以官方名义在各类社交媒体平台上发布"奥运我参与"活动，鼓励运动员、奥林匹克收藏家、一般社会民众展示自己参与奥运过程中存留的门票、信件、日记、标识牌等各类个人奥运档案。更可邀请相关学者、专家进行相关藏品的解读，以北京奥运档案为载体加深社会民众对奥林匹克运动的价值判断。例如，为纪念2022年冬奥会成功举办一周年，北京奥促会计划从2023年4月起，组织"弘扬北京冬奥精神，共促边疆地区发展"主题展览赴北京对口支援的新疆和田、西藏拉萨和青海玉树等地区进行巡回展览。该展览分为"辉煌""历程""奋斗""成就"四个板块，通过精选的300幅北京冬奥会照片档案和代表性实物档案，系统性展示了北京冬奥会申办、筹办和举办的奋斗历程，促使更多"边疆少年"真切感受北京冬奥精神。[②]

　　第三，增强价值传播手段。首先，制定"一国一策"的北京奥运档案遗产价值传播方案。内外价值传播要有一定的针对性，面对内外受众差异，运用当地的文化习俗和语言习惯将中国奥运故事娓娓道来，以事实的感召力和同理心化解彼此之间的隔阂，加强话语的亲和力、真诚性和有效性。其次，打造多媒介融合的内外传播体系。融入政策、学术、媒介等不同话语特点，提升内外宣品制作水平，通过外交、文学、艺术、音乐、影视、报纸、自媒体等多种媒介形式丰富内外宣信息内容，

---

① 姬烨，孔祥鑫，李春宇.冰雪盛会铸经典　向着春天再出发——写在北京冬奥会开幕一周年之际[EB/OL].（2023-02-03）[2023-04-24]. http://www.news.cn/2023-02/03/c_1129335222.htm.

② 傅潇雯.北京东澳精神展走进边疆[N].中国体育报，2023-04-18（002）.

挖掘内外传播新亮点①。掌握新闻传播的主动权和主导权，发挥多媒介融合优势以及时、完整、生动、有效讲述中国奥运故事。最后，构建话语融合的价值传播态势。根据国际奥委会发布的《北京冬奥会市场营销报告》②，全球有创纪录的20.1亿人通过广播电视的数字平台观看了2022年冬奥会，相较于2018年平昌冬奥会观看人数增长5%；奥林匹克官网和手机APP应用在2022年冬奥会期间的独立用户达到6,800万，是平昌冬奥会的2倍之多；奥运社交媒体在赛事期间的互动量也达到了32亿，被巴赫高度评价为"有史以来数字化参与程度最高的一届冬奥会"。鉴此，应借助数字平台的高度互动性，将个人话语与国家话语相融合，运用总体性视角，宏观、微观相结合传播北京奥运档案的遗产价值。例如，2022年冬奥会时期，多国运动员通过社交媒体平台向世界展示中国美食、春节习俗等传统文化，"冰墩墩""雪容融"也一度成为世界"顶流"，促使"中国风格"风靡世界。"他塑"证明，即便处于不同社会、信仰、地域，人类的共性也远大于不同，也能在不同文明中引发共鸣，这更加推动传播了可信、可爱、可敬的中国形象。

综上，在北京奥运档案遗产价值传播过程中，话语既是北京"双奥"历史事实的再现与重构，更是一种基于历史事实的价值建构。借助"社会变化的风向标"——话语的力量，可以为国家治理、国际关系提供针对性的价值判断与价值共识。"对话既是国家形象之'体'，也是国家

---

① 第29届奥林匹克运动会组织委员会.北京奥运会残奥会重要文献汇编——北京奥组委奥运工作文献汇编（上）[M].北京：北京出版社，2010:199.

② 王世让.国际奥委会发布《北京冬奥市场营销报告》——全球观众超20亿"冰墩墩"最抢手[N].中国体育报，2022-10-25（002）.

形象之'用'。"①只有事实话语与价值话语相融合，回归北京奥运档案遗产价值的本来面目，才能"体""用"合一，形成中国形象"自塑"与"他塑"的正向合力，真正做到以文明交流超越文明隔阂、以文明互鉴超越文明冲突、以文明共存超越文明优越。

---

① 冯惠玲，胡百精. 北京奥运会与文化中国国家形象构建[M]//冯惠玲，魏娜. 人文之光——人文奥运理念的深入诠释与伟大实践. 北京：中国人民大学出版社，2011:24.

第 7 章
研究结论、启示与未来展望

从"无与伦比"的2008年夏奥会到"真正无与伦比"的2022年冬奥会，北京成为世界上首个"双奥之城"，这些都将由北京奥运档案所记载、铭刻与传承。因此，北京奥运档案遗产价值实现如何，很大程度上反映了北京奥运遗产的后奥运效应。本部分在对整个研究过程进行系统回顾后，以"理论—实践"为线梳理了研究结论，并审视整个研究思路、观点和过程，提出4点关于"档案价值论"的研究启示。最后，针对国际奥委会与奥林匹克运动的改革痛点、档案价值论的理论发现对未来研究方向予以展望。

7.1 研究结论

本书引入的奥运遗产这一宏观视野，作为档案融合奥林匹克运动的切入点，为北京奥运档案遗产价值建构研究提供总体性、系统性指导，反之也为奥运遗产研究提供了档案视角，强化了奥运遗产与奥运档案的紧密关系。这里围绕北京奥运档案遗产价值建构，将本书研究结论以简要观点的形式呈现，具体包括6个部分：

第一，北京奥运档案遗产价值是一种建构性价值。北京奥运档案遗产价值并非档案的固有属性、并非一个先验性的自明概念，需要引入价值论、建构论理解它的形成原理。建构是在价值论基础上，贯穿于价值关系形成、形态表现的整个过程。北京奥运档案遗产价值是档案客体属性与奥林匹克运动主体需要在社会实践活动中形成的统一关系。而这一统一过程，则经过了奥林匹克运动确认"办奥知识、经验传承以促进可持续发展"的基本需求、明确档案具有"原始记录、专业管理等"的内容性事实和功能性事实，并将奥运档案资源的收集与整理列入TOK、奥运遗产项目之中3个阶段，在价值主客体不断交互、反复联结过程中形成统一。遗产价值这一表述也是在总结奥运遗产与奥运档案之间的关系认知中得出的，并在不断深化了解奥林匹克运动的规定性、结构性特点后分析得出遗产价值的多种衍生形态。但其价值表现又受制于主客体，不会产生"极端建构主义"倾向。因此，北京奥运档案遗产价值，从主客体在实践中的统一到认知形态表述均伴随着建构，是一种建构性价值。

第二，北京奥运档案遗产价值是档案融合奥林匹克运动领域进化而成的价值新形态。基于价值论、建构论，价值研究需要分别了解奥林匹克运动主体需要与档案客体属性。首先，基于价值主体认知，奥运遗产是档案融合奥林匹克领域的切入点。目前，奥运遗产的广泛性、积极性、长期性特点，已然是奥林匹克运动的"化身"、国际奥委会存在的理由。奥运档案既是奥运遗产的重要组成部分，也是奥运遗产规划、治理、评估的全过程记录。这表明北京"双奥"规划与治理了哪些奥运遗产，即相应地形成了哪些北京奥运档案，便赋予了北京奥运档案相应的价值。其次，基于价值客体认知，北京奥运档案客体属性包括其原始记录、档案管理工作以及档案作用社会效益等多个方面发生改变，是价值关系产生的基础。档案价值关系也总是因价值主体、时空场域等变换在不同领域、层次、时态上形成、改变或演进，构成极其纷繁复杂的多样化形态。这种"多样化形态"就是档案在各项领域产生的"价值进化"。北京奥运档案遗产价值，就是档案在奥林匹克领域产生的价值形态上的进化，它固守档案本质属性，遵循奥林匹克运动主体一方的规定性表述，衍生形态随奥运遗产而多样化。

第三，北京奥运档案对奥林匹克运动具有遗产（包括奥运有形遗产和无形遗产）资源性和媒介性作用。北京奥运档案遗产价值具有多种衍生形态。以档案客体所固有的记录保存特性，归结为第一价值，包括奥运理念、体育知识等"内容—载体"的双维度承载；以奥运主体所特有的多维性与全民性、跨地域与跨周期等特性，归结为第二价值，包括国民、国家和国际为主体视角的多层次衍生，梳理出绿色发展、人文主义、公平正义、赛事筹办知识、奥运知识、科学技术知识、"双奥"记忆、民族情感、集体认同、区域辐射、赋能企业、维护国家利益、人文交流和人类命运共同体等14个方面的衍生表现形式。由此，北京奥运档案遗产价值实现也需要"总体性"视野，借鉴文化生态学理念及其研究方法，以"以人文本、开放共享、多样立体、和谐包容、可持续发展"为实现原则，以时间线、空间体、互动观为路径指引，依次对国民层、国家层、国际层三个层次进行北京奥运档案遗产价值实现分析。

第四，构建北京"双奥""记忆之场"。收集、整理、保管、开发与利用北京奥运档案，就是保存与再现北京"双奥"记忆，就是宣扬与传播奥林匹克价值观，就是积累与传承中华传统文化。为了更加全面、立体、系统展现北京"双奥"记忆，亟须北京奥运档案遗产价值的时间（社会时间）整合，包括形成主体、时间、载体等层面的价值整合，以凸显"人文奥运""双奥之城""媒介叙事"于北京奥运档案的遗产价值判断影响、选择指引和追求阐发。同时，在记忆构建视角下，秉持"双奥记忆留存"+"全民共建共享"双重目标，搭建"联动共享型"北京奥运档案资源体系，以北京奥运档案内容整合确保价值整合，才能进一步构建北京"双奥""记忆之场"以充分发挥其遗产价值。北京"双奥""记忆之场"的构建，是将社会民众视为一个个分散点，综合实体维、象征维、功能维三大维度构建而成。实体维上，以奥运场馆或奥林匹克博物馆为展示之所，依托融媒体、文创产品、奥运场馆的艺术性、奥运赛场的故事性等扩充实体维的"中国特色"人文内涵，增强民众参与体验。象征维上，以北京奥运档案为叙事之源，依托档案及其开发利用作品的弥漫性、共享性等特点将"少数人"情感与"多数人"相连，注重象征维的社会性、人文性、持续性叙事，增强北京奥运档案中蕴含的情感传递。功能维上，以北京奥运档案中蕴藏的"双奥"记忆为情感之系，依托北京奥运档案的整体性、档案叙事的真实性以及档案"第五维度"的感知性提升功能维的记忆阐发与情感共鸣，以增强集体认同。由此，北京"双奥""记忆之场"，是历经了"实体维—象征维—功能维"的三重叠加与逐渐深化、从物质到精神的二次进化与意义生产、从单点到多点的弥漫化与扩散化，从奥运场馆/奥林匹克博物馆—北京奥运资源—记忆与情感层层充盈的记忆体。

第五，构建"+北京奥运档案+"融合模式。北京奥运档案遗产价值的多维性，决定了北京奥运档案除了对奥林匹克运动本身的有用性外，更是超越了奥林匹克运动，对社会、经济、文化、科技、环境、教育等社会各领域系统性地产生深远作用，具有广泛的价值辐射空间。北京奥运档案遗产价值的空间辐射，一是源于北京奥运档案资源空间分布广泛，二是更深层的，来源于各类奥运遗产之间相互影响导致北京奥运档案"使用价值辐射"，因而遗产价值辐射属于一种价值增值现象。在跨界融合视角下，北京（冬）奥组委实现了多部门、多地域协作，促进了以奥林匹克运动会为中心的空间延展。如果说，北京"双奥"工作所涉及的范围，是以北京"双奥"为中心形成的空间，那么，北京奥运档案就在这个空间内产生了价值辐射。所辐射的领域分为基础性（以后方保障单位为主）、支持性（以市场合作伙伴为主）、超越性（以非奥林匹克运动行业为主）三种，具有内生动力性、空间延展性、时间持续性三种辐射行为。通过价值的相互辐射，形成了不断向四周延伸的拓扑网络结构。鉴此，本论文构建"+北京奥运档案+"的融合模式，将各领域、行业视为线。一方面，内向传承，即确保北京"双奥"这一重大活动的组织经验、遗产、智慧、成果通过档案向其他重大活动、非奥运领域与行业推广与传播。另一方面，外向联结，即以"中国办奥特色"（以国家战略为引领，共促共进；以普惠民众为目的，彼此渗透；以科技创新为动力，交融发展；以绿色生态为使命，联动拓新）为指引，促进北京"双奥"经验、成果与效益辐射至全国乃至世界，彰显"中国智慧"、"中国方案"与"中国实践"。

第六，构建"事实—价值"传播路径。奥林匹克运动是一种人类特有的社会实践活动，是不同地域间的文明碰撞与交流。北京奥运档案记录了国际奥林匹克运动规则、价值观、文化、精神与中国意识形态、物质基础、优秀传统文化相博弈、协调、交融的整个过程。基于互动观的北京奥运档案遗产价值传播，是要将北京奥运档案中蕴藏的价值观、文化、理念进行传播，从而引导社会价值取向。本书将国内、国外社会视为传播面，对内传播要以"理解民众—民众理解"为传播定位，形成内部价值共识；对外传播要以"彰显自我—拥抱世界"为传播定位，以更开放、包容的姿态对外传达"中国声音"。话语是传播的关键，在话语转换视角下，有政策话语、学术话语、媒体话语等不同话语传播方式，具有不同的特点和应用场景；对内、对外也有不同的话语传播效果，对内传播具有鲜明的主体能动性、政治性、集体性，对外传播则更具明确性、法律性、包容性。鉴此，本书构建"事实—价值"的传播路径，以档案事实为"本"，以遗产价值为"用"，坚持北京奥运档案事实和遗产价值的相互证成性，借助档案事实本来传播中国的当代价值。为此，一要尽快开放北京奥运档案，复原北京"双奥"事实；二要多主体参与北京奥运档案叙事，设计好中国奥运故事；三要结合融媒体，针对性增强价值传播手段。最终形成"事实认知—事实判断—价值判断—价值共识"的进化链条，以获取国内和国际社会的广泛确认。

7.2 研究启示

回顾整个研究过程，档案学与体育学的双向视角研究论题也引发了关于档案价值论研究新的思考点。这里以"北京奥运档案遗产价值建构"研究为基础，从微观走向宏观、从特殊走向一般，本部分总结出4点启示：

第一，档案价值具有"主体客观性"[①]特点。首先，任何价值关系皆由主体需要而起，只有当档案属性满足主体需求时，价值关系才会成立，且这种价值关系表述还要符合主体话语体系。例如，在法律诉讼中，档案价值通常表现为一种证据价值；在艺术鉴赏中，档案价值通常表现为一种艺术价值；在数字技术中，档案价值又表现为一种数据价值。本书所提出的"遗产价值"，也是基于"奥运遗产"提出的。这皆是由价值主体性决定，且符合主体思维逻辑。其次，价值具有社会历史

---

① 丁海斌. 档案价值论[J]. 档案学研究，2015（5）:4-12.

性，档案价值面对不同主体、不同时态、不同环境会产生不同的表现形式，这是随着主体扩展、时间发展、环境变换而产生的"动态性"进化。因此，档案价值研究并非档案的凭证价值/参考价值和主体需求的简单叠加，这样既违背价值论的相关原理，也不利于档案价值体系的完善与丰富，更难以推动档案价值论研究朝纵深式、放射性发展。档案价值研究应在以全面、深入了解主体需求的前提下进行，是档案客体属性与主体需求在社会实践中经过不断互动、联结与融合后，建构出来的具有主体针对性、具体性的价值表述。最后，主体需求的满足又受制于客观性，即主体所处的社会环境、客体属性等因素。主体需求并非无限扩张、任意而为的，档案也并非可以满足所有需求。对于档案价值而言，主要源于档案作为价值客体，具有质的规定性，即档案属性和特点。一旦主体需求超出客体所能承受的范围，档案价值便不复存在。因此，档案对于北京"双奥"而言，能体现出来的遗产价值，就是记录各项遗产工作形成的资源价值，以及支撑奥运遗产促进奥林匹克运动以及其他涉奥领域可持续发展的媒介价值。

第二，档案事实与档案价值在社会实践中互动统一。档案事实是记录社会实践的产物，包括档案功能性事实与内容性事实；档案价值是在社会实践中与主体不断互动、反复联结后，建构而成的社会关系。从档案事实到档案价值，是伴随着社会实践活动，档案隐性价值显性化、显性价值表征化的建构过程。二者经社会实践活动彼此相连，形成统一关系：有何种档案事实，便产生何种档案价值。档案事实与档案价值的统一，有两方面含义。其一，档案本身是事实与价值的统一体。档案是人类出于某种需要在从事生产实践过程中被制作出来的产物，在实践活动中既加深关于档案事实的认知，又满足人类某些生产生活需要。因此，档案本身是一个既包含事实属性又包含价值属性的产物。而档案最终具有何种价值则是依照不同主体在社会实践过程中确认的。其二，档案事实是档案价值判断的前提与基础。档案价值一定是在遵守某种档案事实的情况下形成的，即档案的某些客体属性（记录实体、档案工作、档案作用效益）等在社会实践中满足主体需要而形成的价值关系。此外，档案价值中蕴含的思想、理念等总与档案记录的事实息息相关。本书所提出的北京奥运档案遗产价值，即在北京奥运档案能够可持续承载"双奥"遗产资源的功能性事实以及体现遗产资源记录的内容性事实中确认的。遗产价值的衍生表现形态，也与北京奥运档案承载的内容密切相关，符合档案事实与档案价值的关系统一。

第三，档案价值是随着实践活动发展不断"动态性"进化的。档案关乎经济、政治、文化、社会、生态文明、军事、外事、科技等各类事业建设发展，无所不包，档案现象中所体现出来的价值关系也是一个极其丰富的、无限拓展的多样态领域。这促使档案无论是对人类实践所形成的精神文化、客观物质或者人类自身，都能在某一方面、某一时态符合社会、群体或个人的需要，成为某个价值关系的客体。因此，随着社会实践活动的产生和发展，档案价值关系总是因价值主体、时空场域等变换在不同学科、领域、行业上形成、改变或演进，构成极其纷繁复杂的多样化形态。这种"多样化形态"就是档案作用于不同的人或事物而形成的价值形态在社会实践空间扩散的结果，是档案价值认识论层面的延展。它一定是源于档案的专业"基因"——原始记录性，在面对不同主体时衍生出来的符合该主体需求的具体价值形式，是档案潜在价值由隐蔽性向现实性、由内在性向外在性、由模糊性向确定性的转化，也是档案价值在其他社会领域的"进化"。本书所提出的"北京奥运档案遗产价值"即档案在融合奥林匹克运动领域后进化而成的价值新形态。档案融合不同的领域、行业能够进化相应的价值形态，最终会形成以档案为中心不断向外延伸、拓展的"一元多态"的价值体系。而这一价值体系则蕴含着档案对于整个社会的全部意义，是档案融入复杂社会活动"表现增量"的产物，也是档案学研究进一步趋向社会性、交互性、网络性、复杂性的关键所在。这对于提高社会民众的档案意识具有更为理论性、深层次的推动作用。

第四，档案价值研究是档案学与其他学科深度对话的切入点。价值是一种主客体关系，必然牵扯到主体与客体之间交互与联结的建构过程。在价值建构过程中，档案不断展现自身属性与特点，全面深化档案于各学科、领域、行业发展的意义；也可为主体研究引入档案学视角，为解决某些问题、满足某种需求提供"档案视角"。例如，本书在第5章构建的"+北京奥运档案+"融合模式，即是基于一种网格化思维，深入北京奥运档案于国家战略、民生普惠、数字发展、绿色生态等各领域、行业的记录性、支撑性、可持续发展性作用。再如，第6章构建的"事实—价值"的传播模式，也是基于档案的原始记录性，以其他记录资源无可比拟的"历史事实"记录为优势，加以遗产价值引导的话语修辞，促使北京"双奥"传播更具说服力、影响力。档案价值研究，是在充分挖掘档案属性与特点基础上与其他学科、领域、行业进行的融合对话，更易于明确档案对于不同学科、领域、行业的不同作用。因此，档案价值研究不应仅停留在"何为档案价值"，即档案价值现象、特点、规律等理论层面的研究；更应关注"档案价值何以可能"，即档案如何凭借自身的属性与特点，推动各学科、领域、行业发展，为档案服务社会提供一种"研究范式"，指导档案价值论向实践层面展开，提升档案服务效能。同时，档案价值研究并非档案学一门学科的"单打独斗"，也需要其他学科理论、方法的支持与配合。例如，本书第4章在构建北京"双奥""记忆之场"时，提出运用"策展""档案艺术""数字技术"等艺术学、数字人文等学科的思维和方法，以推动档案开发利用更加人文化、艺术化、数字化等。档案价值研究应以一种更为开阔、包容、宏观的视野审视档案对各类主体需求的有用性，以及各类学科理论、方法对于档案价值实现的有用性，促进多学科发展的共赢。

7.3 未来展望

首先，北京奥运档案遗产价值的实现保障。单就北京奥运档案遗产价值而言，本书虽然厘清了其内涵和实现途径，但就这些实现途径是否可操作、可落地，或者如何保障遗产价值实现尚未论及。而北京奥运档案遗产价值实现是支撑奥运遗产可持续发展的基础支撑与重要体现，这也是目前无论是国际奥委会还是奥组委都面临的难题。自20世纪80年代以来，国际奥委会围绕"可持续发展"议题进行了一系列改革。这导致国际奥委会在推行改革时不得不面临奥林匹克运动复杂的矛盾关系，即奥林匹克运动的周期性举办与其可持续发展愿景之间的矛盾。奥林匹克运动每4年在不同的国家城市举办一次，国际奥委会对于奥运城市关注与支持大部分都集中在"申办—筹办—举办"期内，对于后奥运时期，主办城市发展得如何、奥运效益发挥如何，国际奥委会尚未构建一个后期跟踪机制予以强制性的监督或保障。奥组委方面，也存在类似的矛盾，即奥组委机构的临时性与奥运遗产可持续发展性之间的矛盾。奥组委承担奥运会各项筹办任务的组织工作，因为申奥、筹办、办奥而成立，在办奥完毕、业务职能结束之后而自行解散。依据《奥运遗产指南》，奥运遗产更强调后奥运时代的长期性、广泛性效应。就北京"双奥"而言，北京（冬）奥组委的解散，奥运遗产的赛后利用、广泛传承尤其是北京奥运档案的开放鉴定严重受阻。2022年冬奥会之后，我国拥有了世界第三所国际奥林匹克学院，协同北京奥运城市发展促进会，是宣传奥林匹克文化、普及奥林匹克教育的又一主要阵地；且2022年冬奥会战略与国家战略息息相关，2022年冬奥会愿景的实现将在很大程度上推动我国社会长远战略规划发展。因此，北京奥运档案遗产价值实现，是确保奥运遗产广泛发挥效益、实现奥运愿景的重要因素。

鉴此，笔者计划在未来的研究中从以下几个方面深化并解决当前的研究问题。具体如下：宏观上，进一步深入了解国际奥委会的改革及其背后深意，以可持续发展理念为宗旨，就知识产权等法律问题给予北京奥运档案遗产价值实现以良好的国际环境保障。中观上，在中国国家战略如体育强国、健康中国建设层面与奥运战略相融合，对北京奥运档案遗产价值实现实施战略引导，促进奥林匹克运动与社会各领域、行业的协同发展。微观上，一方面，从档案与北京"双奥"遗产治理、相关政策制度等研究入手，对保障北京奥运档案遗产价值实现提供良好的制度供给；另一方面，强化北京"双奥"遗产评估，以遗产评价评估推动北京奥运档案遗产价值实现最大化。方法上，加强实证分析，分别对国民层的北京"双奥""记忆之场"、国家层的"+北京奥运档案+"融合模式以及国际层的"事实—价值"传播途径等三大实现模式的可实施性、可操作性进行验证，联系北京市档案馆、张家口市档案馆、北京奥促会、首都体育学院、中国电网等单位开展"试点"项目，以实证研究的方式发现当前模式存在的问题，并进行点对点优化；同时，加快数字化进程，通过体育数字经济、虚拟运动、遗产数字化成果等系列数字赋能计划，支持与保障北京奥运档案遗产价值的可持续实现。

其次，构建以档案价值论研究为基点的"学科交叉共同体"[①]。本书针对北京奥运档案遗产价值的研究选题，是基于价值研究将档案学与体育学相结合。然而，档案学作为一项社会实践型学科，深入并服务各行各业发展是档案学固有的职责与优势。不仅是体育学，档案学与哲学、社会学、艺术学、文化学、数字人文等也多有交叉。因此，以档案价值论研究为基点，构建学科交叉共同体，目的就是以档案服务社会的使命主动融合其他学科研究，在更为开放包容的研究视野中寻找档案在其他学科中的位置，推动与深化基于档案的学术交流和认知；同时，借助其他学科的审视、沟通、批判促进自身的科学成长与发展，拓展与更新既有知识，进而寻求更具有普遍指导意义的理论内涵与方法路径。

鉴此，笔者计划在未来的研究中将以"档案价值研究"为基础，从当前的档案发展现状全面探讨"学科交叉共同体"构建。具体如下：第一，阐述"学科交叉共同体"的构建意义，以"新文科"建设为引领，从档案价值进化入手，通过各类档案价值关系分析，打破学科间壁垒，全面论述档案学于各学科、各领域、各行业的价值意义，形成以档案学为中心的"多学科交互共生的共同利益观"[②]；第二，明确学科交叉共同体的顶层框架、概念体系等，如何以档案价值研究为基点将档案与各个学科相联系，并超越价值研究进行档案学与其他学科的对话沟通，促进

---

① 徐倩，谢晨馨. 深度融合构建"学科交叉共同体"[N]. 中国教育报，2022-11-07（006）.

② 陈亮. 学科交叉助推学科命运共同体构建的价值观[J]. 北京社会科学，2023（1）:98-101.

档案学与其他学科协同发展，实现学科间的共赢发展；第三，学科交叉共同体的方法论研究，需要明晰该共同体运作方式，建立学科对话体系，把理解档案工作经验与推动学术创新相结合，为档案学融入其他学科研究提供方法论指导，推动实践工作开展。

综观全文，本书将"奥林匹克运动"、"档案"与"价值"这三个主题彼此相连，用以思考何为北京奥运档案遗产价值、北京奥运档案遗产价值何为两大问题，本身即为体育学与档案学的交叉学科研究论题。交叉学科研究，促使学科间相互渗透、彼此支撑，形成了你中有我、我中有你的相融局面。在这个愈加开放、包容、联系、共享的社会，档案最重要的使命从不是关注过去，而是串联"过去—现在—未来"，在节点不断延展、互动极为丰富的社会网络中，发挥着更加多样、多维、多向的价值，深刻、广泛且久远地影响着整个社会。

参考文献

一、图书

[1] 阿莱达·阿斯曼.回忆空间：文化记忆的形式和变迁[M]. 潘璐，译.北京：北京大学出版社，2016.

[2] 陈兆祦，和宝荣.档案管理学基础[M]. 北京：中国人民大学出版社，1996.

[3] 第29届奥林匹克运动会组织委员会.北京奥运会残奥会重要文献汇编——北京奥组委奥运工作文献汇编（上）[M]. 北京：北京出版社，2010.

[4] 第29届奥林匹克运动会组织委员会.北京奥运会残奥会重要文献汇编——北京奥组委基础文献汇编[M]. 北京：北京出版社，2010.

[5] 冯惠玲，魏娜. 人文之光——人文奥运理念的深入诠释与伟大实践.北京：中国人民大学出版社，2011.

[6] 马克思恩格斯全集:第1版[M]. 北京：人民出版社，1974.

[7] 国际皮埃尔·德·顾拜旦委员会.奥林匹克主义：顾拜旦文选[M]. 邹丽，译.北京：人民体育出版社，2008.

[8] 吉尔德·德兰逊. 社会科学——超越建构论和实在论[M]. 张茂元，译.长春：吉林人民出版社，2005.

[9] 卡尔·马克思. 资本论[M].姜晶花，张梅，编译.北京：北京出版社，2007.

［10］ 肯尼思·格根.社会构建的邀请[M].许婧，译.北京：北京大学出版社，2011.

［11］ 李德顺. 价值论——一种主体性的研究:第3版[M]. 北京：中国人民大学出版社，2020.

［12］ 路易吉·卢卡·卡瓦里·斯福尔扎. 文化的演进[M]. 石豆，译.北京：中国社会科学出版社，2018.

［13］ 马俊峰.价值论的视野[M].武汉：武汉大学出版社，2010.

［14］ 米歇尔·福柯. 知识考古学[M]. 谢强，马月，译.上海：上海三联书店，2003.

［15］ 皮埃尔·诺拉. 记忆之场——法国国民意识的文化社会史[M]. 黄艳红，等，译.南京：南京大学出版社，2020.

［16］ 孙承华，伍斌，魏庆华，等.中国冬季奥运会发展报告（2017）[M].北京：社会科学文献出版社，2017.

［17］ 徐拥军，等.北京奥运遗产传承研究[M]. 北京：中国人民大学出版社，2021.

［18］ 约翰·菲斯克，等.关键概念：传播与文化研究词典[M].李彬，译.北京：新华出版社，2004.

［19］ 张斌.档案价值论[M].北京：中央文献出版社，2000.

［20］ 朱利安·斯图尔德. 文化变迁论[M]. 谭卫华，罗康隆，译.贵阳：贵州人民出版社，2013.

［21］ ABEBEN, BOLTONMT, PAVELKA M, et al. Bidding for development-how the Olympic bid process can accelerate transportation development[M]. New York: Springer New York, 2014.

［22］ HARTOG F. Régimes d'historicit: Présentisme et expériences du temps[M]. Paris: Edition du Seuil, 2012.

［23］ HAJER M A. Discourse coalitions and the institutionalization of practice: the case of acid rain in britain[M]//FISHER F，FORESTER J. The Argumentative Turn in Policy Analysis and Planning. Durham: Duke University Press, 1993.

［24］ IOC.Olympic Charter[M].Lausanne:the International Olympic Committee,2021.

［25］ WEIZHONG Y. Early warning for infectious disease outbreak: theory and practice[M]. Salt Lake City: Academic Press, 2017.

［26］ ECO U. From the Tree to the Labyrinth: Historical Studies on the Sign and Interpretation[M]. OLDCORN A, trans. Cambridge MA and London: Harvard University Press, 2014:93.

二、论文集、学位论文

［1］ 蔡娜. 重大事件档案管理机制研究[J]. 档案学通信，2021（5）.

［2］ 陈洁. 大型体育赛事档案管理策略研究[D]. 北京：中国人民大学，2020.

［3］ 丛桂芹. 价值建构与阐释——基于传播理念的文化遗产保护[D]. 北京：清华大学，2013.

［4］ 顾彬. 影像记忆中的体育精神呈现：2008年北京奥运题材纪录片研究[D]. 北京：北京体育大学，2017.

［5］ 国家档案局，中央档案馆. 第十三届国际档案大会文件报告集[C]. 北京：中国档案出版社，1997.

［6］ 黄文宾. 体育正义研究[D]. 长沙：湖南师范大学，2017.

［7］ 李子林. 记忆型数字人文参与模式研究——基于档案馆视角[D]. 北京：中国人民大学，2021.

［8］ 鲁晨曦. 我国奥运会无形文化遗产的传承与创新[D]. 济南：山东师范大学，2016.

［9］ 邵玉辉. 2008年北京奥运会无形遗产保护和开发研究[D]. 北京：北京体育大学，2011.

［10］ 宋香蕾. 档案"第五维度"研究[D]. 北京：中国人民大学，2018.

［11］ 汪俊. 档案在社会记忆建构过程中的作用研究[D]. 合肥：安徽大学，2012.

［12］ 王上铭. 专题档案资源库建设研究[D]. 南京：南京大学，2015.

［13］ 熊文景. 档案正义论[D]. 北京：中国人民大学，2021:87.

［14］ 赵彦昌. 中国档案研究（第三辑）[C]. 沈阳：辽宁大学出版社，2017.

［15］ MORAGAS M D. The legacy of the Olympic Games:1984-2000: international symposium, Lausanne, 14th, 15th and 16th November 2002[C]. Lausanne: International Olympic Committee, 2003.

三、期刊论文

［1］ 陈洁，徐拥军，郭若涵，等. 国外奥运档案管理的特点及启示[J]. 兰台世界，2020（1）:28-31.

［2］ 丁海斌. 档案形成论：实践的故事[J]. 山西档案，2020（6）:5-9.

［3］ 丁和根. 大众传媒话语分析的理论、对象与方法[J]. 新闻与传播研究，2004，11（1）:37-42+95.

［4］ 丁华东. 档案记忆观的兴起及其理论影响[J]. 档案管理，2009（1）: 16-20.

［5］ 丁云亮. 事实与价值：新时代中国国家话语传播的认知图绘[J]. 安徽师范大学学报（人文社会科学版），2022，50（4）:66-73.

［6］ 冯惠玲. 当代身份认同中的档案价值[J].中国人民大学学报，2015（1）:96-103.

［7］ 冯惠玲. 人文奥运：从理念阐释到实践推进[J]. 前线，2007（2）:19-21.

［8］ 冯惠玲，任瑾，陈怡. 北京"双奥"遗产的数字化保存与传播[J]. 图书情报知识，2022，39（3）:22-31.

［9］ 冯仕政. 人民政治逻辑与社会冲突治理：两类矛盾学说的历史实践[J].学海，2014（3）:46-68.

［10］ 郭晴，王宏江，余婷婷，等. 北京奥运背景下的中国国家形象研究[J].体育科学，2009，29（8）:3-11.

［11］ 何威，曹书乐. 从"电子海洛因"到"中国创造"：《人民日报》游戏报道（1981-2017）的话语变迁[J]. 国际新闻界，2018（5）:57-81.

［12］ 胡兰双. 符合论与"事实"的渊源[J]. 江淮论坛，2022（4）:109-116.

［13］ 胡孝乾，陈姝姝，KENYON J，等. 国际奥委会《遗产战略方针》框架下的奥运遗产愿景与治理[J].上海体育学院学报，2019，43（1）:36-42.

［14］ 胡孝乾，郭惠珍，董刚. 国际奥林匹克治理体系发展、影响与思辨[J].北京体育大学学报，2018，41（1）:25-33.

［15］ 胡孝乾，吴楚楚，邓雪. 新冠疫情对2022年北京冬奥会体育遗产影响的内容、路径和方式[J].上海体育学院学报，2021，45（3）:27-38.

［16］ 江帆. 地方性知识中的生态伦理与生存智慧[J]. 山东社会科学，2012（11）:82-87.

［17］ 江金波.论文化生态学的理论发展与新构架[J].人文地理，2005
（4）:129-124.

［18］ 李京婷，田雷.坚持四个办奥理念 研究探索北京冬奥会档案工作新
形态[J].北京档案，2017（10）:29-31.

［19］ 李晶伟.档案情感价值的内涵与特征[J].北京档案，2018（11）:9-12.

［20］ 李思艺.档案著录工具在数字记忆构建中的应用研究[J].档案与建
设，2020（2）:4-8.

［21］ 刘吉发.社会主义人民政治的内在逻辑[J].社会主义研究，2021
（2）:102-108.

［22］ 刘志森，耿志杰.情感仪式视域下档案与身份认同：理论阐释、作
用机理及提升路径[J].档案学研究，2022（3）:13-20.

［23］ 龙迪勇."出位之思"与跨媒介叙事[J].文艺理论研究，2019，39
（3）:184-196.

［24］ 马晓真.为奥运留下记忆——记北京奥运会、残奥会非竞赛场馆档
案工作团队[J].北京档案，2008（8）:18-19.

［25］ 阮凯.什么是否定事实：事实本体论和事实建构论之争[J].科学技
术哲学研究，2022，39（2）:48-54.

［26］ 覃兆㽊，范磊，付正刚，等.椭圆现象：关于档案价值实现的一个
发现[J].档案学研究，2009（5）:3-6.

［27］ 田雷.探索"简约、安全、精彩"的北京冬奥组委档案工作新模式
[J].中国档案，2022（1）:22-24.

［28］ 王润斌，董国忠.后疫情时期奥运会举办模式的变革方向与中国应
对[J].北京体育大学学报，2021，44（8）:19-31.

［29］ 王润斌，肖丽斌.奥运档案的届际传承问题探析[J].兰台世界，2015

（10）:55-56.

［30］王英玮，史习人.档案价值相对论[J].档案学研究，2013（2）:4-8.

［31］王玉珏，许佳欣.皮埃尔·诺拉"记忆之场"理论及其档案学思想
[J].档案学研究，2021（3）:10-17.

［32］乌丙安.论生态民俗链——中国生态民俗学的构想[J].广西民族学
院学报（哲学社会科学版），2002（3）:83-91.

［33］吴国璋.西方社会学对社会时间的研究[J].学术界，1996（2）:56-
57+55.

［34］肖焕禹，陈玉忠.奥林匹克运动与人类社会和谐发展的新理念探
析——解读北京奥运三大主题[J].上海体育学院学报，2003（1）:10-
14.

［35］徐拥军，陈洁.北京奥运档案管理的对策建议[J].北京档案，2020
（7）:27-29.

［36］徐拥军，卢林涛，宋扬.奥运文献遗产的人文价值及实现[J].兰台
世界，2020（1）:14-18.

［37］徐拥军，张丹，闫静.奥运遗产理论的构建：原则、方法和内涵
[J].成都体育学院学报，2021，47（2）:16-21.

［38］徐拥军，张丹.奥林匹克运动"新标杆"——2022年北京冬奥会成
功举办的经验与启示[J].前线，2022（5）:49-52.

［39］徐拥军，张丹.北京奥运档案管理的"中国模式"[J].图书情报知
识，2022（3）:32-40.

［40］徐拥军，张丹.论北京奥运档案的遗产价值[J].档案学通讯，2022
（1）:4-14.

［41］徐子齐，孙葆丽，董小燕.北京2022年冬奥会赛事理念从申办到筹

办嬗变探究[J].体育文化导刊，2018（6）:25-29.

［42］晏辉.中国形态的现代性：事实与价值的双重逻辑——价值哲学的
视野[J].社会科学辑刊，2020（6）:12-22.

［43］阳煜华，仇军.知识管理在奥运会管理实践中的阐发：以"奥运会
知识转让"为例[J].首都体育学院学报，2013，25（5）:396-406.

［44］杨光，奕窕.记录媒介演进与档案历史叙事的变迁[J].档案学通
讯，2019（4）:19-27.

［45］杨进，胡朝阳.冬奥外交推升欧亚命运共同体美好前景[J].世界知
识，2022（5）:60-61.

［46］杨茜，郭晴.历史叙事与身份建构：奥运转播史线上档案研究[J].
体育科学，2021，41（9）:90-97.

［47］杨松.马克思主义实践观的视角："事实"何以推出"价值"[J].中
国人民大学学报，2018（3）:71-78.

［48］张朝枝，屈册，金钰涵.遗产认同：概念、内涵与研究路径[J].人
文地理，2018，33（4）:20-25.

［49］张丹.档案艺术的兴起、影响与启示[J].档案学通讯，2022（3）:21-
29.

［50］张军，李德顺.早期儒家的价值层级思想论略[J].中国哲学史，
1999（1）:6-16.

［51］张昆仑.论"价值辐射"——对一种土地价值理论的思考[J].当代
财经，2005（2）:12-19.

［52］朱姗姗，焦若薇.文化建构与意义共享：新闻框架视域下《人民日
报》北京冬奥会报道研究[J].新疆财经大学学报，2022（2）:61-70.

［53］ALACID F, LOPEZ-MINARRO P A, LSORNA M. Pacing strategy

and cycle frequency in canoeing at Beijing Olympic Games[J]. Revista Internacional de Medicina y Ciencias de La Actividad Fisica y del Deporte, 2010, 10（38）: 203-217.

［54］ BERTHELOT G,RHIBAULT V,TOUSSAINT J F,et al. The citius end: world records progression announces the completion of a brief ultra-physiological quest[J]. Plos One, 2008, 3（2）: e1552.

［55］ BOCCIA L V. Aesthetic convergences: comparing spectacular key audibles and visuals of Athens and Beijing Olympic opening ceremonies[J]. International Journal of the History of Sport, 2012, 29（16）: 2264-2275.

［56］ CHEN S S, PREUSS H, LIANG X, et al. Sport policy development in China: legacies of Beijing's 2008 Summer Olympic Games and 2022 Winter Olympic Games[J]. Journal of Global Sport Management, 2021, 6（3）: 234-263.

［57］ Cook T. Macroappraisal in theory and practice: origins, characteristics, and Implementation in Canada, 1950-2000[J]. Archival Science, 2005（5）: 101-161.

［58］ DABRERA G, SAID B, KIRKBRIDE H. Evaluation of the surveillance system for undiagnosed serious infectious illness（USII）in intensive care units, England, 2011 to 2013[J]. Eurosurveillance, 2014, 19（46）: 8-14.

［59］ HARRIS S, HOULIHAN B. Implementing the community sport legacy: the limits of partnerships, contracts and performance management[J]. European Sport Management Quarterly, 2016, 16（4）: 433-458.

［60］ JARMAN E K. Showing Britain to itself: changes in collecting policy from the festival of Britain to London 2012[J]. Journal of the Society of Archivists, 2012, 33（1）: 41-55.

［61］ KNIJNIK J, TAVARES O. Educating Copacabana: a critical analysis of the "Second Half", an Olympic education program of Rio 2016[J]. Educational Review, 2012, 64（3）: 352-367.

［62］ LEOPKEY B, PARENT M M. Olympic Games legacy: from general benefits to sustainable long-term legacy[J]. International Journal of the History of Sport, 2012, 29（6）: 924-943.

［63］ MOUNTJOY M, JUNGE A, KHAN K M, et al. Consensus statement on the methodology of injury and illness surveillance in FINA（aquatic sports）[J]. British Journal of Sports Medicine, 2016, 50（10）: 590-596.

［64］ NAKAJI T. Olympic films and public memory[J]. International Journal of Japanese Sociology, 2019, 28（1）: 11-25.

［65］ RACHEL T. West Yorkshire's sporting heroes[J]. Journal of the Society of Archivists, 2012, 33（1）: 75-87.

［66］ SUK C T, CHEON H J. The study on creating PyeongChang Winter Olympic Games records legacy through overseas cases[J]. Korean Society of Sport Policy, 2018, 16（3）: 61-80.

［67］ WILLIAMS C. On the record: towards a documentation strategy[J]. Journal of the Society of Archivists, 2012, 33（1）: 23-40.

四、报纸文章

［1］ 陈乐人.奥运档案工作的成功经验值得永远汲取[N].中国档案报，2009-08-06（001）.

［2］ 贺路启."我们的奥运"主题展览在京举办[N].光明日报，2021-12-19（004）.

［3］ 季嘉东，王集旻，卢星吉."中国标准"保障冬奥场馆高质量建设[N].经济参考报，2022-01-24（008）.

［4］ 加强和改进国际传播工作 展示真实立体全面的中国[N].人民日报，2021-06-02（002）.

［5］ 李泽伟.全国冰雪运动参与者达3.46亿人[N].北京青年报，2022-02-18（006）.

［6］ 梁璐.北京市朝阳区档案馆启动奥运主题口述历史采集工作[N].中国档案报，2022-05-07（002）.

［7］ 马赛，赵嘉政，张智勇，等.中国人民对冬季运动的热情让世界惊叹[N].光明日报，2022-03-07（009）.

［8］ 王东，侯珂珂.冰雪运动迎来全新发展格局[N].光明日报，2022-02-19（009）.

［9］ 王昊男.科技赋能，一起向未来[N].人民日报海外版，2022-02-24（010）.

［10］ 王世让.国际奥委会发布《北京冬奥会市场营销报告》——全球观众超20亿"冰墩墩"最抢手[N].中国体育报，2022-10-25（002）.

［11］ 王庭戡.《艺术里的奥林匹克》：彰显力与美的文化内涵[N].光明日报，2022-02-16（015）.

［12］ 王育恒，罗韦.全国政协委员：加强国内冰雪制造企业崛起[N].人

民政协报，2022-03-15（004）.

［13］ 夏文斌，郭东升，张若辰.北京冬奥会将为后疫情时代添彩[N].光明日报，2021-06-10（014）.

［14］ 徐拥军.加强北京奥运档案遗产管理与开发[N].中国档案报，2021-12-16（003）.

［15］ 薛园.国网经研院打造世界上首个柔直电网，创新"中国技术名片"，"长风起张北，绿电送京畿"[N].新华每日电讯，2020-11-04（007）.

［16］ 殷铄.奥林匹克时刻中的艺术[N].中国美术报，2021-08-09（002）.

［17］ 张砥，鲍南.冰雪盛会的共享旋律[N].北京2022年冬奥会和冬残奥会官方会刊，2022-01-23（002-003）.

［18］ 张胜.用法律守护"冰墩墩"[N].光明日报，2022-02-24（007）.

五、官方报告文件

［1］ 北京2022年冬奥会和冬残奥会组织委员会，北京体育大学.北京2022年冬奥会和冬残奥会遗产案例报告（2022）[R/OL].[2022-11-12].https://library.olympics.com/Default/digital-viewer/c-1568409.

［2］ 北京2022年冬奥会和冬残奥会组织委员会.可持续·向未来——北京冬奥会可持续发展报告（赛前）[R/OL].（2022-01-13）[2022-07-15].https://stillmed.olympics.com/media/Documents/Olympic-Games/Beijing-2022/Sustainability/Beijing-2022-Pre-Games-Sustainability-Report.pdf.

［3］ 北京冬奥会总体策划部.北京2022年冬奥会和冬残奥会遗产战略计划[R/OL].（2019-02-19）[2022-06-19].http://mat1.gtimg.com/bj2022/

beijing2022/yichanzhanluejihua.pdf.

[4] 变革我们的世界：2030年可持续发展议程[R/OL]. [2022-05-19]. https://sustainabledevelopment.un.org/content/documents/94632030% 20Agenda_Revised%20Chinese%20translation.pdf.

[5] Beijing Organising Committee for the 2022 Olympic and Paralympic Winter Games. Sustainability and Legacy : Beijing 2022[R/OL]. [2022-11-29]. https://library.olympics.com/Default/digital-viewer/c-1447738.

[6] IOC. IOC Sustainability Strategy[R/OL]. [2022-07-16]. http:// extrassets.olympic.org/sustainability-strategy/1-1.

[7] IOC. Host city contract: XXIV Olympic Winter Games in 2022[R/OL]. [2022-04-07]. https://stillmed.olympics.com/media/Document%20 Library/OlympicOrg/Documents/Host-City-Elections/XXIV-OWG-2022/Host-City-Contract-for-the-XXIV-Olympic-Winter-Games-in-2022.pdf?_ga=2.232923166.1601256250.1649339978-1885919078.1641198064.

[8] IOC. Olympic Agenda 2020+5[R/OL]. [2022-11-24]. https://library. olympics.com/Default/digital-viewer/c-472511.

[9] Olympic World Library. Legacy Strategy Full Version[R/OL]. [2022-05-10]. https://library.olympic.org/doc/syracuse/173146.

六、媒体文章及其他

[1] 白杰戈.冬奥防疫经验将适用于社会面疫情防控[EB/OL].（2022-04-13）[2022-12-02]. http://china.cnr.cn/gdgg/20220413/t20220413_525794645.shtml.

［2］ 北京2022年冬奥会和冬残奥会组织委员会. 组织机构[EB/OL].
[2022-06-19]. https://www.beijing2022.cn/cn/aboutus/organisation.
htm.

［3］ 陈杭. 北京冬奥组委多种方式将经验成果传给未来奥组委[EB/
OL].（2022-03-22）[2022-07-28]. http://www.chinanews.com.cn/
ty/2022/03-22/9708706.shtml.

［4］ 丁建明. 来自"双奥之城"北京的冬奥建设答卷[EB/OL]. [2022-07-
06].http://www.bj.xinhuanet.com/2019ft/20200920/index.htm.

［5］ 冬梦飞扬——中国科技馆"科技冬奥"主题展览[EB/OL].（2022-
01-26）[2022-07-15]. https://www.cdstm.cn/subjects/kjdabxyd/
dajctj/202201/t20220126_1063814.html.

［6］ 郝瑞然. 中共中央办公厅 国务院办公厅印发《关于新时代进一步
加强科学技术普及工作的意见》[EB/OL].（2022-09-04）[2022-11-
24]. http://www.gov.cn/zhengce/2022-09/04/content_5708260.htm.

［7］ 姬烨，卢晨羽，季嘉东，等. 北京冬奥会开幕式演员95%为青少
年[EB/OL].（2022-01-28）[2022-07-20]. http://www.news.cn/2022-
01/28/c_1128309018.htm.

［8］ 李春宇，姬烨. 北京冬奥组委发布冬残奥会遗产成果[EB/OL].
[2022-07-13]. http://bj.news.cn/2022-07/01/c_1128794460.htm.

［9］ 李丽，姬烨，王恒志. 点燃冰雪运动的火炬：以习近平同志为核
心的党中央关心北京2022年冬奥会、冬残奥会筹办纪实[EB/OL].
（2021-01-31）[2022-07-27]. http://jhsjk.people.cn/article/32017979.

［10］ 刘戈，陈建军. 东京奥组委：希望2020东京奥运会成为全民参与的
盛 会[EB/OL].（2017-06-22）[2022-11-03]. http://japan.people.com.
cn/n1/2017/0622/c35421-29354917.html.

［11］陆国强. 新时代档案事业高质量发展的根本遵循[EB/OL]. [2022-05-30]. https://www.saac.gov.cn/daj/yaow/202110/72919f375716451f9babc96071986aa9.shtml.

［12］陆茜. 冬奥为何花落北京？——北京市市长解读申冬奥成功背后四大关键因素[EB/OL].（2015-08-04）[2022-11-27]. http://www.gov.cn/xinwen/2015-08/04/content_2908586.htm.

［13］吕佳蓉，沈东方. 坚持廉洁办奥 共赴冰雪之约[EB/OL].（2022-01-21）[2022-07-20]. https://www.ccdi.gov.cn/yaowenn/202201/t20220121_166074.html.

［14］同衡快讯 | 国家标准《绿色雪上运动场馆评价标准》编制组成立暨第一次工作会议顺利召开[EB/OL].（2022-07-22）[2022-11-12]. https://m.thepaper.cn/baijiahao_19134270.

［15］王绍绍. 践行"廉洁办奥"理念 让北京冬奥会像冰雪一样纯洁干净[EB/OL].（2022-01-21）[2022-07-20].http://finance.people.com.cn/n1/2022/0121/c1004-32336853.html.

［16］肖晞，宋国新.【战"疫"说理】中国疫情防控的大国责任与担当[EB/OL].（2020-03-07）[2022-12-08].http://www.cssn.cn/index/skpl/202003/t20200307_5098183.shtml.

［17］徐拥军，张丹. 办好北京冬奥会 绘制奥运新图景[EB/OL].（2021-12-08）. http://t.m.china.com.cn/convert/c_1rdFTtIM.html.

［18］严玉洁.《艺术里的奥林匹克》：从古希腊到"双奥之城"北京，在艺术中诠释体育精神[EB/OL].（2021-11-26）[2022-11-03]. https://cn.chinadaily.com.cn/a/202111/26/WS61a0bb2da3107be4979fa2b6.html.

［19］杨虞波罗，高雷. 全力备战2026年冬奥会 体育总局冬运中心发

布《国家队羽绒服新标准》[EB/OL].（2022-11-08）[2022-11-12]. http://ent.people.com.cn/n1/2022/1108/c1012-32561311.html.

［20］ 中办国办印发《"十四五"全国档案事业发展规划》[EB/OL]. （2021-06-08）[2022-12-03]. https://www.saac.gov.cn/daj/yaow/202106/899650c1b1ec4c0e9ad3c2ca7310eca4.shtml.

［21］ 中共中央 国务院印发《国家标准化发展纲要》[S/OL].（2021-10-10）[2022-07-15]. http://www.gov.cn/zhengce/2021-10/10/content_5641727.htm.

［22］ IOC. IOC makes historic decision by simultaneously awarding Olympic Games 2024 to Paris and 2028 to Los Angeles[EB/OL]. （2017-09-13）[2022-05-15]. https://olympics.com/ioc/news/ioc-makes-historic-decision-by-simultaneously-awarding-olympic-games-2024-to-paris-and-2028-to-los-angeles.

［23］ IOC. The Olympic Foundation for Culture and Heritage creates the First "Olympic Agora" in Tokyo[EB/OL].（2020-01-30）[2022-11-03]. https://olympics.com/ioc/news/the-olympic-foundation-for-culture-and-heritage-creates-the-first-olympic-agora-in-tokyo.

附　录

"北京奥运档案价值"调研提纲
（针对北京冬奥组委）

1. 请您介绍一下 2022 年北京冬奥档案管理情况，都包括哪些内容，分了哪些大类？数字化情况怎样？

2. 请您介绍一下目前有多少 2022 年北京冬奥档案已移交至北京市档案馆，何时整体打包移交给国际奥委会？

3. 您认为，北京奥运档案与其他专题档案有何不同？有哪些是特色档案？

4. 您认为，北京奥运档案有何价值，对体育、经济、文化、科技、环境、城市和区域发展等领域有何作用？如何充分实现这些价值？

5. 您是否了解《北京 2022 年冬奥会和冬残奥会档案资产协议》的签订情况？此项协议将如何推动北京冬奥档案的管理和开发？

6. 北京冬奥组委的官方网站自 2022 年 9 月 1 日起停止服务，这个网站在停服后由谁保管，如何保管的？官网的所有内容可以通过何种方式继续访问？

7. 北京冬奥组委解散后，建在首钢园的北京冬奥档案标准库房及其配套专业用房将如何处理，由谁接管？

8. 为服务冬奥筹办，2008 年北京奥运会档案调阅的情况如何，哪类奥运档案利用居多？

9. 在您看来，北京奥运档案开发利用应该如何与我国体育事业建设、体育教育、体育科研、奥运旅游、城市规划、区域融合工作相结合？

10. 您认为，北京奥运档案在开发利用时遇到哪些挑战？所涉及的法律问题有哪些？

11. 您是否了解其他国家或奥运会举办城市的奥运档案开发与利用情况，对于我国有哪些启示？

（针对各级综合档案馆）

一、北京奥运档案资源建设

1. 请您介绍一下2008年和2022年北京"双奥"档案管理情况，都包括哪些内容，是如何收集、整理和保管的？数字化情况怎样？

2. 目前，北京奥运档案是否已接收完整，若没有，北京冬奥组委/张家口冬奥办何时全部移交奥运档案？

3. （北京市）市馆与区馆、（河北省）省馆与（张家口市）市馆接收保存的北京奥运档案有何不同，有哪些需要移交给北京市档案馆？

4. 省馆与市馆是否与北京冬奥组委、北京市档案馆存在奥运档案资源共享？是以什么形式共享的？

5. 您认为，北京奥运档案与其他专题档案有何不同？有哪些是特色档案？

6. 您是否了解《北京2022年冬奥会和冬残奥会档案资产协议》的签订情况？此项协议将如何推动北京冬奥档案的管理和开发？

7. 您认为建立北京奥运档案专题数据库（面向公众）的想法如何，贵单位是否愿意参与数据库建设？

二、北京奥运档案开发利用

8. 北京奥运档案的管理与开发工作应该如何与京津冀协同发展战略、北京"双奥之城"建设相结合？

9. 贵馆共推出多少奥运展览和编研作品，这其中是基于怎样的原则、思路进行策展和编研的？

10. 北京奥运档案的开发利用活动是否与图书馆、博物馆、文化馆等机构合作？档案馆在其中的贡献是什么？若无合作，将来是否有相关的计划？

11. 您认为，北京奥运档案在开发利用时遇到哪些挑战？所涉及的法律问题有哪些？

（针对国家体育总局）

一、调研单位概况

1. 请您介绍一下贵单位的宗旨、职责和主要业务范围。

2. 请您介绍一下贵单位在参与奥运筹办时所承担的职责和任务。

二、北京奥运档案资源建设

3. 贵单位是否参与收藏了一些2008年和2022年北京"双奥"档案，是如何收集、整理和保管的？数字化情况如何？

4. 您认为，贵单位所收集、保管的北京奥运档案中有哪些是特色档案？

5. 您认为，北京奥运档案有何价值，对体育、经济、文化、科技、环境、城市和区域发展等领域有何作用？如何充分实现这些价值？

6. 您是否了解《北京2022年冬奥会和冬残奥会档案资产协议》的签订情况？此项协议将如何推动北京冬奥档案的管理和开发？

三、北京奥运档案专题数据库建设

7. 您认为建立北京奥运档案专题数据库的想法如何？贵单位是否愿意参与数据库建设？

8. 您希望北京奥运档案专题数据库应包含哪些类目？

四、北京奥运档案开发利用

9. 贵单位是否合作参与档案馆、科技馆、博物馆等机构举办的奥运展览？奥促会在其中的贡献是什么？若无合作，将来是否有相关的计划？

10. 在您看来，北京奥运档案开发利用应该如何与我国体育事业建设、教育科研、奥运文化传播、奥运旅游、城市规划、区域融合工作相结合？

11. 您认为，北京奥运档案的开发利用工作应该如何与京津冀协同发展战略、北京"双奥之城"建设相结合？或如何促进奥运遗产、奥林匹克运动可持续发展？

12. 您认为，北京奥运档案在开发利用时遇到哪些挑战？所涉及的法律问题有哪些？

（针对首都体育学院）

一、奥林匹克学院概况

1. 请您介绍一下奥林匹克学院的宗旨、职责、建设情况和未来发展方向。

2. 您认为，奥林匹克学院将如何推进我国奥林匹克运动的学术研究和教育发展？

3. 您认为，奥林匹克学院将如何促进北京"双奥"遗产、奥林匹克运动的可持续发展？

4. 您认为，奥林匹克学院将如何服务于社会发展，如何向社会推广奥林匹克价值观？

二、北京奥运档案资源和开发利用体系建设

5. 贵校在助力 2008 年和 2022 年北京"双奥"的筹办、举办中，都形成了哪些档案，是如何收集、整理、保管这些北京奥运档案的？数字化情况如何？

6. 您认为，贵校所保管的北京奥运档案中有哪些是特色档案？

7. 您认为建立北京奥运档案专题数据库（面向公众）的想法如何，贵校是否有意依托奥林匹克学院牵头来做数据库？

8. 在您看来，奥运档案开发利用应该如何与体育事业建设、奥运和思政教育、体育科研工作、奥林匹克文化与价值观传播相结合？贵校是否有此类案例？

9. 您认为，北京奥运档案在开发利用时遇到哪些挑战？所涉及的法律问题有哪些？

后　记

回望这段写作旅程，我深刻体会到，国家的每一次战略部署，每一项事业建设的蓬勃发展，都是推动个人命运轨迹悄然转变的强大力量。2022年北京冬奥会的成功举办，无疑是我学术生涯中一个重要的转折点。"奥运遗产"是我读博以来的第一个研究课题，起初只是在恩师徐拥军老师和闫静师姐的带领和指导下，撰写了两篇小论文。后来还记得静姐开玩笑说"师妹的博士毕业论文是要研究遗产方向吗?"没想到三年前一语成真，当初以为只是阶段性的研究竟真的伴随了我整个博士生涯。

感谢徐老师不断的循循善诱与悉心指导。在徐老师的指导下，我有幸参与国内外体育学界的盛会，与国内外体育学界的精英们交流切磋；同时，引导我、帮助我，让我有能力攻关一项又一项关于"奥运遗产""奥运档案"的研究，由此也获得一项又一项喜人的成绩，并最终将这四年来所有关于奥林匹克运动的所思、所想、所获凝结成这本书。借助"奥运遗产"这项"第二专业"，我不仅打开了研究视野，能够穿梭于不同学科间进行交叉思考，更开心于从一个个知识点连成线最后织成网的过程，仿佛察觉到了人生奥秘般惊喜。这些宝贵的经历不仅拓宽了我的学术视野，更让我学会了如何在多元文化的碰撞中寻找共鸣，如何在复杂多变的环境中保持初心与定力。

感谢中国人民大学冯惠玲教授的"前沿捕捉"、张斌教授的"开放学风"、王英玮教授的"严谨逻辑"、黄霄羽教授的"生活思考"、安小米教授的"不断push"以及学院其他老师的谆谆教诲，更有来自外院的冯仕政教授、蒲国良教授、肖群忠教授更为广阔的"学科视野"，让我受益匪浅。此外，还要感谢辽宁大学赵彦昌教授、山东大学曲春梅教授、黑龙江大学任越教授、吉林大学张卫东教授、国家档案局蔡盈芳司长等对本书提供的建议与帮助。

感谢与我一同成长的伙伴们。同班李星玥、杨千、周彦廷、王逸凡、管清漭、赵群；同门闫静师姐、张臻师兄、熊文景师兄、任琼辉师兄以及王兴广、嘎拉森、郭若涵、李俊哲、燕双双、龙家庆等师弟师妹们；还有我的"老铁们"，定量方法的贡献者初中同桌金钲韬，以及任劳任怨的数据收集者"茜茜"（史梦茜），一起并肩前行的日子总让我难以忘怀，有你们在真好。

感谢我父母的日夜陪伴与大力支持。我理解他们望女成凤的那份期望，也明白他们不想让我受苦的那份担忧，更晓得他们也知道鱼与熊掌不可兼得的那份无奈。但无论将来遇到什么，唯有他们的殷切寄托我不敢辜负。

最后，还要诚挚感谢北京冬奥组委、北京奥运城市发展促进会、北京市档案馆、张家口档案馆等部门领导和专家接受我的访问和调研；感谢人民日报出版社的曹腾主任及季玮编辑为本书出版付出的辛勤劳动；感谢所有引文和参考文献的作者。

是以为记。

张丹

2024年8月31日